本书获得中国工程院咨询研究项目（2018-XY-4
国家自然科学基金（71942003）支持

U0620538

神经科学 推动

管理学的发展趋势研究

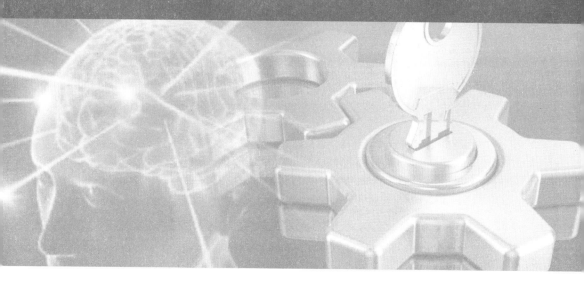

"神经科学推动管理学的发展趋势研究"项目组◎著

经济管理出版社
ECONOMY & MANAGEMENT PUBLISHING HOUSE

图书在版编目（CIP）数据

神经科学推动管理学的发展趋势研究/"神经科学推动管理学的发展趋势研究"项目组著.—北京：经济管理出版社，2020.3

ISBN 978 - 7 - 5096 - 7312 - 6

Ⅰ.①神… Ⅱ.①神… Ⅲ.①神经科学—应用—管理学—研究 Ⅳ.①C93 - 05

中国版本图书馆 CIP 数据核字（2020）第 139439 号

组稿编辑：申桂萍
责任编辑：赵亚荣
责任印制：黄章平
责任校对：张晓燕

出版发行：经济管理出版社
（北京市海淀区北蜂窝 8 号中雅大厦 A 座 11 层　100038）
网　　址：www. E - mp. com. cn
电　　话：（010）51915602
印　　刷：北京晨旭印刷厂
经　　销：新华书店
开　　本：720mm × 1000mm/16
印　　张：15
字　　数：266 千字
版　　次：2020 年 3 月第 1 版　　2020 年 3 月第 1 次印刷
书　　号：ISBN 978 - 7 - 5096 - 7312 - 6
定　　价：68. 00 元

课题组成员名单

朱高峰　中国工程院院士
杨善林　中国工程院院士
殷瑞钰　中国工程院院士
潘　煜　教授　上海外国语大学
饶恒毅　教授　上海外国语大学
饶培伦　教授　清华大学
周晓琳　教授　北京大学
杨晓兰　教授　上海外国语大学
万　岩　教授　北京邮电大学
王风华　教授　上海外国语大学
高锦萍　副教授　北京邮电大学
王　迪　高级工程师

序　言

　　管理学界普遍认为，现代管理学的诞生以 1911 年著名管理学家泰勒出版的专著《科学管理原理》和 1916 年法约尔出版的专著《工作管理和一般管理》为标志。这意味着，管理学这门相对年轻的学科迄今为止也走过了超过 100 个年头。作为一门研究人类管理活动中的现象及规律的学科，管理学是在近代社会化大生产条件下伴随着社会科学与自然科学的共同发展而形成的，经历了几个重要的发展阶段。早期的管理学家遵循人文社会科学领域的研究传统，以开展定性研究为主。后来，问卷调查、数学建模等定量研究方法逐渐被吸纳到管理学领域。时至今日，随着信息技术的发展及实验方法在社会科学领域的发展和应用，管理学研究正在向科学化、工程化的方向积极转变，这既是机遇，也是挑战。

　　作为一门在社会科学和自然科学两大领域基础上建立起来的综合性交叉学科，数学、经济学以及信息科学等学科一直在支撑和推动管理学研究的发展。近年来，认知神经科学的发展引发了学术界新的浪潮。学者们普遍认为，应用神经科学的技术和方法可以打开大脑的"黑箱"，从而揭示人类决策背后的深层机制。对于包括管理学在内的社会科学学科来说，认知神经科学是一把利器，倘若运用得当，可以深入探究很多之前无法获得答案的问题。近十年，神经科学的方法和技术手段已经逐渐应用在管理学的几大核心研究领域，为管理学研究发展注入了新的活力。我国马庆国教授率先认识到应用神经科学的方法与技术手段开展管理学研究具备的重要战略意义——推动管理学研究范式的变革，为传统的管理学研究向着更科学的方向发展提供可能。目前，以宾夕法尼亚大学沃顿商学院、斯坦福大学商学院、哥伦比亚商学院为代表的国际顶尖商学院，以及包括浙江大学、清华大学、上海外国语大学、浙江工业大学等国内高校已经纷纷建立起认知神经科学与管理学交叉融合的专业实验室，开展探索性研究，取得了一系列代表性成果。

　　一直以来，中国工程院在广泛征求中央和国家有关部门意见的基础上，根据各学部和院士的提议，结合国家经济社会发展需求设立咨询项目，鼓励在事关发展全局的重大问题上开展探索性研究。对新方法的探索是未来管理学研究中的一个重要趋势。2018年，工程院将"神经科学推动管理学的发展趋势研究"列为工程管理学部的咨询项目。清华大学、北京大学、浙江大学、上海外国语大学、北京邮电大学等一批高校的学者参与了该项目，系统梳理了神经科学在工业工程、管理决策、信息系统、市场营销、商业伦理、金融工程等领域的应用及其为管理学的研究和实践带来的改变，提出了管理学在与神经科学的融合过程中下一步的发展方向、主要任务和相关产业发展思路。作为项目组的核心成员，项目依托单位上海外国语大学的潘煜教授与饶恒教授已经在本课题方向上开展了多年的合作研究。潘煜教授采用认知神经科学方法探索、解决信息系统领域用户行为的问题，提供了新的研究范式，找到了新的方法模型，构建了新的理论框架。饶恒毅教授则长期聚焦于发展和应用以磁共振成像为主的等多种认知神经科学方法来评测人类大脑的正常和异常工作状态，探讨人类行为和决策的神经基础。他在行为科学、风险决策、人因工程以及脑力疲劳等领域开展了多项开创性的研究，取得了有国际影响力的研究成果。目前，他们二人将课题成果整理出版，目的就是促进知识的传播与共享：通过对该方向研究现状与发展趋势的介绍，引起更多国内学者的重视，共同进行更多探索性研究。假以时日，为我国工程管理领域做出更大的贡献。

　　当然，尽管管理学在与神经科学交叉融合的过程中碰撞出了各种可能，但我们要客观认识到任何工具和方法都有局限性，神经科学也不例外。当前，神经科学推动管理研究遇到的一大挑战就是真实管理环境中认知神经科学指标的检测。此外，如何对现实生活中复杂的管理学问题进行高度抽象，设计出符合学术规范并且兼顾管理情景的实验范式，也需要学者们充分发挥自己的聪明才智。尽管这些局限性以及困难客观存在，但我仍然看好认知神经科学推动管理学研究的发展趋势，这是管理学研究一个新的生长点。归根结底，科学研究本就是向着未知领域进行探索的活动，对于未知的探索既是人类的天性，更是当今管理学者应当肩负的使命。最近，国家自然科学基金委设立了"神经科学驱动的管理决策与应用创新研究"的重点项目群专项，已有国内五所高校领衔的研究团队获得了该项目的资助，我由衷地感到高兴。这只是一个开始，相信在不远的将来，管理学在与认知神经科学交叉融合的过程中将诞生更多标志性成果。从管理实践中发现有价值的研究选题，应用前沿的神经科学技术手段开展探索，获得结论后再应用到大型工程项目的管理等实践活动中去，认知神经科学推动管理学研究的未来一定会更美好。

前　言

　　人类文明的历史很大程度上就是人对自身各种物质和精神活动进行认识和管理的历史。无论是在西方还是在东方，数千年来先哲们从未停止过对心灵和自我、记忆和思维、意识和选择的苦苦思辨。人的智力是怎么产生的？人的智力的本质是什么？人为什么有意识？人性是善还是恶？人是如何面对风险做出选择的？人为什么需要道德和伦理？个人为什么会形成组织？组织如何有效管理？千百年来，对这些与人相关的基本问题的探索和回答一直是人类科学文明发展史中最富有吸引力和挑战性的领域之一。然而，以往"黑箱"式的思辨几乎不可能获得确定无误的结论。直到20世纪下半叶，随着现代科学技术特别是认知科学、脑科学和神经科学相关技术的发展和进步，我们终于能够揭开"黑箱"的一角，开始客观地探索和回答一些与自身相关的基本问题。最近几年，包括美国、中国、欧盟、日本、韩国等在内的世界主要国家和地区，已经纷纷提出要把研究和理解人的心理、精神和意识等活动的内在规律的脑科学计划作为国家战略来扶持和实施，以期获得重大科学发现和应用成果。

　　过去几十年间，整个人类社会生产和生活方式发生了巨大的改变。计算机、互联网、智能手机、移动支付、无人驾驶、人工智能等许多以往人们难以想象的新技术、新学科和新行业，都在以前所未有的速度出现和兴起，变革我们的社会，改善我们的生活，提升我们的效率，丰富我们的选择，乃至重塑我们的思维模式。在这些变化之中，一个非常明显的特征是体力劳动在人类生产和生活方式中起的作用已经越来越小，而依赖多种不同领域知识和技术的脑力劳动占的比重越来越大。管理科学作为一门研究人类管理活动规律及其应用的学科，其传统的科学方法和理论仍然主要是基于工业化时代对体力劳动的管理需求而产生的，已经不能适用于脑力活动为主的现代社会需求，具有明显的局限性。管理科学的研究范式，需要也正在发生深刻的转换。其中，对脑力活动的各种特征规律（如决策规律、认知规律、疲劳规律、激励规律、负荷与效率规律等）、影响因素及内在机制的深入理解和有效管理是管理科学的未来重点发展趋势之一，也是管理科学面临的重大挑战和机遇，有可能带来重要的研究突破。

以磁共振成像和脑电记录等为代表的脑科学与神经科学理论方法和技术手段的发展应用已经对心理学、社会学、经济学、语言学、文化学等原本属于人文领域的学科产生了重大影响，促使各种学科相互交融，形成了认知神经科学、社会神经科学、神经经济学、神经语言学、文化神经科学等众多交叉学科领域。管理学也不例外，过去十多年来，脑科学与神经科学理论方法和技术手段已经逐渐应用在管理决策、信息管理、市场营销、工业工程、商业伦理等管理学核心研究领域，为管理科学的研究发展注入了新的活力。我们中国的管理学者，特别是浙江大学的马庆国教授，率先意识到应用神经科学与脑科学的研究方法与技术手段开展管理学研究具备的重要战略意义，积极推动了管理学与神经科学的融合发展和神经管理学这一新交叉学科概念的诞生。采用神经科学与脑科学的各种理论方法和技术手段，探索研究管理学的重要问题及其内在机制，发现新的管理规律，提出新的管理理论，正是神经科学推动管理学研究的长远目标。

以管理学中的核心问题——决策研究为例。诺贝尔奖获得者卡尼曼研究了在现实场景中存在的种种偏离理性假设的决策行为，提出了决策的前景理论，区分了决策效用和体验效用，开创了行为决策研究新领域。在行为决策研究基础上，神经科学技术的引入帮助人们在大脑中找到了内侧前额叶这一主观价值加工和表征的关键脑区，推进了对体验效用的客观和科学测量。此外，神经科学技术的应用可以测量到决策者意识不到的信息（如内隐的情绪和态度）对真实决策行为的显著影响，弥补了传统管理研究中问卷和主观报告等方法的不足，帮助管理决策者更加深入地理解和描述现实世界中的决策规律，支持其做出更优化的决策。

本书在中国工程院咨询项目的支持下，概述了神经科学及其常用技术的发展历史和应用原理，梳理了目前国内外神经科学推动管理学的研究发展趋势，介绍了神经科学在工业工程、信息系统、商业伦理、金融学、管理决策、市场营销及财务会计等领域的应用及其为管理学的研究和实践带来的改变，并尝试提出了神经科学推动管理学研究发展的可能突破方向。无论是在国内还是国际上，神经科学推动的管理学研究都方兴未艾。尽管我们的水平有限，但我们非常希望本书的出现能够起到抛砖引玉的效果，引起更多管理学、神经科学、脑科学、认知科学、信息科学等多种不同学科背景的学者和研究人员对这个交叉学科领域的兴趣，共同促进管理学与神经科学的进一步融合发展。

目　录

第一章 神经科学推动管理学
发展的研究趋势

一、管理科学研究的历史与发展

　　管理科学作为研究人类管理活动规律及其应用的学科，从建立至今只有100年左右的历史。然而，无论是在我国还是西方国家，管理实践自古已有之，人类先哲们关于各种管理思想的思辨和管理活动的实践已经存在了数千年。早在两千多年前的中国春秋战国时期，以儒家、道家、法家、墨家、阴阳家、纵横家等为代表的诸子百家就纷纷提出各种富国强兵的管理之道，论述自己学派的社会和国家管理理念、思想和战略，影响深远。

　　管理科学是随着社会生产力的发展而逐渐发展起来的。管理学形成系统的理论体系、成为一门独立学科的时间并不长。在资本主义社会，早期管理思想的代表性人物是英国人亚当·斯密，其代表性著作是1776年发表的《国富论》，他认为，是市场上的"看不见的手"引导资源获得有效的配置。从亚当·斯密开始，在很长时间里，管理学研究停留在经验传授上，直到泰勒提出的"科学管理"时代才做出了将管理引向科学的第一次尝试。因此，学界通常认为，19世纪末20世纪初古典管理理论的萌芽标志着管理学的诞生。泰勒等倡导的科学管理，一方面探讨了如何有效提升生产率，另一方面尝试开展管理职能的划分。在此基础上，科学管理学派的其他领军者进行了一系列有价值的学术探索。法约尔提出管理活动包含了计划、组织、指挥、协调、控制五种要素，韦伯则在其代表作

《社会组织与经济组织理论》一书中提出了理想的行政组织体系理论。

随着科技的进步及生产力的进一步发展，人们逐渐意识到，单纯强调科学管理已经不能继续带动生产率的持续提升。例如，在20世纪30年代开展的霍桑实验的结果显示，生产率的一个重要影响因素是员工的主观能动性和工作态度。由于员工在生活和工作中的各种体验都会影响其工作积极性，要充分调动员工的工作积极性，就必须对工作场景中的人而不单单是生产过程投入足够的重视。在这一管理思潮的带动下，管理科学的研究步入了"社会人"的时代，产生了"以人为本"的管理导向。一方面，企业管理者开始强调集体的作用，以期重建员工的归属感；另一方面，工会组织及参与式领导的领导方式应运而生。可以说，人在管理中占据的重要地位在管理学发展历程中第一次获得正式认可。在此之后的管理学各个发展阶段，始终把人放在管理工作的核心位置。

到了现代管理时代，管理学主要经历了行为科学学派及管理理论丛林两个重要的发展阶段。行为科学学派聚焦个体行为、团队行为与组织行为，充分重视人的心理与行为，以期高效率地实现组织设定的管理目标。这一学派的代表成果包括马斯洛的需求层次理论、赫茨伯格的双因素理论等。管理理论丛林指的则是不同的管理学者从各自的角度出发，提出的对于管理学的独到见解。在这一阶段，管理理论的发展呈现出百花齐放的态势，但也缺少了统一的理论框架。

亚当·斯密和泰勒的管理思想对于管理学具有深远的影响。在这些管理思想基础上，曾经诞生了一系列的管理决策理论。20世纪40年代，Morgenstern和Von Neumann在《博弈论与经济行为》一书中公理化了期望效用理论，该理论建立在"理性经济人"框架下，认为决策者的决策满足完备、可传递、连续、独立等公理，能够实现期望效用最大化，是决策科学理论大厦的重要基石。

进入20世纪下半叶之后，随着生产力的进一步发展，人们开始认识到建立在"经济人"假说基础上的管理决策理论的局限性。著名管理学家、心理学家、1978年诺贝尔经济学奖获得者赫尔伯特·西蒙在引入心理学的思想和理论之后，首次提出人具有"有限理性"的观点，认为人的决策目标是追求"满意解"，而非"利益最大化"。他提出应当用"社会人"取代"经济人"的假设，由此带来了管理学思想和范式的进一步变革。另外，从20世纪70年代起，心理学家、决策科学家卡尼曼和特沃斯基通过观察和实验研究等研究方法，发现在管理场景和生活中存在着种种偏离于理性假设的、可预期的决策行为，开创了行为科学与行为决策的研究新领域。两位学者在1979年合作发表的关于不确定性条件下决策行为的"前景理论"的论文，揭示了人们在真实的决策行为中表现出风险规避、损失规避、禀赋效应等现象的心理机制，是管理决策领域中被引次数最多的论文之一。综合来看，20世纪下半叶以来的一系列基于人的有限理性假设上的研究发现极大地促进了管理决策理论的变革和发展。

近年来，管理科学的研究发展似乎遇到了一些瓶颈，需要新的助推力量。一方面，尽管受到泰勒等学者的启蒙而形成的管理科学学派对于管理学研究产生了深远影响，有学者认为该学派并没有真正"科学"地解决管理问题，因为应用的研究范式和工具具有较大的局限性，对于管理问题的探究停留在假设、建模、验证的实证研究上。由于数据种类与数量不足、数据精度及可靠性不高，管理科学学派研究方法的科学性有所欠缺，实际上仍然无法解决在管理实践中分工、协作与效率的科学问题。此外，从管理决策研究的发展现状来看，尽管管理学界已经对人的"有限理性"假设达成了共识，但现有的管理决策思想和理论尚不能很好地解释这些决策偏差背后的机制，更无法做到去纠正决策偏差。近年来，认知神经科学领域的发展及其与管理学的交叉融合使管理学研究从主观走向客观成为了可能。具体来说，随着最近几十年来认知神经科学技术与方法的不断进步及脑功能成像领域基础研究结论的积淀，目前，研究者已经可以对人类大脑对于外界刺激做出的响应做出科学、定量化的标定。因此，管理学研究中的若干重要议题都可以在大脑皮层的神经元活动上获得体现及客观的测度，这些数据对基于主观评分获得的量表数据是有机的补充。学者们把这些变化记录下来，找出它们之间的规律性的关系，就能更加准确地了解人们在不同管理的情景中面对不同管理问题时的行为规律，从而更好地实现管理学研究的科学化，更好地揭示"有限理性"假设下管理决策偏差的内在机制。

另一方面，管理科学作为一门研究人类管理活动规律及其应用的综合性交叉学科，行为科学是其重要的基础。近年来，人们对于行为科学的研究已经不再满足于采用常规的问卷调研等方式来获得相关性的数据结果，而是更多地采用行为测验与神经科学手段相结合的方式来获得因果性的数据结果。从这些数据结果中，学者们可以深入挖掘人类行为表象背后的深层原因，往往能更加精细地刻画人类内心真实的心理活动，已经涌现出大量对于管理学理论与实践具有重要启发意义的成果。神经科学与行为科学的结合提示我们：管理科学研究可以依托神经科学技术，打开管理决策行为背后的"黑箱"，从而推动管理科学研究进一步发展。

二、管理科学与认知神经科学

　　管理学是在自然科学和社会科学两大领域的交叉点上建立起来的一门综合性交叉学科，它以解决实践中的管理问题为终极目标，三大理论基础分别是数学、经济学和心理学（见图1-1）。其中，数学是管理科学中数量分析方法的基础，最常使用的有统计学（包括数理统计、回归分析、非参数统计等）、组合数学（主要研究存在性、计数、优化等问题）、数学规划（包括线性规划、非线性规划、整数规划、动态规划、目标规划等）、随机过程、离散数学及模糊数学等。经济学是管理科学中各类决策的出发点和依归，最常使用的是理论经济学（主要包括微观经济学和宏观经济学）、应用经济学（例如工业经济学、劳动经济学、区域经济学、国际经济学等）及计量经济学等。事实上，早在管理科学诞生之前，经济学家就试图应用经济学原理，基于理性经济人的假设来解释企业中宏观层面的管理现象。心理学是研究人的心理活动和行为表现的科学，它是管理科学中研究人际关系、调动人的积极性的依据，最常应用的是工业心理学、社会心理学及认知心理学等。

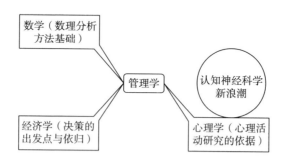

图1-1　管理科学的三大理论基础：数学、经济学与心理学

　　近年来，国内外心理学界掀起了一场认知神经科学研究的新浪潮，被视为当前心理学界最重要的研究方向之一。认知神经科学是利用神经科学和神经生理学的方法和工具，研究人类认知过程的脑机制的学科。学者们普遍认为，应用认知神经科学能够打开大脑的"黑箱",揭示人类决策背后的深层机制,从而引领心理学未来的发展方向。在这一大的学术背景下,在管理学领域的近期研究中,有不少管理学研究者开始尝试使用认知神经科学方法,直接、客观地测量大脑的活动,探索个体从事管理活动中做出管理决策的认知加工过程。认知神经科学技术的方法和研究手段为管理学领域研究注入了新的活力,催生了"神经管理学"这一新兴的交叉学科。神经管理学的概念最早由我国知名管理学家马庆国教授提出,并且在国际上产生了一定影响,具有一定的知名度。在国内外管理学界,学者们对于认知神经科学研究工具与手段的引入充满了期待,希望由此带来管理科学研究的新变革。需要指出的是,由于目前这一领域仍然处于探索阶段,缺乏标志性成果及自身理论体系,学界对于"神经管理学"是否已经成为一门学科仍然存在争议。本书中,我们采用"神经科学驱动的管理学研究"的说法,指的就是应用神经科学的理论方法与技术,研究管理学的重要议题及其内在机制,以期发现新的管理规律,乃至提出新的管理理论。

近半个世纪以来,经过全球科学家们的不懈努力,神经科学领域经历了革命性变革,神经科学方法与技术获得了突飞猛进的发展,阐明脑功能与脑运行机制的研究成果不断涌现。对于管理学的研究者而言,事件相关脑电位(Event – Related Potential,ERP)与功能磁共振成像(functional Magnetic Resonance Imaging,fMRI)等无创伤性神经科学技术的发展,使管理学研究的开展如虎添翼。其中,事件相关脑电位是一种特殊的脑诱发电位,是在注意的基础上,由识别、比较、判断、记忆、决断等心理活动诱发的,在头皮上采集到的脑电位。它反映了认知过程的不同方面,是了解大脑认知功能活动的"窗口"。功能磁共振成像技术则测量了与个体神经活动相关的脑血流的局部变化(含氧血红蛋白及脱氧血红蛋白的数量),并以此为依据探究该脑区正在进行的神经计算。此外,经颅磁刺激(TMS)和经颅直流电刺激(tDCS)等干预技术也获得了管理学家的关注和应用。总的来说,学者们可以应用这些神经科学的研究工具和技术方法,无侵入性地观察和研究管理决策者的大脑活动及各类心理、生理指标。事实上,神经科学方法与技术在过去十几年间在管理领域的应用已经为管理研究提供了一系列新的认识和理解。

依托于认知神经科学的技术与方法,管理学研究者可以透过表层的管理现象探究其深层机制,对于管理现象的剖析不再局限于定性的描述,而有机会进行定量的预测,这些都有助于加深对于管理学的理解。有了科学、可量化的研究工具，对于管理决策者的行为模式的揭示就成为了可能。以管理信息系统为例，从决策、信任、情绪、信息安全、在线购物到系统的设计，这些管理信息系统领域的重要议题都可以在大脑皮层的神经元活动上获得体现及客观的测量，这些数据对于基于主观评分获得的量表数据是有机的补充。未来的管理学研究中，学者们可以深入探究管理决策背后的认知加工机制，修正乃至提出新的管理理论。这是神经科学推动管理学研究的终极目标，也是神经科学推动管理学研究的使命。再比如说，借助神经科学技术与方法，工业工程领域的研究者从大脑活动与生理信号中获得个体行为背后的神经机理，弥补了传统研究方法的不足，顺应了人与系统之间的关系从人被动适应系统向人与系统和谐交互发展的最新趋势，从基础研究、理论研究及应用层面全方位推动工业工程领域的进步。

三、神经科学推动管理学发展的研究趋势

进入 21 世纪以来，认知神经科学与社会科学领域的各分支学科进行了交叉融合，推动了包括神经管理学、神经经济学、神经营销学在内的一系列新交叉学科的诞生，也获得了一系列具有战略意义的研究成果。以 *Science/Nature* 为代表的国际顶尖的学术期刊及以 *Management Science* 为代表的管理学国际顶级期刊等均源源不断地发表相关成果。此外，相关学科的一系列一流学术期刊都陆续策划、出版了与认知神经科学相关的主题的专刊（具体主题详见表 1-1），进一步扩大了这些新兴交叉学科的影响力，推动了认知神经科学与社会科学领域各分支学科的进一步交叉融合。从积极推动认知神经科学与管理学的交叉融合、在交叉领域开展学术探索的学者来看，他们的足迹遍布各大国际知名学府（见表 1-2）。这其中，包括宾夕法尼亚大学沃顿商学院在内的世界顶级商学院纷纷开始组建跨学科研究团队（如 Wharton Neuroscience Initiative），筹建实验室及磁共振研究中心，整合神经科学的理论方法与技术手段，开展神经科学与管理学结合的前沿研究。

表 1-1　国际学术期刊管理决策相关专刊主题

年份	期刊	主题
2019	*Games*	策略思维与神经科学
2018	*European Journal of Marketing Research*	神经科学与消费决策
2016	*Journal of Marketing Research*	神经科学与市场营销
2015	*Current Opinion in Behavioral Science*	神经经济学
2014	*Nature Neuroscience*	神经科学与决策
2014	*Journal of Management Information Systems*	神经信息系统
2014	*Biological Psychiatry*	神经科学与决策
2012	*Journal of Consumer Psychology*	神经生理学对品牌的洞见
2010	*Science*	神经科学与决策
2010	*MIS Quarterly*	信任与神经科学
2010	*Journal of Economic Psychology*	神经科学与决策

表 1-2　国际上建立神经科学相关专业研究实验室的商学院

高校	代表人物	研究主题	研究方向
宾夕法尼亚大学沃顿商学院	Michael Platt/ Gideon Nave	神经决策学	风险决策、社会决策
哈佛大学商学院	Francesca Gino	神经决策学	道德决策
哥伦比亚大学哥伦比亚商学院	Eric Johnson	神经决策学	风险决策、跨期决策
斯坦福大学商学院	Baba Shiv	神经营销学	消费者偏好
欧洲工商管理学院（INSEAD）	Hilke Plassmann	神经营销学	消费者自我控制
加州大学伯克利分校 Haas 商学院	Ming Hsu	神经营销学、神经决策学	品牌认知、社会偏好
加州大学洛杉矶分校 Anderson 商学院	Craig Fox	神经决策学	风险决策
南加州大学 Marshall 商学院	Cary Frydman	神经金融学	金融投资行为
牛津大学 Saïd 商学院	Thomas C. Powell	神经战略学	组织战略
澳洲国立大学商学院	Shirley Gregor	神经信息系统	人机交互、专家系统
天普大学 Fox 商学院	Angelika Dimoka	神经信息系统、神经决策学	网络信任、在线市场交互
伊拉斯姆斯大学 Rotterdam 商学院	Ale Smidts	神经营销学、神经决策学	品牌、社会影响
乔治·梅森大学	Raja Parasuraman	神经工业工程	脑力负荷、认知控制

在国内管理学界，神经科学推动管理学的发展也呈现出了"星星之火，可以燎原"的态势。2006 年，我国学者马庆国在《管理世界》上发表论文，在国际范围内第一次将认知神经科学引入管理学研究中，并且指出了神经工业工程、神经营销学等一系列认知神经科学与管理学交叉融合的分支领域。由马庆国发起、主办的"神经管理学与神经经济学国际会议"自 2008 年以来已经成功举办六届。这一会议吸引了大量在认知神经科学与管理学的交叉领域开展研究的国内外知名学者参会，搭建了无国界的学术交流平台，在国际范围内具有卓越的学术声誉。此外，分别依托管理科学与工程学会及中国科协成立了"神经管理与神经工程研究会"二级学会及"中国技术经济学会神经经济管理专业委员会"，每年召开全国性学术年会，进一步扩大神经管理学在国内的学术影响力。目前，包括清华大学、北京大学、浙江大学、上海外国语大学在内的高校已经纷纷建立神经管理学的专业实验室，并且引进了大量在交叉领域开展研究的领军人才和青年才俊。可以说，由神经科学驱动的管理科学研究在我国方兴未艾。其中，我国学者在神经科学驱动的管理科学研究中取得的代表性成果包括：中欧国际工商学院赵先德教授发表在 *Production and Operations Management* 的文章中，利用功能磁共振成像技术，比较了经销商订购决策中直接诱发方式和策略方式在容量分配博弈中的异同，指出策略诱发方式是一个有效的工具。浙江大学陈发动研究员发表在 *Nature Communications* 上的研究清晰地揭示了人类合作行为背后的认知机制，较好地解决了当前关于该主题研究结论尚存在相关争议的问题，并构建了基于认知神经科学的决策模型，从而更好地描述和预测人的行为。北京大学周晓林教授在 *PNAS* 发表了社会公平决策相关的研究成果，借助神经科学的方法手段，对于不公平决策的两种不同类型的认知神经加工进行了区分。

  目前，神经科学的技术手段与研究方法已经开始逐渐应用在信息系统、工业工程、商业伦理、金融工程、管理决策、市场营销、财务会计等核心的管理学研究领域，为一系列研究的发展注入新的活力。举例来说，信息系统领域的顶级期刊 *MIS Quarterly* 早在 2010 年就组织、出版了神经科学主题专刊，引发信息系统领域一系列知名学者的持续关注。市场营销顶级期刊 *Journal of Marketing Research* 于 2015 年 8 月正式出版市场营销与消费者行为学领域的神经科学研究专刊，介绍了基于神经科学技术手段开展管理学研究所具备的优势及近年来相关论文数量高速增长、质量不断提升的趋势，这也是主流的管理学界向外界传递的一个重要信号：未来应用神经科学方法开展管理学研究具有更多的可能性和更大的可行性，有机会进一步去推动相关领域的研究发展乃至带来研究的重要突破。

除学界之外，企业界也开始注意到这一方向的发展前景。目前国际上已有超过100家专业从事神经科学在消费决策和营销等领域应用研究的公司，如世界最大的市场研究企业 AC 尼尔森公司、国际知名的营销公司益普索、明略行等都已经成立了专门的神经营销部门，致力于神经成像技术在市场营销实践中的运用。其中，AC 尼尔森的消费者神经科学部门力图利用神经科学的技术手段，在创新和营销效果领域提供突破性的消费者神经科学解决方案。在尼尔森上海实验室的网站上，消费者神经科学研究的被试招募信息一直挂在主页。通过招募普通消费者有偿参加市场研究项目，尼尔森在全面理解消费者"看什么"和"买什么"的道路上取得了长足的进展。此外，拥有百年历史的蓝色巨人 IBM 公司已经推出了基于智能认知的认知计算系统，正在将整个公司战略转型为认知解决方案和云平台公司。我国传统媒体行业也开始关注到神经科学技术与方法的应用所具备的巨大潜力。例如，东方卫视的旗舰节目《极限挑战》就通过招募代表性的观众佩戴认知神经科学的便携式设备，力图牢牢把握住收视群体的心理和情绪，有针对性地测试和修改节目的内容与设计。

在神经科学推动管理学发展、学界和业界集体发力的背景下，本书在后续章节将跟踪国内外神经科学和脑科学的技术方法与管理学融合发展的最新趋势，系统地梳理神经科学在信息系统、工业工程、商业伦理、金融工程、管理决策、市场营销、财务会计等领域的应用及其为管理学研究和实践带来的改变，提出神经科学推动管理学研究发展的重要方向、主要任务和相关产业可能发展思路。

第二章 主要神经科学技术及应用现状

一、神经科学发展

（一）神经科学的概念与研究内容

神经科学（或神经生物学）是对神经系统的科学研究。它是生物学的一个多学科分支，结合生理学、解剖学、分子生物学、发育生物学、细胞学、数学建模和心理学来理解神经元和神经回路的基本特性和突发特性。神经科学的目标是研究精神、智力活动的生物学基础，埃里克·坎德尔将对学习、记忆、行为、感知和意识的生物学基础的理解描述为生物科学的"终极挑战"。

历史上，神经科学家研究这些问题主要采用了两条截然不同的思想线路：还原论和整体论。还原论又被称为自下而上的研究方法。该方法试图通过研究神经系统的组成成分来理解神经系统，也就是从单个分子、细胞或回路等神经系统的基础元素的特性来理解神经系统的运行特点机制。这种思路可以研究神经细胞的静息状态及电信号传递的过程与特性，进而了解神经元之间通过电信号传导的通信过程，以及神经元彼此之间通信的模式在神经系统发育的过程中如何建立，进一步考察这种模式是如何被经验活动所改变并储存的。整体论又被称为自上而下的研究策略。它主要是从研究神经系统整体的功能入手来理解神经系统的特点，主要关心神经系统的活动如何调节行为、神经系统的差异如何反映在行为上。这两条研究思路各有其独特的研究方法与路线，各有优点的同时也有不可避免的缺点。两者的激烈争论共同推进着神经科学的不断发展，都在神经科学发展的历史上取得了重大的成就，推动着现代神经科学的诞生及其各个分支的深化发展。

在现代科技与教育的影响下，今天的我们关于人类神智与心理的共识即是，脑是使人类认识世界、改造世界成为可能的关键。这一切似乎是如此理所当然，不值得我们为此有所动容甚至关注。然而，当我们抛开这一"上帝视角"来观察神经科学的发展脉络时，才会充分理解先辈们对神智与脑关系探索过程的艰难与巧妙，感慨人类理解自身的渴望与求知，正是一幅史诗巨著在我们面前铺展开来。在一代又一代先辈的累积工作与突破发现后，在其他自然学科的技术不断突破发展后，神经科学逐渐创立并不断发展，将神智与脑关系的探索进一步引向深入。

（二）脑认识的蒙昧时期

在古代，对脑的功能主要是以想象为主的直觉、粗线条和推测性的认识。

从古埃及的木乃伊到18世纪对"球状物"和神经元的科学研究，都表明神经科学的研究贯穿了人类的整个历史。神经系统的最早研究可追溯到古埃及，但早期的文明缺乏足够的手段来获得关于人类大脑的知识。因此，他们对精神内部运作的假设是不准确的。早期关于大脑功能的观点认为它是一种"头盖骨填充物"。在古埃及，从中王国晚期开始，为了准备木乃伊化，大脑被定期移除，因为心脏被认为是智力的所在地。根据希罗多德的说法，在木乃伊化的第一步，"最完美的做法是用铁钩尽可能多地提取大脑，铁钩无法触及的部分与药物混合。"

在接下来的5000年里，这一观点发生了逆转，人们逐渐认识到大脑是智力的所在地，尽管人们仍然在说"用心记住"。在新石器时代，首次记录了钻孔或刮削颅骨孔以治疗头痛或精神障碍，或缓解颅压的外科实践。早在公元前1700年的手稿表明埃及人对脑损伤的症状有一定的了解。在埃及的卢克索，曾发现公元前30～公元前17世纪的象形文字文件，考古界称之为史密斯外科纸草书，其中首次出现了"脑"字。大脑的象形文字共出现在纸莎草纸上八次，描述了两名头部受伤的头颅复合骨折患者的症状、诊断和预后。纸莎草书的作者（战场外科医生）的评估暗示古埃及人对头部创伤的影响有着模糊的认识。古代人类大脑文明的观察表明，人们对基本力学和颅骨安全的重要性只有相对的理解。此外，考虑到有关人体解剖的医学实践的普遍共识是基于神话和迷信，战场外科医生的思想似乎是经验性的，基于逻辑推理和简单观察。

　　大约公元前 5 世纪，古希腊人对大脑的功能产生了不同的看法。地中海科斯岛上托名希波克拉底（Hippocrates of Kos，公元前 460—公元前 370）的医生认为脑是神智的载体，认为大脑不仅与感觉有关，而且是智力的所在地，因为大多数专门器官（如眼睛、耳朵、舌头）都位于大脑附近的头部。希波克拉底是一名卓越的医生，被认为是第一个相信疾病是自然引起的人，不是因为迷信和神灵。然而当时的文化中，人体被认为是神圣的而不能被解剖，所以希腊人对大脑功能的看法通常是不正确的，希波克拉底对脑的认识也仅限于推测。同时期的哲学家与思想家柏拉图（Plato，公元前 428/427 或公元前 424/423—公元前 348/347）也推测，大脑是灵魂理性部分的所在地。与希腊人关于人体神圣性的思想形成鲜明对比的是，几个世纪以来，埃及人一直在对他们的死者进行防腐处理，并对人体进行了系统的研究。遗憾的是，他们的作品现在大部分都丢失了，我们仅能从二手资料知道他们的成就。

　　与希波克拉底相反，亚里士多德（Aristotle，公元前 384—公元前 322）认为心脏是智力的中心，大脑只是负责冷却血流的热量。这种观点被普遍接受，直到希波克拉底的追随者、罗马角斗士的医生加伦（Galen，129—199）观察到他的病人在大脑受到损伤时失去了智力。加伦解剖了绵羊、猴子、狗、猪等非人类哺乳动物的大脑。他得出的结论是，由于小脑比大脑致密，所以它必须控制肌肉，而由于小脑是软的，所以它必须是处理感官的地方。加伦进一步推测，大脑的功能是通过脑室移动动物灵魂。此外，他对颅神经和脊髓的研究也很突出。他指出，特定的脊髓神经控制着特定的肌肉，并且肌肉相互作用。其证明喉返神经管理发音的实验为他赢得了首创实验研究的美誉。

　　对神智的认识牵涉到脑的基本活动如何进行。在古代埃及、希腊和罗马，神智活动被认为是类似于空气样东西的活动，比如灵魂（Soul）、元气（Pneuma）、精灵（Spirit）、微小颗粒之类。这些较为抽象笼统的看法一直到 18 世纪末才开始得到更新。

（三）文艺复兴与脑科学的启蒙

　　在漫长的中世纪中，人类对脑的研究屈指可数。在 1000 年左右，伊斯兰伊比利亚的阿布卡色斯（Al‐Zahrawi，936—1013）对神经系统患者进行了评估，并对头部损伤、颅骨骨折、脊髓损伤、脑积水、硬膜下积液和头痛进行了手术治疗。同时在波斯，阿维森纳（Avicenna，980—1037）提供了关于颅骨骨折及其手术治疗的详细知识。在 13 世纪和 14 世纪，蒙迪诺（Mondino de Luzzica.，1270—1326）和吉达·维吉瓦诺（Guido da Vigevano，1280—1349）撰写了欧洲第一本解剖学教科书，其中包括对大脑的描述。

14～16 世纪的欧洲文艺复兴横扫了中世纪的迷信，同时推动了人们对大脑的重新认识。培根（F. Bacon，1561—1626）把逻辑思维引进到科学观察之中。在文艺复兴思潮当中涌现的多位学者——达·芬奇（L. da Vinci，1452—1519）、维萨里（Andreas Vesalius，1514—1564）、威利斯（Thomas Willis，1621—1675）、笛卡尔（René Descartes，1596—1650）、施旺麦丹（Jan Swammerdam，1637—1680）均对神经科学的发展做出了不可或缺的贡献。

达·芬奇是杰出的艺术家，在人体解剖学上亦有所建树。以往的解剖学家做解剖只是为了验证前人和书本上的理论。关于脑室，早期达·芬奇画了前、中、后三个脑室，这与中世纪对脑室的看法是一致的，然而晚期达·芬奇的脑室图就有了四个脑室，包括侧脑室。他还为此做了牛脑室的灌注蜡模。他的贡献在于实际进行了脑的解剖，一切从实际出发。

维萨里是一个亲自做脑解剖的学者，在解剖人体尸体时注意到了大脑和一般神经系统的许多结构特征，如壳核和胼胝体。维萨里提出大脑由七对脑神经组成，每一对都有一个专门的功能，其他学者通过添加他们自己的人类大脑的详细草图进一步推动了维萨里的工作。维萨里基本上完成了今天神经解剖学教科书上关于脑的描述，但是也有不足之处，例如关于交感神经和副交感神经起源的解剖是错误的，这可能是由于当时获得尸体标本受到的限制。他的名著是 1543 年出版的《人体构造》。

威利斯也是一位解剖学家，研究了大脑、神经和行为，以发展神经系统治疗。他详细描述了脑干、小脑、心室和大脑半球的结构。他的著作《大脑解剖》（1664）插图与当代神经解剖学书上的解剖结构图已基本相同，该书广泛讨论了脑的生理、解剖、化学和临床神经学。威利斯的另一个重要贡献是发现了脑基底部的血管环。

笛卡尔是一位著名的哲学家和数学家，研究了大脑的生理学，提出了二元论以解决大脑与心灵的关系问题。他提出，在记录负责循环脑脊液的大脑机制后，松果体是心脏与身体相互作用的地方。然而他的最重要贡献并不在于他的一些具体工作，而是突破了人类研究大脑时的精神枷锁。他革命性地认为脑也只是一个器官而已，与其他器官并无两样，脑的活动可比拟为机械的动作而加以描述和探究。自此，笛卡尔开创了脑功能的分析与实验研究，对后世影响深远。

施旺麦丹是荷兰生物学家和显微镜专家。他对昆虫的研究表明，昆虫卵、幼虫、蛹和成虫生命中的各个阶段是同一动物的不同形态，作为他解剖学研究的一部分，他进行了肌肉收缩实验。1658 年，他成为第一个观察和描述红细胞的人。施旺麦丹对神经科学的贡献在于，他是第一批使用显微镜进行解剖的人之一，他的技术在此后数百年中仍然有用。

经过文艺复兴的催化，对神经和脑的解剖蓬勃展开，有关脑的科学认识也随之兴起。

（四）神经科学几个主要理论基础

当今神经科学有几个主要的理论基础，包括神经元学说、神经系统整合作用理论、脑功能定位观点，还有细胞生物学和分子生物学基础。其中前三项是 20 世纪五六十年代以前的积累，细胞生物学和分子生物学基础是在更近年代发展起来的。

1. 生物电、神经元与神经网络

直到文艺复兴结束，人们对脑的活动基础仍然尚未了解清楚。文艺复兴后物理学的静电学发展了，才使人们开始具备测量电的技术条件。在此背景下，18 世纪末意大利人伽伐尼（Luigi Galvani，1737—1798）发现了动物电，被公认为生物电磁学的先驱。1780 年，他发现当被电火花击中时，死青蛙腿的肌肉会抽搐，开创了神经科学研究的生物电领域。如今该领域仍然在研究来自神经和肌肉等组织的放电模式和信号。动物电现象的发现迅速扫除了古代把神智活动看成是灵魂、元气、精灵或微小颗粒等活动的旧观念。人们从此认识到，神经活动及脑活动的实质是独特的生物电活动，即神经传导。

17 世纪中叶已经有了显微镜，随着技术逐步改进，脑的解剖开始向神经组织学深入，神经细胞和神经纤维的构造也渐渐明了。1839 年德国植物学家施莱登（Matthias Jakob Schleiden，1804—1881）和生理学家施万（Theodor Schwann，1810—1882）提出细胞理论，使之成为生物学中一个非正式的基础概念，其重要性相当于原子理论在化学中的地位。1858 年德国"病理学之父"菲尔绍（Rudolf Ludwig Carl Virchow，1821—1902）建立了被视为现代病理学根源的细胞病理学，引入了细胞理论的第三个格言："所有细胞来自细胞。"

然而，此时对于脑和神经的活动是否以神经细胞的活动为基础依旧存在激烈

的争论。1871 年，德国解剖学家格拉赫（Joseph von Gerlach，1820—1896）提出大脑是一个以连续网络（网状）形式存在的复杂的"原生质网络"。受到格拉赫的启发，意大利生物学家和病理学家高尔基（Camillo Golgi，1843—1926）追踪了脑脊髓轴的各个区域，清楚地区分不同的神经投射，即轴突与树突。他根据神经延长的结构制定了新的细胞分类，描述了一个由来自不同细胞层的轴突交织的网络组成的极其密集和错综复杂的网络。至此，高尔基提出了网状理论，认为大脑是神经纤维的单一网络，而不是离散细胞，原有的细胞理论并不适用于神经细胞，这就是"神经网络"学说（Reticular Theory）。但也有相当多的神经组织学家，比如西班牙人卡哈尔（Santiago Ramóny Cajal，1852—1943）首先研究了大脑的微观结构，认为细胞理论同样适用于神经细胞，这就是"神经元"学说（Neuron Theory）。卡哈尔数十年的研究证明了神经元理论的多项内容，包括突触传递的方向性，最终赢得了"神经元"还是"神经网络"的"战争"。到 1930 年左右，神经元学说被广泛接受。

2. 谢灵顿的突触概念和神经系统整合作用理论

生物电现象被发现后，人们逐渐开始改变中枢传导功能的观念。关于基础的反射功能，早期人们普遍认为反射是在反射弧内发生的孤立活动，存在一个神经干双向传导信息。英国神经生理学家谢灵顿（Charles Scott Sherrington，1857—1952）于 1897 年大胆提出，脊髓内的感觉神经传入与运动神经元之间存在着"突触"（Synapse），它起到活门的作用，仅允许神经冲动朝一个方向传播。谢灵顿对神经元之间突触通信的另一种解释帮助塑造了我们对中枢神经系统的理解，形成了新的中枢传导的观念。在 20 世纪 50 年代，电子显微镜开始被应用于神经解剖研究，这一假设也迎来了实验数据的证实。中枢神经系统（脑和脊髓）活动的特点是，在接受了传入神经的电信号后，要把它们整合起来并形成一个有意义的输出。谢灵顿因证明了反射需要综合激活及肌肉的相互神经支配（谢灵顿定律）而获得诺贝尔奖项。他于 1906 年出版的《神经系统的综合作用》有效地奠定了包括大脑在内的神经系统可被理解为单一互联网络的理论。

神经元学说、神经系统整合作用理论和突触概念奠定了现代神经科学的主要基础。基于突触假设，神经活动实际上应包括神经的传导和突触的传递这样两个不同的过程。人们对脑功能的理解因而推进到了机制性的层次。

3. 脑功能定位观点

奥地利神经解剖学家及生理学家加尔（Franz Josef Gall，1758—1828）最早认为大脑各区具有功能上的特异性。他提出，人的各项神智功能由大脑不同的区控制，脑区的发育则反映在颅骨的隆起上，开创了颅相学。这个奇特的学说在当时也引起了不小的争议，现在更被广泛称为伪科学。

在神经元相关的研究不断推进的同时，法国医生保罗·布洛卡（Pierre Paul Broca，1824—1880）对脑损伤患者的研究发现，丧失言语机能与大脑左半球中央前回下部的病变或损伤相关。他断定这一区域与说话机能有关，定名为布洛卡区。这个发现并不能表明人脑的发育可以表现在颅骨上，但确实是脑功能定位观点的第一个解剖学证据，即语言是某个脑区的功能，特定的心理功能均可以被定位在大脑皮层的特定区域。布洛卡的工作也促进了人类物理学及人体测量学的发展。

英国神经病学家杰克逊（John Hughlings Jackson，1835—1911）对癫痫患者的观察也支持了脑定位理论，他通过观察癫痫病人症状在体内的发展扩散过程，正确推断了运动皮层的组织模式。

德国医生威尔尼克（Carl Wernicke，1848—1905）进一步发展了语言理解和特定大脑区域相关的理论。威尔尼克因其对脑病的病理学研究及接受性失语症的研究而闻名。而这两种失语症也分别被命名为威尔尼克脑病和威尔尼克失语症。他的研究及保罗·布洛卡的研究使大脑功能定位研究取得突破性的进展，特别是在语言方面。

德国神经学家布罗德曼（Korbinian Brodmann，1868—1918）从神经元的细胞结构组织特征出发，对大脑皮层进行了细致的重新定义，将其分为52个不同的区域，现在称之为布罗德曼区域。布罗德曼于1909年发表了人类、猴子和其他物种皮层区域的地图，以及关于哺乳动物皮层的一般细胞类型和层状组织的许多其他发现和观察。不同物种中相同的布罗德曼区域数不一定表示同源区域。现代研究通过神经成像技术不断证实，布罗德曼的大脑细胞结构图的各个位置确实与执行特定任务相关。

（五）神经科学各来源学科的发展

在神经科学成为一门新的、单独的学科之前，它的各来源学科早已蓬勃发展。下面介绍几个主要学科的贡献。

1. 神经解剖学（Neuroanatomy）

神经解剖学研究神经系统的结构和组织，始创于19世纪中叶，其中最重要的是脑的大体解剖及显微结构的研究。在脊椎动物中，神经系统被分隔成大脑和脊髓的内部结构（一起被称为中枢神经系统或 CNS）与连接到身体其他部分的神经的路径（称为周围神经系统或 PNS）。对神经系统的不同结构和区域的描绘对于研究其如何起作用至关重要。例如，神经科学家学到的很多东西来自观察特定大脑区域的损伤或病变如何影响行为或其他神经功能。此外，它也为神经病理研究提供了基础。在方法学上，它的主要贡献有脑组织的固定与染色、神经递质染色的组织化学方法、特异抗原染色的免疫组织化学方法、原位杂交方法、正向与逆向的束路追踪、放射自显影方法等。大体解剖与显微解剖的研究弄清了局部脑的细胞和纤维构筑、脑的分区和定位、不同脑部位之间的连接关系等。

2. 神经生理学（Neurophysiology）及神经电生理学（Neuroelectrophysiology）

神经生理学是生理学和神经科学的一个分支，涉及神经系统功能的研究。神经生理学的研究以神经解剖学为基础。基本神经生理学研究的主要工具包括电生理记录，如膜片钳、电压钳、细胞外单个单元记录和局部场电位记录，以及钙成像、光遗传学和分子生物学的一些方法。神经电生理学最初使用感应圈生电和电容器放电的刺激；随着电子技术的发展，电子刺激器被广泛使用，电刺激成为研究神经和脑功能的重要手段。生理学实验的另一种方法是手术切除动物脑的某一部分，观察动物行为及功能的变化。从 20 世纪 50 年代开始，神经电生理学占据了神经科学的主要阵地。

3. 神经药理学（Neuropharmacology）

神经药理学的主要内容是研究药物如何影响神经系统中的细胞功能，以及它们影响行为的神经机制。神经药理学有两个主要分支：行为和分子。行为神经药理学专注于研究药物如何影响人类行为（神经精神药理学），包括研究药物依赖和成瘾如何影响人类大脑。分子神经药理学涉及神经元及其神经化学相互作用的研究，其总体目标是开发对神经功能有益的药物。药物治疗神经疾病有着悠久的历史。20 世纪 50 年代，利血平和氯丙嗪精神药理作用的发现是神经药理学发展的重要里程碑。神经科学的许多研究正是通过神经药理学途径取得突破，从而确定了脑的功能定位、脑内各种神经传导通路，以及脑活动的兴奋和抑制作用。此外，电生理学发展配合神经药理学的方法解决了神经传导及传递等诸多的机制问题。例如，先是出现了神经传导的离子学说，以后又推进到钠离子学说；这些进步成为后来搞清楚离子通道三维结构的最重要基础。

4. 神经病理学（Neuropathology）与临床神经科学（Clinical Neuroscience）

神经病理学是对神经系统组织疾病的研究，通常以小手术活组织检查或全身尸检的形式进行。神经病理学家通常在解剖病理学系工作，但与神经病学和神经外科学的临床学科密切合作，神经外科学通常依靠神经病理学进行诊断。神经病理学还涉及法医病理学，因为脑疾病或脑损伤可能与死亡原因有关。19世纪的法国医生沙尔科（Jean‐Martin Charcot，1825—1893）开创了神经病理检查结合临床的基本研究思路。这种研究是神经科学研究早期许多重要脑功能的认识来源，布洛卡区及威尔尼克区也是通过这样的研究思路发现的。临床神经科学更侧重于脑和中枢神经系统的疾病和紊乱基本机制的研究，使用神经科学和临床神经科学的基础研究成果来开发诊断方法，以及预防和治疗神经系统疾病的方法。20世纪以来药物治疗与基础研究相结合的最有代表性的范例是用乙酰胆碱治疗重症肌无力和用多巴胺制剂治疗帕金森病。

（六）现代神经科学的诞生

20世纪五六十年代，科学界希望运用多学科综合方法攻关脑的问题。在20世纪，神经科学开始被认为是一门独立的学科，而不是其他学科的神经系统研究。从20世纪50年代起，里奥奇（David McKenzie Rioch，1900—1985）在沃尔特·里德陆军研究所（Walter Reed Army Institute of Research）开始将基础解剖学和生理学研究与临床精神病学相结合。同一时期，施密特（Francis O. Schmitt，1903—1995）在麻省理工学院（Massachusetts Institute of Technology）的生物学系内建立了一个神经科学研究项目，将生物学、化学、物理和数学结合在一起。第一个独立的神经科学系（当时称为心理生物学）由詹姆斯·麦格（James L. McGaugh，1931—）于1964年在加利福尼亚大学欧文分校（University of California）创立。随后是哈佛医学院神经生物学系，由斯蒂芬·库弗勒（Stephen William Kuffler，1913—1980）于1966年创立。这一系列事件标志着现代神经科学这门独立学科的诞生。

在20世纪下半叶，随着分子生物学、电生理学和计算神经科学的进步，神经系统的科学研究显著增加。多学科研究脑与神智的问题是现代神经科学的一个基本特征，细胞生物学和分子生物学是其重要的理论基础，实验胚胎学和实验心理学也与之交融。神经系统的研究可以在多个层面上进行，从分子和细胞层面到系统和认知层面。这使神经科学家可以从各个方面研究神经系统是如何构造的、如何工作的、如何发展的、如何发生障碍的，以及如何被改变的。研究重点的具体主题随着时间的推移而变化，这是由不断扩大的知识基础和日益成熟的技术方法的可用性驱动的。从长远来看，技术进步是进步的主要动力。电子显微镜、计算机、电子学、脑功能成像及最近的遗传学和基因组学的发展都是取得进展的主要驱动因素。

（七）现代神经科学的主要分支

现代神经科学包括四个主要分支，即细胞和分子神经科学、神经环路与神经系统、认知与行为神经科学及发育神经科学。

1. 细胞和分子神经科学（Molecular and Cellular Neuroscience）

分子神经科学从分子水平上研究神经科学，研究的范围包括分子神经解剖学、神经系统中分子信号传导机制、遗传学和表观遗传学对神经元发育的影响，以及神经可塑性和神经退行性疾病的分子基础等主题。在这个层次上，神经科学使用分子生物学和遗传学的工具来研究神经元是如何发展的，以及基因变化如何影响生物功能。另一重要问题是神经元的形态、分子同一性和生理特性，以及它们与不同行为类型的关系。

细胞神经科学是细胞水平的神经元研究，包括单个神经元的形态和生理特性等。细胞内记录、膜片钳和电压钳技术、药理学、共聚焦成像、分子生物学、双光子激光扫描显微镜和 $Ca2+$ 成像等技术已被用于研究细胞水平的活性。细胞神经科学检查各种类型的神经元、不同神经元的功能、神经元对彼此的影响，以及神经元如何协同工作。细胞神经科学所讨论的基本问题，一是神经如何利用树突、胞体、轴突传递电化学信号并利用神经递质和电信号处理信息，二是神经系统的发展。这些问题包括神经系统的模式化和区域化、神经干细胞、神经元和胶质细胞的分化、神经元迁移、轴突和树突发育、营养相互作用和突触形成。

细胞生物学和分子生物学成为现代神经科学的基础有其深刻的原因。就细胞生物学而言，既然神经元也是一个细胞，那么它应该具有一般细胞所具有的功能。基于这种认识，有关神经元的细胞生理生化活动研究得以蓬勃发展。分子生物学中心法则的确立促进了生物化学与分子生物学向神经科学的深度渗入。同时，各种细胞生物学和分子生物学技术被应用于神经科学研究。近半个世纪以来，许多重大理论问题通过细胞和分子神经科学研究而得到阐明，如离子通道一级结构与亚单位的鉴定、细菌离子通道三维结构的解析、神经递质传递的突触前与突触后分子机制等。

2. 神经环路与神经系统（Neural Circuits and Systems）

神经回路是通过突触相互连接的神经元群，并通过神经元的激活来执行特定的功能。神经环路相互连接，形成大规模的大脑网络。大脑神经元之间的联系比人工神经网络的连接神经计算模型中使用的人工神经元复杂得多。神经元之间的基本连接类型是突触，突触的建立使神经元能够连接成数百万个重叠和相互连接的神经回路。

系统神经科学是研究神经回路和系统的结构与功能的神经科学分支，涵盖了许多研究领域，涉及神经细胞如何连接在一起形成神经通路、神经回路和更大的脑网络。在这种分析水平上，神经科学家研究不同的神经回路如何分析感觉信息，形成对外部世界的感知，做出决策和执行动作，如何在解剖学和生理学上用于产生诸如反射、多感觉整合、运动协调、昼夜节律、情绪反应、学习和记忆等功能。系统神经科学家通常采用技术来通过使用电报记录或多电极记录、功能磁共振成像（fMRI）和正电子发射计算机断层扫描（PET）的电生理学来理解神经元网络。系统神经科学的研究人员关注分子和细胞方法之间的关系，以理解大脑结构和功能，以及研究高级心理功能，如语言、记忆和自我意识。换句话说，他们讨论了这些神经回路在大规模大脑网络中的作用，以及行为产生的机制。例如，系统级分析解决了有关特定感觉和运动模式的问题：视觉是如何工作的？鸣禽如何学习新的歌曲？蝙蝠如何超声波定位？躯体感觉系统如何处理触觉信息？

神经内分泌学和心理神经免疫学分别研究神经系统与内分泌和免疫系统之间的相互作用。尽管取得了许多进展，但人们对神经元网络执行复杂认知过程和行为的方式仍知之甚少。

3. 认知与行为神经科学（Cognitive and Behavioral Neuroscience）

在认知层面上，神经行为学和神经心理学的相关领域着重解决神经回路如何构成特定动物和人类的行为及心理功能的问题。20世纪七八十年代，现代神经科学融汇了认知心理学思想而形成认知神经科学这个分支，与行为神经科学、认知心理学、生理心理学和情感神经科学等学科重叠。认知神经科学依赖于认知科学中的理论及来自神经生物学和计算建模的证据。神经影像学、电生理学和人类基因分析等强大的新测量技术的出现，加上认知心理学的复杂实验技术，使神经科学家和心理学家能够解决抽象问题，例如人类的认知和情感如何映射到特定的神经基础。尽管许多研究仍持还原论立场，寻找认知现象的神经生物学基础，但最近的研究表明，神经科学发现与概念研究之间存在着有趣的相互作用，吸引并整合了这两种观点。时至今日，对学习、记忆、知觉、情绪等问题都取得了较以前深入的认识。

神经科学还与社会和行为科学及新兴的跨学科领域（如神经语言学、文化神经科学、神经经济学、决策理论、社会神经科学和神经营销）联系在一起，致力于理解生物系统如何实现社会过程和行为，以解释并解决有关大脑与环境相互作用的复杂问题。例如，对消费者反应的研究使用脑电图来研究与叙事运输相关的神经相关性，以及关于能源效率的故事。

认知神经科学的另一个重要方面是针对脑损伤引起的认知缺陷患者的研究。大脑的损伤为健康和功能完善的大脑提供了可比较的基础。这些损伤会改变大脑中的神经回路并导致其基本认知过程失调，例如记忆或学习。通过比较损伤及健康神经回路的运作方式，我们可能得出有关认知过程机制的结论。

4. 发育神经科学（Developmental Neuroscience）

神经发育领域利用神经科学和发育生物学来描述和提供洞察复杂神经系统发育的细胞和分子机制，从线虫和果蝇到哺乳动物。神经发育中的缺陷可导致畸形和各种感觉、运动和认知障碍，包括全脑畸形和人类的其他神经系统疾病，如Rett综合征、唐氏综合征和智力残疾。发育神经科学来源于神经胚胎学，特别是实验神经胚胎学，而对脑发育的分析离不开神经解剖学。现代发育神经科学的特征是，在分析脑发育问题时十分广泛地应用了分子生物学和细胞生物学的理论与技术。近二三十年来，发育神经科学在神经组织的分化、神经突起的生长、神经元的凋亡，还有神经化学因子的作用等方面有新进展。近年还发现有神经干细胞存在，为寻找治疗神经疾病的新方法带来一线曙光。

（八）对脑认识的不断追求

从文艺复兴到现在，人类对神智与脑关系的认识虽已取得多方面的重大进展，然而困惑依旧存在，主要集中于两点：一是整体论如何与还原论相整合，二是主观的神智现象如何用客观方法来研究。

1. 整体论与还原论的整合

整体论（Holism）认为任何系统（物理、生物、化学、社会、经济、心理、语言）及其属性应被视为整体，而不仅仅是一个部分的集合。与此相反的是，还原论（Reductionism）认为整体可以用其基本的、简单的组成来描述，试图通过研究部分以获得有关整体的解释。怎样在研究中平衡整体论与还原论并使两者相互补充、融合，还远未得到解决。正如神经科学在从分子到行为的层面上研究神智，而怎样将不同层面的研究整合仍是悬而未决的难题。似乎迄今为止仍是还原论思想过多地占了上风，在一系列问题上突出地显露出当前神经科学的局限性。例如，存在复杂树突的整合功能问题。迄今对中枢突触的研究还局限于中枢模式兴奋性突触，而对于树突的研究，特别是关于树突棘如何激活、如何汇聚信号并整合成为神经元胞体的兴奋，探讨的路途尚很遥远。又如神经元的弥散性激活问题。多数神经元的质膜表面属于非突触区，可被激素及其他神经活性物质所激活，可被露出到突触外区域的神经递质所激活。这些弥散性激活有可能影响神经元的兴奋状态，再影响电活动编码及传送信息。弥散性激活已引起了一部分神经科学家的注意，但还未看到对这一问题有分量的分析。另外又有神经回路与脑功能的问题。神经传导和突触传递要能够上升为脑区的活动，需有特定神经回路的活动，这方面的工作亟待加强。近来光遗传学技术被引入这个领域，有望解决该方面问题。

2. 以客观方法对主观现象的探究

罗素有言：当真正追求精确时，才知道所有的东西都会在一定程度上模糊。为了将模糊的概念分辨清楚，将"只有自己知道"的内心感觉进行精确划分，现代科学研究普遍采用了"操作定义"来对我们的心理及意识过程进行测量。在利用操作定义进行客观研究的同时，必然造成对主观世界的忽视或扭曲。例如就知觉而论，会有"茉莉花香"的问题出现，就是说，某甲所闻到的茉莉花香与某乙所闻到的茉莉花香是否相同？对于意识现象，人们还只能小心翼翼地说，我们在研究意识的神经相关物，我们还不敢谈意识的本质是什么。诸如此类的问题不胜枚举。

二、管理学与认知神经科学

（一）认知神经科学

管理学的研究离不开人，当今管理学的一个重要发展方向就是在与人的行为有关的研究中从单一的人类行为指标转型为多维的人脑指标综合应用测量。人脑重约 1400 克，也许是我们世界里最复杂、最精密的"机器"，几乎承载了我们所有的智能活动。随着神经技术的发展，人类大脑的"黑箱"正在逐渐被掀开。21 世纪被世界科学界公认为是生物科学、脑科学的时代，当今研究的一个重要方向就是使用神经科学的方法研究人类对外界信息的转换、加工、存储及提取过程，认知神经科学随之诞生。这个新兴研究领域高度融合了当代认知科学、计算科学和神经科学，把研究的对象从纯粹的认知与行为扩展到脑的活动模式及其与认知过程的关系。将认知神经科学的方法应用于管理学帮助我们从一个新的角度研究管理学的现象与理论，为我们打开了新的大门。

认知神经科学的方法主要包含两类：一类是用于清醒动物比较认知研究的生理心理方法，另一类则是广泛应用于人类研究及临床医学的脑成像技术。管理学研究里最具有发展潜力的则是第二类中无损伤的各类神经科学技术，主要是神经影像技术，俗称脑成像技术。

（二）神经影像技术

神经影像（Neuroimaging）是医学、神经科学和心理学较新的一个领域，泛指能够直接或间接对神经系统（主要是脑）的功能、结构和药理学特性进行成像的技术。

神经影像分为两大类：第一类是结构成像，以不同技术呈现神经系统的结构，如大脑皮层的灰质密度或白质纤维束连接，在临床中用来粗略诊断颅内疾病和损伤。第二类是用来展现脑在进行某种任务时活动情况（包括感觉、运动、认知等功能）的功能成像，广泛应用于神经学和认知心理学研究，并用来建立脑—计算机接口，临床中可以在更精细的尺度上诊断代谢性疾病和病变（如阿尔茨海默病）。

结构成像与功能成像在管理学的研究领域里各有优劣。首先，虽然脑结构是人思考行为的基础，犹如电脑硬件对其信息处理效率的作用，但在认知神经科学研究中，脑结构特点与人的行为相关较脑功能来说更难以达到显著水平，正如测试电脑信息效率最为直接有效的方式是监测其执行任务时的情况。其次，在实际研究中，功能成像的有效性严重依赖于激发脑功能的实验任务设计。实验设计是否合理有效将直接决定功能成像是否能在实验条件下发现差异，以及对脑功能结果差异的解释。当所考察的心理活动难以概念化或没有与它们相关联的容易定义的任务（例如信仰和意识）时，则更具有挑战性。最后，脑功能成像的执行时间较长，对头部静止不动的要求更高，对实验被试的要求要高于结构成像。

值得一提的是，虽然结构成像与功能成像各有优势，但由于功能成像数据的处理也需要用到该被试的结构成像，所以实际研究中这两方面的数据常常是同时采集的，只是在后期的数据分析与统计中需要考虑实际的数据分析与挖掘方向。

（三）脑功能成像原理与设备

当被试执行特定任务时，神经网络通过各种动作电位传递信息。这数十亿神经元的活动在宏观尺度上，一方面造成脑的电位及磁场发生微弱变化；另一方面使神经元本身的代谢加快，其中最显著的就是在任务刚开始时，血液内的含氧血红蛋白数量降低，脱氧血红蛋白数量增加，随着任务的进行，为补偿这种神经元消耗会发生过补偿的现象，表现为含氧血红蛋白数量增加，脱氧血红蛋白数量降低。不同的脑功能成像技术也主要是针对电磁及代谢这两种方式对脑活动进行检测。

fMRA 和功能近红外光学成像技术（functional Near – infrared Spectroscopy，fNIRS）常用来测量与神经活动相关的脑血流的局部变化。通常称这些与执行任务相关的脑活动为任务激活的脑区域。这些区域的血流变化可能反映着该脑区正在进行着人行为背后的神经计算。例如，涉及视觉刺激的任务（与不涉及视觉刺激的任务相比）通常涉及大面积的枕叶激活。大脑的枕叶正是接收来自视网膜的信号，在视觉感知中起重要作用，经常被称为视觉区。这些方法测量神经元附近血管血液成分的变化。但由于可测量的血液变化很慢（以秒为单位），这些方法在测量神经事件的时间过程方面要差得多，但是通常更适合精确测量其发生的位置。

脑电图（Electroencephalogram，EEG）和脑磁图（Magnetoencephalogram，MEG）记录头皮上多个位置的电场或磁场活动。这些方法可以很精确地测量神经元反应的时间进程（以毫秒为单位），但是通常不适用于测量这些事件发生的具体脑区。

（四）神经系统的主要构成与功能

神经影像技术的发展带来的仅仅是方法技术的革新。无论是将什么方法应用于管理学研究，最终还是要解决管理学的问题。研究者在成功地利用神经影像技术采集到管理学场景中人脑的活动之后，仍面临如何解释数据并利用其推进管理学理论发展的问题。如果仅仅是发现管理活动中人脑的活动模式，这更像是认知神经科学及心理学的研究内容，而不是管理学的研究内容。而我们利用神经影像技术的终极目标，也正是突破管理学传统研究的瓶颈，解决管理学理论之间的争议，精确解释管理场景中人类行为的原因，进而进行精准预测及控制。举例而言，员工倦怠，到底是因为精神疲劳还是因为生理疲劳？传统的研究方法的不足之处会随着研究问题的复杂化而越来越扩大化，唯有打开倦怠行为背后人脑的"黑箱"，我们才能精确发现每一个员工自身倦怠的原因并进行有的放矢的干预。在这个理想的解释过程中，一个核心的要点即是，认知神经科学已经发现了精神疲劳和生理疲劳对应着不同的脑活动，而我们可以通过观察一个员工的脑活动进而反向推测他到底是精神疲劳还是生理疲劳。首先我们需要意识到这种反向推理可能是存在问题的。然而所幸的是，几百年来神经科学及认知神经科学的研究确实不断地证明着脑功能的定位理论的正确性。与此同时，随着神经影像技术的发展及脑活动算法的改进，认知神经科学研究成果日益增长、不断丰富。我们进行这种反向推理的犯错概率会随之逐渐变小。对已有的脑功能定位而言，总体上来说，低级的脑功能的定位更加准确，位置相对固定，涉及的脑区也较小；而越高级越复杂的认知功能就涉及更广泛脑区的复杂活动，对其分辨、定位的难度也急剧上升。需要说明的是，现在的认知神经科学研究主要集中在对大脑皮质的研究上。而事实上，一些低级脑区也在不断被发现与更高级的认知功能密切相关。

神经系统（Nervous System）是机体内对生理功能活动的调节起主导作用的系统，主要由神经组织组成，分为中枢神经系统和周围神经系统两大部分。周围神经系统（Peripheral Nervous System，PNS）又分为脑神经、脊神经和自主神经三部分，其功能为将外周感受器和中枢神经系统连起来。中枢神经系统（Central Nervous System，CNS）又包括脑和脊髓，接受全身各处的传入信息，经它整合加工后成为协调的运动性传出，或者储存在中枢神经系统内成为学习、记忆的神经基础。脊髓（Spinal Cord）的一个功能是传导功能：来自躯干和四肢的各种刺激，只有经过脊髓才能传导到脑，进而接受更高级的分析和综合；而由脑发出的命令也必须通过脊髓才能支配效应器官的活动。脊髓的另一个功能是完成一些简单的反射活动，如膝跳反射、肘反射、跟腱反射等。脑（Brain）则是中枢神经系统的主要部分，位于颅腔内。脑的结构复杂，是中枢神经系统的高级部位，是思维的器官，是心理、意识的物质本体。脑各部内的腔隙称脑室，充满脑脊液。脑分布着很多由神经细胞集中而成的神经核或神经中枢，有大量上、下行的神经纤维束通过，连接大脑、小脑和脊髓，在形态上和机能上把中枢神经各部分联系为一个整体。

（五）脑的结构与功能

人脑可分为五个部分，即端脑（大脑，Cerebrum）、边缘系统（Limbic System）、间脑（Diencephalon）、小脑（Cerebellum）及脑干（Brainstem）。大脑半球之中的空腔是脑室，内容为脑脊液。脑脊液包围并支持着整个脑及脊髓，对外伤起一定的保护作用，在清除代谢产物及炎性渗出物方面起着身体其他部位淋巴液所起的作用（见图2－1）。

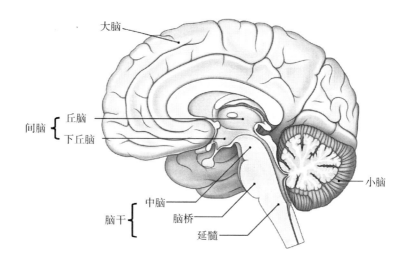

图2－1　脑干、间脑、小脑和大脑

资料来源：https：//lovecraftianscience. wordpress. com/tag/pineal－gland/.

1. 脑干

脑干是进化中最低级的脑区，其功能主要是维持个体生命，包括心跳、呼吸、消化等重要生理功能。

延髓（Medulla）居于脑的最下部，与脊髓相连，其主要功能为控制呼吸、心跳、消化等，支配呼吸、排泄、吞咽、肠胃等活动。脑桥（Pons）位于中脑与延髓之间。脑桥的白质神经纤维通到小脑皮质，可将神经冲动自小脑一半球传至另一半球，使之发挥协调身体两侧肌肉活动的功能，对人的睡眠有调节和控制作用。中脑（Midbrain）位于脑桥之上，恰好是整个脑的中点。中脑是视觉与听觉的反射中枢，凡是瞳孔、眼球、肌肉等的活动均受中脑的控制。网状系统（Reticular System）居于脑干的中央，是由许多错综复杂的神经元集合而成的网状结构。网状系统的主要功能是控制觉醒、注意、睡眠等不同层次的意识状态。

2. 间脑

间脑是前脑（胚胎原脑）的一个分支，位于端脑和中脑（胚胎中脑）之间，由丘脑（Thalamus）、下丘脑（Hypothalamus）、上丘脑（Epithalamus）及底丘脑（Subthalamus）组成。

丘脑在大脑中间的背侧位置，位于脑干的顶部，是传入信息到达脑的高级中枢以前主要起监视和整合作用的中转站。具体而言，每个感觉系统（嗅觉系统除外）都包括一个丘脑核，它接收感觉信号并将它们发送到对应的初级感觉皮层。例如，内侧膝状体和外侧膝状体分别是听觉与视觉传导通路中最后一个中继站，接收感觉纤维的传入，并发出纤维到达大脑皮质相应的中枢。同时，丘脑在调节觉醒、意识水平和活动方面也起着重要作用，丘脑受损可导致永久性昏迷。下丘脑位于丘脑下方，是自主性神经的皮质下中枢，包含大量的小的神经核。下丘脑最重要的功能即是通过脑垂体将神经系统与内分泌系统联系起来，与某些激素的分泌、情绪反应、某些代谢（如水、盐、糖、脂肪等代谢）的调节和体温、心血管运动、呼吸运动的调节，以及食欲、睡眠、觉醒、生物钟（或昼夜节律）等的调节均有关系。许多生理心理学研究都涉及间脑，尤其是下丘脑。上丘脑将边缘系统连接到大脑的其他部分，主要的结构为内分泌腺松果体，与褪黑激素的分泌和松果体腺体节律对脑垂体激素的分泌有关，并涉及运动通路和情绪的调节。底丘脑为中脑和间脑的过渡地区。

3. 小脑

小脑通过一对束与脑干相连，是运动的重要调节中枢，有大量的传入和传出联系。大脑皮质发向肌肉的运动信息和执行运动时来自肌肉和关节等的信息都可传入小脑。小脑经常对这两种传来的神经冲动进行整合，并通过传出纤维调整和纠正各有关肌肉的运动，使随意运动保持协调。此外，小脑在维持身体平衡方面也起着重要作用。它接收来自前庭器官的信息，通过传出联系，改变躯体不同部分肌肉的张力，使机体在重力作用下做加速或旋转运动时保持姿势平衡。

4. 边缘系统

边缘系统位于丘脑两侧，紧邻大脑内侧颞叶下方，包括海马体、杏仁核、扣带回、海马旁回等结构，总体上而言更像是我们的"原始脑"，与人类下意识的、本能的行为有关。边缘系统最初的定义是大脑边界的辅助区域，并不是一个严格的解剖结构。如今在边缘系统的定义上也有广泛争议，例如丘脑在一些情况下会被认为是边缘系统的一部分。同时，大脑皮质中的部分区域由于其功能的特殊性，也会被认为是边缘系统的一部分，例如扣带皮层和内嗅区（见图2-2）。

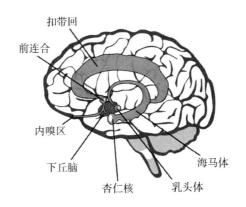

图2-2　边缘系统

资料来源：https：//www. psychologytoday. com.

海马体（Hippocampus，因其与海马的相似性得名）是人类和其他脊椎动物大脑的重要组成部分，是哺乳类动物的中枢神经系统中的脑的部分中被最为详细研究过的一个部位。人类和其他哺乳动物有两个海马体，大脑两侧各有一个。海马体在短期记忆到长期记忆的巩固过程及空间方向定位的记忆中起着重要作用。在阿尔茨海默症（和其他形式的痴呆症）中，海马体是大脑中受损的第一个区域，其早期症状包括短期记忆丧失和定向障碍。双侧海马体损伤的病人可能会出现顺行性遗忘（无法形成和保留新的记忆）。在记忆巩固的过程中，长时程增强作用扮演着重要的角色。长时程增强作用又称长期增益效应（Long - term Potentiation，LTP），是发生在两个神经元信号传输中的一种持久的增强现象，能够同步刺激两个神经元。这是与突触可塑性（突触改变强度的能力）相关的几种现象之一。由于记忆被认为是由突触强度的改变来编码的，LTP 被普遍视为构成学习与记忆基础的主要分子机制之一。

杏仁核（Amygdala）是大多数哺乳动物共有的结构，包含十多个大小不同的核群，功能复杂，与内分泌和自主神经活动的调节有密切关系。近年来的研究表明，杏仁核很可能是机体的情绪整合中枢，负责将来自内外环境的感觉信息在下意识水平整合成情绪反应的初始动力，并进而投射到皮层、下丘脑及脑干诸核团，形成意识水平的情感及躯体和内脏的情绪反应。杏仁核还参与感觉对象中情绪成分的识别，以及带有情绪色彩的内隐记忆的形成过程。最近，越来越多的证据支持杏仁核参与痛觉的编码和调制过程。疼痛是一种不愉快的感觉和情绪体验，伴随有强烈的负性情绪（如厌恶、恐惧等）和对疼痛刺激的回避行为。杏仁核与上述情绪的产生过程及其躯体反应（回避行为）均有密切关系。

扣带皮层（Cingulate Cortex）位于大脑皮层内侧，胼胝体的正上方。它接收来自丘脑和新皮质的输入，并通过扣带投射到内嗅皮层，涉及情绪形成和处理、学习和记忆等重要认知功能。这三种功能的结合使扣带回在将动机、结果与行为进行联系时起到重要作用（例如某种行为引起积极的情绪反应，从而导致学习）。这种作用使扣带皮层在抑郁症和精神分裂症等疾病的治疗上非常重要。它还在执行功能和呼吸控制中发挥作用。

内嗅区（Olfactory Bulb）是脊椎动物前脑的神经结构，参与嗅觉。它发送嗅觉信息至杏仁核、眶额皮质（OFC）、海马体进行进一步加工，在情感、记忆和学习中发挥作用。

5. 端脑

端脑（大脑）通过脑干连接到脊髓。大脑外侧的灰质（Gray Matter）是大脑皮质（Cerebral Cortex）；大脑皮质深处是构成大脑内部实质的白质（White Matter），也就是大脑髓质（Cerebral Medulla）；此外还有基底核（Basal Ganglia，或称为基底神经节）。需要注意的是，我们有时将大脑灰质或大脑白质直接称为灰质或白质，是一种不严谨的名称用法。严格意义上的灰质不仅包含大脑灰质，也包含小脑灰质及脑干灰质等多个神经组织，解剖学家用其来描述主要由胞体构成的脑组织。同理，白质也同样存在于小脑及脑干等组织中，用来描述主要由轴突构成的脑组织。

基底核是一系列神经核团组成的功能整体的统称，是大脑深部的"灰质岛屿"。基底核与大脑皮层、丘脑和脑干相连，包括豆状核、尾状核、丘脑下核和黑质。目前所知其主要功能为自主运动的控制、整合调节细致的意识活动和运动反应。它同时还参与记忆、情感和奖励学习等高级认知功能。基底核的病变可导致多种运动和认知障碍，包括帕金森氏症和亨廷顿氏症等。

大脑髓质在大脑内部，由神经元的轴突与纤维组成，这些神经元的胞体或位于低级中枢，或位于大脑皮质。由于大脑髓质比细胞体聚集的大脑表层颜色浅，故名脑白质。长期以来白质被认为是被动的脑组织，影响学习和大脑功能，调节动作电位的分布，充当中继和协调不同大脑区域之间的沟通。

大脑皮质位于大脑的最外层，是中枢神经系统的主要成分，由神经细胞体、神经纤维（树突和有髓鞘及无髓鞘轴突）、神经胶质细胞（星形胶质细胞和少突胶质细胞）、突触和毛细血管组成。灰质与白质的区别在于灰质含有大量的细胞体和相对较少的有髓轴突，而白质含有相对较少的细胞体，主要由远程有髓轴突束组成。大脑皮层是中枢神经系统中神经整合的最大部位，在记忆、注意力、感知、意识、思维、语言和决策中起着关键作用。

（六）大脑皮质的功能定位

大脑皮质是覆盖大脑半球表面的一层灰质，表面具有许多深浅不同的脑沟或裂（Sulci）及沟裂之间隆起的脑回（Gyri），平均厚度 3～5 毫米。沟回的褶皱大大增加了大脑皮层的总面积和神经元的数量，据估计由 500 亿神经元和 5000 亿支持细胞构成。如果展开的话，大脑皮质能够覆盖像枕套那样大的范围。大脑皮质按其表面的沟回可以划分为五个区域：额叶（Frontal Lobe）、顶叶（Parietal Lobe）、颞叶（Temporal Lobe）、枕叶（Occipital Lobe）及边缘叶。同时，纵向裂将大脑皮质分成左右两部分，形成左、右大脑半球（见图 2－3），两个半球通过胼胝体（Corpus Callosum）在皮质下面连接。事实证明，按照解剖结构所划分的脑皮质区域确实有其功能上的差异。对脑区的定位也是由其所在脑区及沟回定义的。值得一提的是，Brodmann 的解剖结构分区仍然是今天脑的结构与功能分区的重要参考依据，我们经常会对同一脑区使用 Brodmann 分区编号命名、解剖学命名、细胞结构学命名或者功能命名（见图 2－4）。

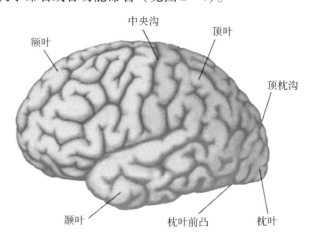

图 2－3　大脑皮质分区，左半脑的侧面观

资料来源：https：//www. slideshare. net/apparentlyalbert/basic－neuroanatomy.

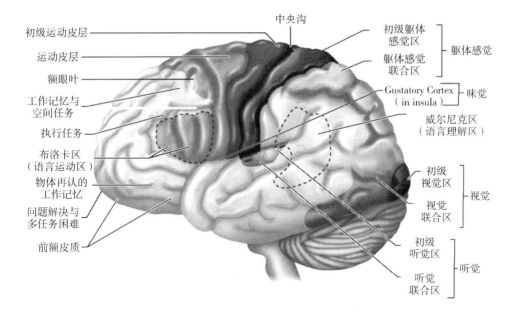

图2-4　脑功能的基本分区

资料来源：https：//slideplayer.com/slide/4280670/.

枕叶是哺乳动物大脑的视觉处理中心，包含视皮层的大部分解剖区域。初级视觉皮层是 Brodmann 区域 17，通常称为 V1。其感受野较小，进行方向、空间频率和颜色属性等低级加工。V1 外的视觉驱动区域称为视觉联合区，这些区域专门用于不同的视觉任务，例如视觉空间处理、颜色区分和运动感知。大脑对视觉信息进一步加工时，腹侧通路进行"是什么"加工，背侧通路进行"在哪里"加工。

颞叶的部分功能有解释感觉输入的意义，以适当保留视觉记忆、语言理解和情感联想。颞叶与海马体相通，在杏仁核调节的显性长期记忆的形成中发挥关键作用。颞叶有初级听觉皮层，接收来自耳朵的感觉信息，处理初级听觉感知。颞叶的上部、后部和外侧部分中的相邻区域涉及高级听觉处理，将信息处理成有意义的单位，如语音和单词。与颞叶视觉相关的视觉区域负责解释视觉刺激的意义并进行物体识别。颞皮层的腹侧部分特异性地参与复杂刺激的高级视觉处理，梭状回与颜色识别有关，有着面部及身体识别区（Fusiform Face Area，FFA）、词语识别区（Visual Word Form Area）及场景识别区（Parahippocampal Gyrus）。著名的威尔尼克区跨越颞叶和顶叶之间的区域，与额叶中的 Broca 区域相配合，在语言理解中起着关键作用。

顶叶位于颞叶上方，额叶和中央沟后方。顶叶将各种形态的感觉信息整合在一起，包括空间感觉和本体感受、躯体感觉（位于中央后回）与视觉系统的背侧通路信息。来自皮肤（触觉、温度和疼痛感受器）的主要感觉输入也是通过丘脑传递到顶叶。其他重要的区域有：横向内沟（Lateral Intraparietal，LIP）的神经元对空间位置敏感，并负责空间位置注意的功能。腹侧内沟（Ventral Intraparieta，VIP）区域接收并整合多个感官的输入（视觉、体感、听觉和前庭），并有神经元表征以头部为中心的参考系的空间位置。内侧顶内（Medial Intraparietal，MIP）则有神经元编码以鼻子为中心的目标位置。前内沟（Anterior Intraparietal，AIP）的一些神经元对将要抓取的物品的形状、大小及方向敏感；另一些神经元则负责通过运动和视觉输入来抓取和操纵物体。

额叶是哺乳动物大脑四个主要脑区中最大的一个，位于每个大脑的前部（顶叶和颞叶前方）。它与顶叶被中央沟分开，与颞叶被外侧裂（Sylvian Fissure）分开。额叶皮层包括前运动皮质和初级运动皮层，运动皮层之外的额叶前部称为前额叶皮层（Prefrontal Cortex）。额叶有四个主要的回：中央前回（Precentral Gyrus）位于中央沟的正前方，即初级运动皮质，控制特定身体部位的自发运动；其他三个回称为额上回（Superior Frontal Gyrus）、额中回（Middle Frontal Gyrus）和额下回（Inferior Frontal Gyrus）。额叶区域涉及规划复杂的认知行为、人格表达、决策和调节社会行为，也就是人的复杂执行功能：区分冲突思想、确定好的和坏的、更好的和最好的、相同的和不同的、当前活动的未来后果，朝着既定目标努力，结果预测，基于行动的期望和社会控制的能力。额叶包含大脑皮层中的大多数多巴胺神经元。多巴胺能通路与奖励、注意力、短期记忆任务、计划和动机相关。额叶的功能涉及预测当前行动产生的未来后果的能力，还包括控制社会不可接受的反应及执行任务。额叶在整合存储在大脑中的较长的非任务记忆方面也起着重要作用。这些记忆通常是与来自大脑边缘系统的情绪相关记忆，而额叶改变了这些情绪使其通常符合社会规范。

（七）其他神经科学方法

眼动仪是心理学基础研究的重要仪器，是最早被用于管理学研究的方法之一。眼动仪用于记录人在处理视觉信息时的眼动轨迹特征，属于人行为的一种测量方式，广泛用于注意、视知觉、阅读等领域的研究，在管理学领域，已应用在广告设计、网站及网页设计等诸多与用户行为相关的研究中。

认知神经科学逐渐迈入"基因—分子—细胞—脑—行为"的跨学科、多层次时代，从分子、细胞水平到系统和整体水平揭示大脑认知功能的工作原理。管理学已极大地从"脑—行为"的研究中借鉴并取得一系列成果，另外一个我们可借鉴的方向就是利用其已发现的认知相关的基因位点进行管理学的研究。在解释某管理学场景下人的行为时，如果某认知成分已被证明与某基因相关，则考察此场景下人的行为与基因的相关程度将提供更多线索来回答此行为是否与该认知过程相关。随着技术的发展，基因测试技术已可以经济、高效地测试被试常用位点上基因的类型，蘸取少量唾液即可采集，不失为一种管理学研究的补充方法与新思路。

磁共振成像（MRI）、EEG 及 fNIRS 等各种脑成像技术在从不同角度测量大脑的不同指标时，仅提供了大脑的结构与执行任务的功能状态。然而我们仅知道大脑怎样活动是远远不够的，更重要的是现代科技是否有方法对脑进行干预、对人脑的认知过程进行干预。TMS 及 tDCS 通过施加磁场及电刺激的方式对神经元活动进行一定的干预，具有极大的发展潜力与科研价值。

（八）认知神经科学方法的局限性

神经影像为有关人类的研究提供大脑全方位的多层次指标，无疑为管理学提供了海量的宝贵数据。而正因为这一点，也使利用神经影像的应用研究容易掉进一些"陷阱"。首先，大量的脑指标导致实验结果的假阳性错误概率提高。这要求我们在研究中根据理论选择更少的兴趣区（Region of Interest，ROI）并对概率值使用合适的多重比较校正（Multiple Comparison Correction）。其次，对研究结果的解读依赖于以往研究对脑区功能的解释积累。任何管理学场景下的脑活动都是多个认知过程的联合作用结果，就算是某单一认知功能，本身也受到多层级多脑区的调节与作用。现今对脑功能的研究也更倾向于从全脑网络的多维度动态交互的视角进行考察。这种情况要求我们万分小心地根据实验中实际发现的脑活动差异寻找其对应的认知过程差异。

<h1 style="text-align:center">三、磁共振成像</h1>

（一）成像原理

MRI 又称自旋成像（Spin Imaging），是利用核磁共振（Nuclear Magnetic Resonance，NMR）原理绘制物体内部结构图像的成像技术。磁共振成像基本理论基础如下：任何相对原子质量为奇数的原子（如氢原子）都有一个自旋轴；MRI设备中会产生强大的磁场（常用于科研及医疗中的为 3T 磁场）使自旋轴倾斜；当快速变化的射频场撤去时，原子核将恢复它们之前的自旋轴并释放出电磁能量；通过测量释放出的能量，则可以推算出脑的内部结构（灰质、白质、胼胝体、脑脊液等）。

磁共振成像采用静磁场和射频磁场使人体组织成像，与以往脑成像技术（如CT、PET）不同的是，在成像过程中，它既不用电离辐射，也不用造影剂，且获得的图像对比度高、清晰度高。早期磁共振成像多称为核磁共振，经常使人谈"核"色变。事实上，由成像原理可见，"核"指"原子核"所言不虚，但磁共振成像只与原子核的自旋磁场相关，与原子核聚变、裂变等的能量放射并无关系。国际上从1982 年开始正式将磁共振成像应用于临床。临床中，它能够从人体分子内部反映出人体器官失常和早期病变。磁共振成像装置除了具备 X 线 CT 的解剖类型特点，即获得无重叠的质子密度体层图像之外，还可借助核磁共振原理精确地测出原子核弛豫时间 T1 和 T2，能将人体组织中有关化学结构的信息反映出来。通过计算机重建的磁共振图像有能力将同样密度的不同组织和同一组织的不同化学结构表征出来。核磁共振在从发现到技术成熟这几十年期间，极大地推动了医学、神经生理学和认知神经科学的迅速发展，已成为一种革命性的医学诊断工具，有关核磁共振的研究曾在三个领域（物理学、化学、生理学或医学）内获得了六次诺贝尔奖。

（二）基本概念

1. 扫描序列

磁共振成像中，主磁场恒定，射频线圈根据一定的脉冲序列激发与接收信号，对于不同质子密度的原子，其在射频场中的磁能量释放模式不同。多种的磁共振成像具体方式，如结构像、功能像、弥散张量成像、局部脑血流显像等，即是利用各种的脉冲序列形成不同的扫描序列，以加强成像中某些成分之间的对比度，使不同扫描序列具有各自独特的成像特点与优势。这个在 MR 检查中反复施加的射频脉冲序列包括了最为重要的 TR 及 TE 的配比，以及射频角度等参数。

2. TR、TE 与 T1、T2

TR 是连续施加两个 90 度脉冲之间的时间间隔，这个重复时间在功能磁共振中是一个重要属性，决定了采集一个全脑图像的时间长度。TE 是射频脉冲停止后等待一小段时间再接收信号的时间间隔。TR 和 TE 可以被操作者控制和调整，而 T1 与 T2 是组织的固有特性。其中，纵向弛豫时间（T1）指 90 度脉冲关闭后，在主磁场的作用下，纵向磁化矢量开始恢复，直至恢复到平衡状态的纵向磁场强度 63% 所需的时间，反映组织 T1 弛豫的快慢。横向弛豫时间（T2）指 90 度脉冲关闭后，横向最大磁化矢量减少了 63% 所需的时间，反映组织 T2 弛豫的快慢。

3. 位置编码

主磁场与射频场是磁共振的两个重要部分，另一重要部分是通过梯度场对不同位置原子的能量进行"标记"，以重建其二维信息。进动频率编码是在信号采集的同时在某方向上施加一个梯度磁场，从而使此片层的信号中沿频率编码施加的方向上各列的进动频率各不相同。相位编码是在射频脉冲结束以后，信号采集之前，沿某方向施加一段时间的梯度磁场，使在相位编码结束以后沿相位编码方向上各像素点对应的原子核磁化矢量的进动相位各不相同。这种被"标记"的数据是扫描直接得到的 k-space 信号，将这些已经得到了频率和相位编码的信号进行傅立叶反变换，即可重构出组织结构图像。

4. 体素

临床及实践研究中进行分析的是扫描最终得出的"脑片"。这种磁共振成像扫描获取的三维数字图像与普通的二维数字图像类似，也具有自己的像素（Pixel）分辨率，称为体素（Voxel）。体素的大小决定了脑组织分辨的精细度。一般来说，结构像的体素可精确至 1mm×1mm×1mm；而功能像为追求高时间分辨率舍弃了部分空间分辨率，体素的大小约为 3mm×3mm×3.5mm。

（三）功能磁共振成像

1. BOLD

管理学研究中主要使用功能磁共振扫描被试做任务时的"任务态"数据。血氧饱和度水平检测技术是 fMRI 的理论基础。血氧水平依赖（Blood Oxygen Level Dependent，BOLD）效应最先由 Ogawa 等于 1990 年提出，他们发现氧合血红蛋白含量减少时，磁共振信号降低，并且还发现信号的降低不仅发生在血液里，而且发生在血管外，于是认为这种效应是血液的磁场性质变化引起的。此后很多研究者进行了大量的理论和实验的工作，总结出 BOLD - fMRI 的成像基础。大脑在执行任务或受到某种刺激时，神经元活动导致局部脑血流量的增加，从而使更多的氧通过血流传送到增强活动的神经区域。局部脑血流量和耗氧量均增加，但是两者增加有差异，即脑血流量的增加多于耗氧量的增加，这种差异使活动区的静脉血氧浓度较周围组织明显升高，脱氧血红蛋白相对减少。脱氧血红蛋白是顺磁性的物质，在血管和其周边产生局部梯度磁场，使质子快速去相位，因而具有缩短 T2 的作用。脑区激活时，由于脱氧血红蛋白减少，缩短 T2 的作用也减少，同静息状态相比，局部脑区的 T2 或 T2F 相对延长，因而在 T2 加权或者 T2F 加权的功能磁共振成像图上表现为信号相对增强。

2. 数据特点

BOLD 的空间分辨率通常可达到 3 ~ 5mm，优于其他非创伤性检测方法，如 PET 等。BOLD 的时间分辨率通常为 2 ~ 3 秒，即一个 TR 的时间。TR 重复一次可获得一个全脑的图像，其中这个全脑的图像是通过若干片（Slice）进行扫描的，每片有各自的分辨率与扫描时间，在分析中需要通过时间轴校正（Slice Timing）得到这个 TR 开始扫描时的全脑图像。BOLD 的时间分辨率较 EEG 等电磁信号的分辨率差，它受到许多因素的影响，如神经元和血流动力学之间的结合情况、脑活动的复杂程度等。

BOLD 图像的信号通常很微弱（中央前、后回等信号较强的区域一般也在 4% 以下，细微的兴奋区信号变化通常小于 1%）。在其他条件（设备硬件、脉冲序列、制动装置等）稳定的情况下，生理性噪声为主要的噪声源，包括呼吸、心跳、脑脊液搏动、眼球运动等引起的噪声。

3. 组块实验设计

组块设计（Blocked Design）是常用的一种 BOLD 任务设计方法，在实验中会将同条件的任务组成组块，再间隔休息作为基线，考察不同实验条件较基线水平的激活情况。每个任务组一般会重复多次（5～10次）以增加信噪比。任务组与基线组的时间长短为TR的整数倍，一般在10～30秒，取决于脑血流变化的时程。组块设计优点为方便可靠，容易获得兴奋区信号，但其在每个任务组中均持续和重复给予相同条件的刺激，易引起被试注意力改变和对刺激的适应。

如动手实验中，采集过程中需设置两种状态：一种是动手（A状态），一种是休息（B状态）。在两种状态下，收集由于代谢活动的改变而引起的血氧水平增加信息作为原始数据，将这些原始数据进行标准化。实验要求被试闭目、放松、停30秒、运动30秒、停30秒、运动30秒、停30秒，依次类推，完成1分20秒的扫描过程。在后续数据处理中，根据实验流程将A状态和B状态中标准化的原始数据进行类比，无代谢活动改变的区域，即血氧水平无改变的感兴趣区域脑组织设为0，而有代谢活动改变的区域，即血氧水平增高或减低的感兴趣区域脑组织数字化，并依据血氧水平增高或减低的情况做出伪彩图像，即实验任务的激活情况。

4. 事件相关设计

事件相关设计（Event-related Design）与组块设计不同，对任务无特殊的要求，只要与TR同步即可。事件相关设计可有效地避免神经元反应减弱，相对提高了实验的敏感性，可敏感地获得兴奋区局部血氧反应的曲线。在这种设计中，任务连续出现，这些任务所引发的脑血流的变化是混合起来的，需要在后续的分析中针对每类刺激推算其脑激活，将这些混合起来的数据拆开。这就使事件相关设计任务的数据分析强烈依赖于后续的处理及算法，数据处理难度较大。

5. 静息态功能磁共振成像

无论是组块设计还是事件相关设计都是需要任务刺激的。这些传统的激活研究集中于确定与特定任务相关的大脑活动的分布模式。然而，脑执行任务时的活动状态必有其结构基础，也有其功能基础。近年来的一个研究热点就是静息态功能磁共振成像。1953年，研究者发现受试志愿者被测试时大脑耗氧量并不比休息时多，换言之，大脑在休息时仍需消耗大量能量。这提示我们即使在没有明确的外部或内部刺激条件下，大脑仍以特定方式维持其自身的活动，静息态功能磁共振成像（resting-state functional MRI，rfMRI）随之诞生，大大丰富拓展了fMRI的研究手段。

静息态是指被试清醒、闭眼、平静呼吸、安静平卧、最大限度减少身体主动与被动运动、尽量不做任何思维活动的状态，是代表不同个体默认或空闲的状态，反映了脑对任务加工的能力。静息态功能磁共振成像不要求任何具体任务，所以其对被试的要求低，与特定任务无关，却与人的认知功能密切相关。在 rfM-RI 中，广泛脑区间存在的或高或低的一致性是一种长时间相关联（Long - range Coherences）的功能模式，也就是有着其独特的功能连接（Functional Connectivity，FC）。人脑完成其高级功能的基础是多个脑区对信息的协同工作。脑功能连接分析能有效描述脑区间协同工作模式，它度量空间上分离的脑区时间上的相关性。脑功能连接分为功能连接、效应连接。功能连接测量空间上分离的脑区间的统计依赖关系。效应连接研究一个脑区如何对另一个脑区进行作用。通过将静息态功能连接与行为表现进行相关性研究，可以得到与该任务密切相关的脑网络位置及其活动方式。

（四）基于体素形态学分析

基于体素形态学分析（Voxel - based Morphometry，VBM）是一种基于体素对脑结构磁共振成像自动、全面、客观的分析技术，可以对活体脑进行精确的形态学研究。VBM 通过定量计算分析 MRI 中每个体素的脑灰、白质密度或体积的变化来反映相应解剖结构的差异，是判断脑部灰、白质病变的一种新的方法。由于 VBM 可以对全脑进行测定和比较，直接对原始数据进行分析，无须对感兴趣区（Region of Interest，ROI）进行先验假设，而且可以定量地检测出脑组织的密度差异，同时它不受研究人员的主观影响，因此具有自动性、全面性、客观性和可重复性等优势。

VBM 方法首先需要把被研究的所有个体的脑 MRI 梯度回波 T1 加权像在空间上标准化到一个完全相同的立体空间中，然后对该高分辨率、高清晰度、高灰白质对比的脑结构图像进行解剖分割，得到灰质、白质和脑脊液，利用参数统计检验对分割的脑组织成分逐个进行体素组间比较分析，定量检测出脑灰质和白质的密度和体积，从而量化分析脑形态学上的差异。具体过程包括空间标准化、脑组织的分割、平滑、统计建模和假设检验。由于脑结构的个体差异非常大，所以其统计分析以空间标准化为前提，需要把被试的结构像向标准结构像进行转换进而进行计算。某些局部区域和模板的匹配不准确会导致统计结果中出现组间系统性的脑区形态差异。同时在分割过程中，由于脑实质与脑脊液交界区体素量差别很大，容易产生伪影。而且 VBM 难以区别脑的一些微小复杂结构的差异，如海马区。

(五）弥散张量成像

弥散张量成像（Diffusion Tensor Imaging，DTI）是一种描述大脑结构的新方法，是 MRI 的特殊形式，是弥散加权成像（Diffusion Weighted Imaging，DWI）的发展和深化，是当前唯一的一种能有效观察和追踪脑白质纤维束的非侵入性检查方法。如果说核磁共振成像是追踪水分子中的氢原子，那么弥散张量成像便是依据水分子移动方向制图。弥散是指自然界中的物质分子不停地进行着一种随机的、相互碰撞又相互超越的运动，即布朗运动。自由分子在纯净液体中的弥散是各向同性的，弥散的平均距离只和液体分子的性质及平均温度有关，用弥散系数来量度，表示自由分子在该液体中的平均自由程。脑组织中的水分子也在不断地进行着弥散运动，但它不仅受组织细胞本身特征的影响，而且受细胞内部结构的影响，如鞘膜、细胞膜、白质纤维束。在具有固定排列顺序的组织结构中，如神经纤维束，水分子在各个方向的弥散是不同的，水分子通常更倾向于沿着神经纤维束走行的方向进行弥散，而很少沿着垂直于神经纤维束走行的方向进行弥散，这种具有方向依赖性的弥散称为弥散的各向异性。弥散张量成像图像通常是在标准 MRI 序列上，再加上对弥散敏感的梯度脉冲来获得的，其对比度主要关系到水分子的位移运动，也就成为我们测定大脑白质纤维束（White Matter Fiber，WMF）的重要方法。弥散张量成像图可以揭示脑瘤如何影响神经细胞连接，引导医疗人员进行大脑手术。它还可以揭示同中风、多发性硬化症、精神分裂症、阅读障碍有关的细微反常变化。

四 、 脑 电

(一）脑电图

脑电图是一种使用电生理指标记录大脑活动的方法。它记录大脑活动时的电波变化，是脑神经细胞的电生理活动在大脑皮层或头皮表面的总体反映，是由大脑在活动时大量神经元同步发生的突触后电位经总和后形成的。

脑电波来源于锥体细胞顶端树突的突触后电位。脑电波同步节律的形成还与皮层丘脑非特异性投射系统的活动有关。脑电波是脑科学的基础理论研究，脑电波监测被广泛运用于其临床实践中。脑电图记录时在头部按一定部位放置 8 ~ 16 个电极，经放大器将神经细胞固有的生物电活动放大并记录。正常情况下，脑电图有一定的规律性，当脑部尤其是皮层有病变时，规律性受到破坏，波形即发生变化，对其波形进行分析，可辅助临床对脑部疾病进行诊断。

（二）诱发电位

给人体感官、感觉神经或运动皮质、运动神经以刺激，兴奋沿相应的神经通路向中枢或外周传导，在传导过程中，产生的不断组合传递的电位变化即为诱发电位（Evoked Potentials，EP），对其加以分析，即可反映出不同部位的神经功能状态。由于诱发电位非常微小，须借助电脑对重复刺激的信号进行叠加处理，将其放大，并从淹没于肌电、脑电的背景中提取出来，才能加以描记，主要是对波形、主波的潜伏期、波峰间期和波幅等进行分析。诱发电位具有高度敏感性，对感觉障碍可进行客观评估，对病变能进行定量判断。诱发电位应具备如下特征：①必须在特定的部位才能检测出来；②都有其特定的波形和电位分布；③诱发电位的潜伏期与刺激之间有较严格的锁时关系，在给予刺激时几乎立即或在一定时间内瞬时出现。

诱发电位的分类方法有多种，依据刺激通道分为听觉诱发电位、视觉诱发电位、体感诱发电位等；根据潜伏期长短分为早潜伏期诱发电位、中潜伏期诱发电位、晚（长）潜伏期诱发电位和慢波。临床上实用起见，将诱发电位分为两大类：与感觉或运动功能有关的外源性刺激相关电位和与认知功能有关的内源性事件相关电位（Event – Related Potentials，ERP）。

（三）事件相关电位

1. 原理

ERP 是一种特殊的脑诱发电位，是在注意的基础上，由识别、比较、判断、记忆、决断等心理活动诱发的，在头皮上采集到的脑电位。ERP 反映了认知过程的不同方面，是了解大脑认知功能活动的"窗口"。ERP 是在 EEG 的基础上，由特定认知事件多次激发并提取的。为了提取 ERP，须对被试实施多次重复刺激，将每次刺激产生的含有 ERP 的 EEG 进行叠加与平均。由于 EEG 的波形与刺激无固定的关系，而其中所含的 ERP 波形在每次刺激之后是相同的，且 ERP 的诱发与刺激的时间间隔（潜伏期）是固定的，经过叠加，ERP 与叠加次数成比例地增大，而 EEG 则按随机噪声方式加和。在实际研究中，数十次刺激诱发 EEG 的叠加才能获得信噪比高的 ERP 波形。

EEG 技术的卓越优点在于无创性、时间分辨率高。研究中将 ERP 技术与反应时测量配合进行认知过程研究，时间分辨率可达 1 毫秒，是心理学工作者进行认知神经科学研究的最得力的方法。EEG 设备相对简单，购置及测试成本均较低，对环境的要求不高。ERP 的主要弱点在于低的空间分辨率，ERP 在空间上只能达到厘米级，主要的影响因素是容积导体效应与封闭电场问题。另外，ERP 只能采用数学推导来实现脑电的源定位，比如偶极子，这种方法的可靠性也是有限的。

2. 基本概念

ERP 的波形即其基本形状，特点为刺激出现前平直（规定其为零，作为基线），刺激呈现后出现较为稳定的波峰与波谷。这些不同的波峰与波谷，根据其与刺激的时间间隔（潜伏期）不同及极性不同（较基线而言）可分为不同的 ERP 成分。如 P300 即刺激呈现 300 毫秒左右时出现的正波，N200 即刺激呈现 200 毫秒左右时出现的负波。

ERP 记录装置是一个电极帽，上面有多个记录或吸收头皮放电情况的电极，这些电极在帽子上的位置及名称是根据国际脑电图学会 1958 年制定的 10 – 20 系统（Jesper, 1958）确定的。记录 EEG 及 ERP 时，所记录的头皮位置多为多个位置同时记录，每个电极记录一个位置，多称为一个导联。一个被试所戴电极帽，根据其导联数目，多分为 32 导、64 导或 128 导。

参考是测量电位时最重要的概念，科研所记录的多为单极导联。单极导联的参考电极是各导放大器的一端共同连接的部位，各导的电位都是与它的电位相减的结果。理想的参考电极点应该是电位为零或电位恒定的部位，但是人体是一个容积导体，生物电无处不在、无时不变，这样，理想的参考电极应放在无限远处，其脑电为零，各有效电极的电位不受生物电影响，相互间具有绝对的可比性，但这样的部位是不存在的。在过去生物电研究的 100 年间，关于参考电极的争论从来没有停止过，是目前仍无结论的问题。参考电极的设置显然对数据有明显影响，因此这是一个重要的问题。目前研究中的最常用方法为双耳乳突参考：将双耳乳突作参考电极。由于乳突或耳垂的脑电一般较小，比较符合要求，且这两个电极与两半球距离相同，不会造成脑的两半球电位关系的失真。具体操作时，不同 EEG 记录设备具有不同的物理参考，有 Cz 或单侧乳突等；在离线分析时将参考转为双耳平均参考。

有效的 ERP 波形依赖于数十段的 EEG 叠加以增加信噪比。噪声：自发电位、仪器的本底噪声。干扰：50 Hz 市电。伪迹：被试的 EOG、运动电位等。水平眼电：HEOG。垂直眼电：VEOG。

3. ERP 成分

ERP 作为可以反映大脑高级思维活动的一种客观方法，在研究认知功能中得到广泛的应用。而作为其内源性成分的 P300 是 ERP 中最典型、最常用的成分，和认知过程密切相关，被视为"窥视"心理活动的一个窗口，并被视作脑研究的一种新型手段。经典的 ERP 成分包括 P1、N1、P2、N2、P3（P300），其中 P1、N1、P2 为 ERP 的外源性（生理性）成分，受刺激物理特性影响；N2、P3 为 ERP 的内源性（心理性）成分，不受刺激物理特性的影响，与被试的精神状态和注意力有关。现在 ERP 的概念范围有扩大趋势，广义上讲，ERP 尚包括 N4（N400）、失匹配负波（Mismatch Negativity，MMN）、伴随负反应（Contingent Negative Variation，CNV）等。

P3 为 ERP 中重要的内源性成分，现实对它的研究最为广泛，多为神经精神学科研究，如精神分裂症、脑血管疾病和痴呆症、智力低下等。通过研究 P3 的潜伏期、波幅、波形变化，反映认知障碍或智能障碍及其程度，同时可将其应用于测谎研究。另有人将 P3、CNV 用作观察神经精神药物治疗效果的指标。ERP 的另一内源性成分 N2 为刺激以后 200 毫秒左右出现的负向波，反映大脑对刺激的初步加工，该波并非单一成分，而是一个复合波，由 N2a 和 N2b 两部分组成，N2a 不受注意的影响，反映对刺激物理特性的初步加工。

4. 实验设计

刺激模式的设置是研究 ERP 的关键，要求根据研究目的不同设计不同的刺激模式，包括两种及以上不同概率的刺激序列，并以特定或随机方式出现。其中，不同的刺激的物理刺激尽量一致，如明度、响度等，呈现时间越短越好。由 ERP 原理可见，ERP 适用于对快速认知过程的测评，如视觉、听觉的简单任务，不适用于缓慢或涉及更多面部运动的认知过程的评估，如阅读、长句理解等。具体刺激模式包括视觉刺激模式、听觉刺激模式、躯体感觉刺激模式。

以听觉刺激模式举例，刺激模式包括三类：①随机作业（Odd Ball 刺激序列）；②双随机作业；③选择注意。OB 刺激序列（Oddball Paradigm）：通过耳机同步给高调、低调纯音，低概率音作为靶刺激，诱发 ERP。通常靶刺激概率为 10%～30%，非靶概率为 70%～90%，刺激间隔多采用 1.5～2 秒，刺激持续时间通常为 40～80 毫秒，反应方式为或默数靶信号出现次数或按键反应。记录连续的 EEG 后，在离线时将靶刺激出现前 200 毫秒到出现后 800 毫秒叠加平均得到 ERP。

5. 影响因素

（1）物理因素。刺激的概率：靶刺激概率越小，P3 的波幅越大，反之，波幅越小。一般靶刺激与非靶刺激的比例为 20∶80。刺激的时间间隔：间隔越长，P3 波幅越高。刺激的感觉通道：听、视、体感感觉通道皆可引出 ERP，但其潜伏期及波幅不尽相同。

（2）心理因素。ERP 检测过程中一般要求被试主动参与，因而被试的觉醒状态、注意力是否集中皆可影响结果。另外，由于被试只有识别靶刺激并做出反应才能诱发出 ERP 成分，因此，作业难度对测试结果也有影响，难度加大时，波幅降低，潜伏期延长。

（3）生理因素。年龄：不同年龄 P3 的波幅及潜伏期不同。潜伏期与年龄呈正相关，随年龄增加而延长，而波幅与年龄呈负相关。在儿童及青少年时期，波幅较高。分布：ERP 各成分有不同的头皮分布。

（四）频谱分析

1932 年，Dietch 首先用傅立叶变换进行了 EEG 分析之后，在脑电分析中相继引入了频域分析、时域分析等脑电图分析的经典方法。在不做任何任务时，大脑的 EEG 仍是一些自发的有节律的神经电活动，其频率变动范围在每秒 1～30 次，可划分为五个波段：δ 波（1～3c/s）、θ 波（4～7c/s）、α 波（8～13c/s）、β 波（14～25c/s）、γ 波（25c/s 以上），δ 和 θ 波称为慢波，β 和 γ 波称为快波。年龄不同，其基本波的频率也不同，如 3 岁以下小儿以 δ 波为主，3～6 岁以 θ 波为主，随年龄增长，α 波逐渐增多，到成年人时以 α 波为主，但年龄之间无明确的严格界限，如有的儿童四五岁枕部 α 波已很明显。正常成年人在清醒、安静、闭眼时，脑波的基本节律是枕部 α 波为主，其他部位则是以 α 波间有少量慢波为主。判断脑波是否正常，主要是根据其年龄，对脑波的频率、波幅、两侧的对称性，以及慢波的数量、部位、出现方式及有无病理波等进行分析。静息态脑电波的测量与频谱分析在科研上用于对被试注意状态的分析，在工程管理与疲劳监控方面有巨大的潜力。

在 EEG 技术及其时频分析的基础上，将事件诱发的各频段能量与 ERP 相同的方法进行事件相关频谱分析，可用于考察刺激诱发的 ERP 中不同频段能量的变化，进一步拓展 ERP 的分析及应用方法。

五、其他认知神经科学方法

（一）功能近红外光谱成像

fNIRS 以生物组织光学特性为基础，结合光在组织中的传播规律，利用多个波长的近红外光与脑组织中生色团物质之间的吸收和散射关系，考察特定状态下脑组织中氧合血红蛋白、脱氧血红蛋白及总血红蛋白的浓度变化，进而间接考察神经元的活动、细胞能量代谢及血液动力学相关的功能，反映大脑的状态与加工的过程。fNIRS 脑成像系统包括一个控制单元和连续的近红外光谱传感器，系统通过若干个光源和若干个探测器，测量临近的光源和探测器间脑区的活动的氧含量。fNIRS 系统软件显示实时数据，实时提供氧血红蛋白（Oxy – Hemoglobin）和脱氧血红蛋白（Deoxygenated Hemoglobin）的数值，同时保存数据用于分析。

由于功能近红外光谱成像考察的是人脑执行任务时氧合血红蛋白及脱氧血红蛋白的变化，虽然其成像原理与磁共振成像技术相差甚远，但其认知任务的脑活动变化也是基于 BOLD 原理。应用在科学研究中时，fNIRS 的任务设计与 BOLD fMRI 类似，可以对复杂的"慢"认知过程进行考察，不像 EEG 一样只能使用快速刺激的任务。使用 fNIRS 进行 BOLD 检测时可以克服许多功能磁共振成像的缺点。首先，它对实验环境要求很低，被试可以坐在电脑前面进行测试或者在自然环境下执行移动的任务，无须在狭小的磁体腔里进行实验。其次，fNIRS 成像无需高磁场，可以结合其他的生理信号，例如心电、呼吸、血压、皮肤电活动等。再次，由于其成像技术特点，可以获得较高的时间分辨率；可以测到完整的生理信号，便于除噪；可以实时观测。最后，与磁共振上千万的购置费及昂贵的运行消耗相比，fNIRS 设备价格低廉，与 EEG 设备的价格相当。fNIRS 的局限性在于其定位能力较差；探测深度有限，只可基本覆盖大脑皮层外表面。

值得一提的是，由于时间分辨率和空间分辨率都较高，fMRI 有其他脑成像技术不可替代的优越性。但是，神经元活动和细胞能量代谢、血液动力学变化之间的关系多年来仍未被完全揭示，因此仍需对功能磁共振信号的生物物理学基础进一步认识和理解。在这方面，fNIRS 可以起到独特的作用。fNIRS 的时间分辨率很高，它不仅与 fMRI 结果具有相当好的一致性，而且提供了更多的有关血流动力学和能量代谢方面的信息，可以作为功能磁共振研究结果的验证拓展工具。且由于 fNIRS 可以更方便、快捷地与 EEG 等其他脑成像技术联合采集，完全支持研究者在同一个实验中同时采集神经元活动的电信号及血氧信号，因此极大地拓展了脑成像研究的范围与结果。

（二）脑磁图

与 ERP 相关的一项技术是脑磁图。Cohen 于 1972 年第一次对这些磁场成功地进行了实验。由神经电活动形成的磁信号的大小是以 10tesla 计算的，这是 100 万个突触同时活动所产生的能量。这些信号可以由超导量子干涉仪（Superconducting Quantum Interference Device，SQUID）灵敏地探测到。

脑磁图实验与脑电实验进行的方式很相似。当被试的兴趣达到波峰时，通过分析其磁信号得到一张磁场图。也可以让被试解决相反的问题，再与这张图相对比来确定信号的来源。由于相反的问题可能不只有一种解决的方案，因此必须提出假设。倘若只有几个激活的位置，那么确定相对精确的定位是可能的，分辨率能达到几毫米。

与脑电相比，脑磁图的突出优点是对神经兴奋源的定位更为直接和准确。它也可以达到与脑电相媲美的时间分辨率。其不足是：第一，它只能探知出与颅骨表面相垂直的电流。因为大多数大脑皮层的脑磁信号是由锥形神经细胞顶端的树突内的电流形成的。那些能产生脑磁波的神经细胞多处于大脑沟内，那里每个顶端处的突触的长轴倾向于与颅骨垂直。第二，与 ERP 实验仪器相比，脑磁图的费用高得多。这个系统覆盖整个头骨，需要 150~300 个传感器，费用超过 100 万美元。

（三）正电子发射断层扫描术

正电子发射断层扫描术（Position Emission Topography，PET）的基本原理是：

把示踪同位素注入人体，同位素释放出的正电子与脑组织中的负电子相遇时，会发生湮灭作用，产生一对方向相反的 γ 射线，它可以被专门的装置探测到，由此可以得到同位素的位置分布。最常用的同位素是 15O，这种同位素在人进行认知任务时以水的形式被注射进血管中。在典型的正电子发射断层扫描术实验中，至少要在控制条件下和实验条件下注射两次放射性元素。在实验条件和对照条件下分别得到一张脑血流像，图中较亮的区域被认为是由这个实验因素所激活的区域。

目前正电子发射断层扫描术的扫描设备能记录容积为 5 ~ 10 立方毫米区域的新陈代谢活动。因为这样大小的区域包括上千个神经元，足够用来辨别皮层和下皮层区域，甚至能呈现一定皮层区域内的功能性变化。但它也有局限性：首先，它的成像时间较长，从几十秒到数分钟，因此在实验模式上选择余地很小，通常只能采用组块设计的任务方式，即为了使脑血流处于稳定状态，在一个阶段中反复执行同一种任务，这使它的应用范围也受到一些限制。其次，虽然正电子发射断层扫描术基本上属于无创伤性技术，但仍受放射性物质剂量的限制，同一被试不宜频繁参加正电子发射断层扫描术实验，这不利于那些需要被试多次参加实验的研究。最后，系统造价也很高，因为除正电子断层扫描机以外，一般还需配备一台加速器，用以制备同位素。

（四）经颅磁刺激技术

TMS 是一种已广泛应用于临床精神病、神经疾病及康复领域的脑干预技术，磁信号可以无衰减地透过颅骨而刺激到大脑神经。连续可调重复刺激的经颅磁刺激（rTMS）通过不同的频率来达到治疗目的，高频（＞1 Hz）主要是兴奋的作用，低频（≤1 Hz）则是抑制的作用。对 rTMS 刺激的局部神经通过神经网络之间的联系和互相作用对多部位功能产生影响；对于不同个体的大脑功能状况，需用不同的强度、频率、刺激部位、线圈方向来调整。其无痛、非创伤的物理特性却可以虚拟地改变大脑探索脑功能及高级认知功能。

临床上 TMS 可以治疗精神分裂症（阴性症状）、抑郁症、强迫症、躁狂症、创伤后应激障碍（PTSD）等精神疾病，其中对抑郁症的治疗在美国已经通过 FDA 的认证，治愈率为 20%，治疗有效率高达 100%。国内已有多家医院开展了相关治疗并且在临床上取得了可喜的成绩，在神经心理科（抑郁症、精分症）、康复科、儿科（脑瘫、自闭症等）等各个方面都得到了应用。其中，对抑郁症、睡眠障碍等疾病的疗效作为一种非药物治疗在临床取得了不错的成绩。

TMS 独特的技术优势使其在科研及成瘾戒毒等方面都有着广阔的空间。目前的科研课题有 TMS 与情绪、疲劳、麻醉药物、认知研究、躯体感觉皮层、毒品、成瘾性等。不可否认的是，这种脑干预术作为科学研究方法的安全性虽已经被证明安全可逆，但大众对其普遍持保守态度，一定程度上影响了 TMS 技术的发展与应用。但其作为少数可以对脑进行干预的手段，值得广大管理学研究者学习与研究。

（五）经颅直流电刺激

tDCS 是一种非侵入性的，利用恒定、低强度直流电（1~2 mA）调节大脑皮层神经元活动的技术。早在 11 世纪，人们就开始尝试利用电刺激来治疗疾病，随着认识的发展，tDCS 技术逐步成熟。1998 年 Prior 等发现，微弱的经颅直流电刺激可以引起皮层双相的、极性依赖性的改变，随后 Nitsche 的研究证实了这一发现，从而为 tDCS 的临床研究拉开了序幕。到目前为止，tDCS 的临床疾病应用研究已经取得了不少有益的成果。

tDCS 由阳极和阴极两个表面电极组成，由控制软件设置刺激类型的输出，以微弱极化直流电作用于大脑皮质。与其他非侵入性脑刺激技术如经颅电刺激和经颅磁刺激不同，tDCS 不是通过阈上刺激引起神经元放电，而是通过调节神经网络的活性而发挥作用。在神经元水平，tDCS 对皮质兴奋性调节的基本机制是依据刺激的极性不同引起静息膜电位超极化或者去极化的改变。阳极刺激通常使皮层的兴奋性提高，阴极刺激则降低皮层的兴奋性。膜的极化是 tDCS 刺激后即刻作用的主要机制。然而，除了即刻作用外，tDCS 同样具有刺激后效应，如果刺激时间持续足够长，刺激结束后皮质兴奋性的改变可持续达 1 小时，类似于突触的长时程易化。皮层兴奋性的调节在 tDCS 刺激时依赖膜极化的水平，而刺激结束后的后效应作用主要是由于皮层内突触的活动。tDCS 同样可以调节远隔皮层及皮层下区域兴奋性。tDCS 阳极刺激前运动皮层区可影响有连接的远隔皮层区域的兴奋性变化。

迄今为止，尚未有 tDCS 诱发癫痫的报道。有研究应用 MRI 成像观察安全模式下 tDCS 刺激 30 分和 1 小时后大脑的变化，发现大脑并没有出现组织水肿、血脑屏障失衡及脑组织结构改变等现象，认为 tDCS 是一种安全的经颅刺激方式。同样的结论也在其他研究中得到证实。21 世纪，tDCS 技术在神经康复领域中的应用逐渐得到推广，研究发现，tDCS 对于脑卒中后肢体运动障碍、认知障碍、失语症，以及老年痴呆、帕金森病及脊髓神经网络兴奋性的改变都有不同的治疗作用，是神经康复领域一项非常有发展前景的无创性脑刺激技术。到目前为止，tDCS 在科研中的使用仍较为有限。

第三章　神经科学推动的工业工程领域研究

一、引言

根据国际与系统工程师学会（IISE）的官方定义，工业工程关注的是设计、改进和安装的人流、物流、信息、设备和能源集成系统。它综合应用数学、物理和社会科学的专门知识和技能，以及工程分析和设计的原则和方法，对人员、物料、信息、设备和能源组合而成的综合系统进行设计、改进和实施，并且对系统的成果进行鉴定、预测和评估，简而言之，就是对运用人、料、信、机、能做最有效的组合，以达到低成本的输入、高效益的产出。其目标是设计一个系统及该系统的控制方法，使之成本最低、具有特定的质量水平，且系统的运行必须是在保证操作者和最终用户的健康和安全的条件下进行。

工业工程诞生于19世纪的美国，是美国七大工程学科之一，距今已有一百多年的历史，它融工程和管理于一体，对工业发达国家的经济与社会发展起了巨大的推动作用。国际经验表明，任何一个国家的工业化和信息化过程都离不开工业工程的突出贡献。工业工程发展历程大致可以分成以下几个阶段：

起步阶段（19世纪末到20世纪30年代），这个阶段以时间研究、动作研究为主要内容。该阶段主要通过对人的劳动进行专业化分工、实践研究、生产动作研究及操作标准化等方式来提高工作效率。在该阶段人基本完全被物化为机器。

发展阶段（20世纪30年代到21世纪初），也称为传统工业工程时期。随着运筹学引入及计算机与信息技术的快速发展，工业工程迅速发展并成熟。该阶段主要根据生产状态信息，用信息技术来控制、指挥生产系统，实现过程优化，从而提高生产效率。该阶段开始注意到人在系统中的重要作用，尽管该阶段依旧将人进行物化，但研究者从人的体力负荷、体力疲劳等角度进行了过程优化，不再完全将人类比为机器。如著名的"霍桑效应"，研究者发现，并非工作环境的变化，而是人意识到自己正被他人观察而改变了自己的行为，从而提高了工作效率。

创新阶段（21世纪初至今），该阶段也可以称为第三代工业工程阶段。该阶段在传统信息技术的基础上，除了对物的传感和控制技术的进步外，特别重要的是增加了生理传感技术，综合处理生产状态信息及人体生理信息，优化整个生产系统，实现人文制造、和谐制造、以人为本的科学生产。随着神经科学和脑科学的发展，借助神经科学技术揭示人们行为背后的原因成为可能，研究者越发认识到人的主观能动性在系统中的重要作用，越来越关注人的脑力负荷、知觉、认知、情感等在系统中的重要作用。

研究发现，人机系统中约80%的事故是由于人的因素导致的。Kim等认为共有四大类因素会影响系统，即人的因素、技术因素、结构因素和任务因素，其中人的因素列于四大因素之首。随着新一代信息技术的快速发展，新技术、新方法、新的工具设备不断被引入，系统呈现出高度集成化、自动化、复杂化的趋势，系统自动化水平大幅提高，人们逐渐从体力劳动中解放出来，体力作业显著减少，而相对应的脑力作业则大幅增加。另外，脑力作业的内容和形式也随之发生了显著变化（见表3-1），处于该系统中的人适应系统高速度和高精度的要求也变得越来越困难。另外，随着智能制造、工业4.0等新概念和新要求的相继提出，人在系统中的作用发生了变化，发挥了新的重要作用，尤其是人的脑力负荷、认知、情感和决策等方面，在保障系统安全、维持系统高效运行中的作用日益凸显。针对工业工程发展过程中遇到的新问题、新需求，传统单纯依赖生产过程本身，主要通过问卷测量、口头报告，以及执行任务的正确率和反应时等来研究人的外显行为，关注从刺激输入到反应输出的结果导向，而忽略人自身状态信息来进行系统优化已经不能满足现代制造、智能制造的要求。

表3－1　传统工业工程与未来工业工程对比

	传统工业工程	未来工业工程
人与系统关系	人操控系统，单向沟通	人与系统协同匹配，双向沟通
作业性质	体力劳动为主	脑力劳动为主
作业内容	单任务为主	多任务并行
作业形式	主动控制或操作设备	被动监控设备及必要时干预

近年来，随着神经科学和脑科学技术，如功能性核磁共振、功能性近红外光谱成像、脑电图或事件相关电位、脑磁图、经颅磁刺激、经颅直流电刺激、正电子发射计算机断层扫描、眼动仪、皮肤传导反应（SCR）等技术的快速发展，神经科学与经济学、心理学、行为科学、管理学等众多领域的学科呈现出交叉融合的发展态势。神经科学具有无创性、高时间分辨率和空间分辨率的特点，可以用来实时、客观、精细地刻画大脑在生产系统、行为运筹、工作组织和人机交互等活动中的内在神经活动规律，从而更深刻地描绘和解释行为背后的"黑箱"过程，更准确地预测行为，预防事故，进一步提升工业工程系统的效用。因此，采用神经视角研究工业工程领域问题的研究现状、研究范式，以及未来神经科学运用到工业工程领域的困难及挑战，对于指明神经工业工程未来的研究方向、明晰研究难点有重要且深远的意义。

二、神经工业工程领域的探索及神经科学对工业工程的贡献

神经工业工程是指研究者通过采用神经学的技术和方法，将人脑神经活动的特征、人脑对各类信号（视觉的或听觉的）的反应特征纳入系统管理中，并根据这些特征来改进、优化系统管理，改进安全系统的设计和产品设计，以减轻操作者的脑力和体力负荷，以利于提高系统效率，减少因过度疲劳等引起的事故，实现人、机、环系统总体性能的优化。本章对神经科学在工业工程领域所做的探索及做出的贡献进行了简要总结。

（一）脑力负荷的神经学指标与理论发展

人机系统经历了从手工作业到自动化作业、从操作型向知识型作业的转变，脑力作业呈现出前所未有的增长，尤其是在分布式的多任务并行处理的运作模式中，脑力负荷成倍增加。如 Zhang 等（2013）研究发现，认知负荷是影响多任务人机交互的重要因素；Wickens 和 Hollands（2000）也指出，高质量的人—机系统交互行为中不仅需要评价人的绩效，而且还需评估操作者能在多大程度上满足系统所施予的负荷需求。但绩效与工作负荷之间并非简单的线性关系。因此，客观、科学地评测人在智能系统中的工作负荷，保证系统正常高效运行成为一个急需解决的问题。

神经科学有助于更加客观、实时地评测脑力负荷大小。脑力负荷是指工作者为达到作业标准而付出的注意力大小。传统采用外显行为绩效间接推测脑力负荷的方法，并不能实时、准确地反映作业人员脑力负荷大小。神经科学技术因其高时间或空间分辨率，以及对人体的无/低创伤性，可以为脑力作业过程中工作负荷的评测提供连续、客观的神经学指标。如 Ayaz 等（2012）采用 fNIRS 对空中交通管制员进行研究发现，其对认知负荷敏感，表现为随着管辖扇区内飞机数量的增加，前额叶激活程度持续上升。其他研究者也发现 fNIRS 是测量脑力负荷的良好工具。另外，采用 ERP 技术研究发现，P3 是工作负荷的良好指标，其波幅随着任务负荷上升而下降。在人机系统中，通过了解作业人员的这些神经学指标，可以更好地设计和优化人机系统。如在设计系统时就将工作负荷因素考虑进去，以及在系统工作过程中，在作业人员的外显绩效还未明显下降或发生变化时，就采取相应措施，从而保证系统安全高效运行。

神经科学促进脑力负荷理论的发展。脑力负荷的主导性理论是多重资源理论。该理论认为，大脑内可用的资源是有限的，可以根据任务需求进行灵活分配，而任务需求则由任务难度及任务所需要达到的绩效水平共同决定。这样，剩余的资源或者说匀出的资源可以被分配到其他任务上。因此，如果一个任务需要更多资源，则会对同时进行的其他任务绩效产生干扰。除了经过过度学习已经达到自动化的任务外，其他任务绩效直接依赖于分配的注意资源的多少。多重资源模型得到了多数实证研究的支持。但该理论一个最大的问题在于其循环论证性，而这可能与传统工业工程方法难以直接测量不同任务加工过程中的资源有关。神经学方法可以提取在复杂系统操作中内隐的连续生理测量，因而为单独测量不同任务加工过程中所需的资源提供了可能。如 Lei 和 Roetting（2011）等使用 EEG 测量了驾驶员在双任务中的脑力负荷，实验中要求驾驶员在执行驾驶任务（变道任务）的同时完成工作记忆任务（n - back 任务），结果发现驾驶负荷增加会导致 α 波能量的下降，而工作记忆负荷增加则会导致 θ 波能量增强和 α 波能量下降。该结果提示 EEG 能敏感地区分不同任务的资源，为多重资源理论提供了神经学证据。

（二）警戒过程的神经机理

警戒是指观察者在长时间任务过程中维持注意并对刺激保持警觉的能力。警戒在工业工程很多操作环境中都有重要作用，尤其是那些涉及自动化人机交互系统的环境，如军事侦察、空中交通管控、交通运输安全、核电站监管、工业质量控制等。随着系统自动化水平的提高，人在系统中的角色从主动的控制者转变为监控系统运行并仅在可能出现问题的情况下进行干预。在这些环境中操作，一旦警戒水平下降或反应延迟，将会使生产事故发生率大幅上升，甚至导致重大安全事故。因此，加强对可以影响警戒绩效的神经生理因素的了解显得尤为重要，而神经科学技术的快速发展为此提供了良好的工具。

近年来，脑成像研究已经成功阐述了人们在执行警戒任务过程中的脑血流和葡萄糖代谢的变化情况。以往研究者认为警戒不需要心理努力，警戒水平下降是由于刺激不足（Understimulation）引起生理唤醒下降所致。这一观点认为，警戒任务中重复性和单调性抑制了大脑系统，如脑干网状系统和扩散性丘脑投射系统的活跃性，而这些系统的活跃性是维持持续警觉所必需的，因而导致信号检测效率的下降。但使用 fNIRS 和 tDCS 研究得到的结果却提出了不同的见解，认为警戒是需要较大的心理努力的，警觉下降是由于在任务持续过程中资源消耗所致。这一观点的证据来自：研究者发现，随着时间推进，警觉下降的同时伴随大脑血流速度的下降，而且这种同步性在视觉和听觉任务中均有发现。另外，Helton 等（2007）采用 fNIRS 和 tDCS 研究还发现大脑右半球主管人们对警戒任务的执行，表现为处于警戒状态时，脑血流速度和血氧饱和度右半球都快于或高于左半球。这些研究结果提示在警觉任务设计过程中需要考虑资源消耗问题。如根据个体的心理生理特点来设计系统，减少操作者工作负荷；或者重新设计工作环境，让其更适用于操作者作为系统监控者的角色；或在系统设计过程中，让更加重要的刺激优先从左视野出现，从而更快地刺激主管警戒执行的右半球。但上述的研究结果还有待采用更加精妙的设计及先进的技术进行更加深入、系统的探索和验证。

（三）应激的神经感知与行为反应机理

生活或工作中应激无处不在，并对人的工作绩效产生重要影响。有些操作者在应激情境中能急中生智、冷静对待，而有些操作者在应激情境下却惊慌失措、忙中出错。因此，了解应激情境下影响操作者绩效的认知神经因素对选拔、训练操作人员及提高系统安全性有重要意义。识别哪些因素可能会影响到操作者对突发事件的应急处理显得尤为重要。有研究发现，在模拟的航天飞行紧急操作中，操作员的推理能力、空间识别能力、注意广度会影响任务完成的时间，注意资源的分配能力则对人为失误有重要影响。采用 ERP 技术为这一观点提供了神经学证据。Jiang 等（2017）研究发现，急性应激会损害人脑对威胁刺激（如愤怒面孔）的加工，使威胁和非威胁刺激的区分变得更困难，体现在这两类刺激在 P1 潜伏期差异消失；另外，研究还发现，急性应激会大量消耗大脑中有限的资源，从而导致加工当前任务的注意资源变少，体现在 P3 波幅下降，认知灵活性下降，反应抑制能力变差（N2 和 P3 波幅更小）。另外，研究还发现急性应激能导致认知资源重新分配到抑制控制的次级神经加工过程，增强前运动区的反应抑制和反应冲突监控，从而减弱最后的加工过程。fMRI 研究发现，与控制条件相比，在应激情境下前额叶的血氧浓度信号变化更大。这些神经学研究结果对于系统设计和应激管理具有重要的启示意义。在人机系统设计过程中，设计者应考虑应激情境下操作者可得的注意资源更少、行为反应受限的情形，尽量将紧急情况下的操作设计成需要最小化注意资源的操作。另外，对于工作环境的设计及健全安全管理应急预案也有重要意义，如对操作人员经常进行应激情境下的安全演练，让紧急操作更加熟练，最好达到自动化程度，从而减少注意资源的占用，提高应激情境下系统的安全运行水平。

（四）神经科学揭示决策行为背后的原因

博弈论是研究多主体决策行为的理论，在工业工程的众多领域如安全管理、产业结构优化及合作行为等方面都有广泛的应用。博弈论中往往把人看作是一个理性的个体，每个个体在多主体交互行为中都会追寻自身效用的最大化。然而，博弈论的应用研究发现，在决策行为中情绪情感等因素起到了重要作用，而神经科学研究则进一步从大脑活动与生理变化中解析了人们的决策行为背后的原因。

一些研究者采用脑成像技术重点观察了杏仁核（负责情绪加工的主要脑区）及腹内侧前额叶（vmPEC，与奖惩和选择有关的重要脑区）这两个脑区在人们完成决策任务时的活动变化。以奖惩行为的有关研究为例，研究者采用逆转学习任务（Reversal Learning Task）发现了在预期奖赏行为出现时杏仁核与腹内侧前额叶之间的协同活动，且这种活动只在正常被试中发现，而在腹内侧前额叶受损的病人身上没有发现。此外，研究者还发现杏仁核与腹内侧前额叶之间还存在固有的神经连接，这从解剖学意义上为情绪调节决策行为提供了神经基础。情绪情感不仅可以影响人们对奖赏与惩罚的判断，也可以影响人们的社会决策行为。以最后通牒游戏为例，研究者发现负性的情绪状态（如悲伤）会引起情绪加工的有关脑区如杏仁核或脑岛的活动，而杏仁核也被认为与人的拒绝行为极大相关，杏仁核活动的增强往往会导致人们更多地拒绝不公平的分配方案。

一些研究者采用了爱荷华博弈任务考察人们是如何趋利避害的。比如，Bechara 等（1994）发现，腹内侧前额叶受损的病人往往在博弈任务中难以做出最优化的选择，正常人往往会避免选择对收益不利的牌，而腹内侧前额叶受损的病人则会更愿意选择对收益不利的牌。Bechara 等（1996）进一步在博弈任务中增加了皮肤电测量用以观察被试的躯体反应情况（情绪信号的产生情况）。研究者比较了正常人与脑损伤患者在选择风险高的牌时皮肤电信号的差异，正常人在选择高风险的牌时往往会伴随皮肤电信号的增强，而腹内侧前额叶受损的病人面对高风险的选择皮肤电信号并不会增强；两类人在选择相对安全的牌时都没有出现皮肤电信号的增强现象。因此，在正常人身上发现的高风险出现时伴随的皮肤电信号的增强说明了人们在决策过程中伴随着情绪的唤醒，从电生理结果上再次印证了情绪参与人们的决策过程。综上所述，神经科学提供了更多的依据证明情绪或情感参与人的决策过程，为观察决策行为的产生与发展过程提供了更多的测量方法与数据支撑。

（五）神经科学促进工业工程应用研究

我们不仅要研究人们在生产过程中的行为表现，更要知道行为背后的原因。神经科学在工业工程领域的应用使我们有丰富的测量手段来检验人们在工作过程中的身心变化，为工业工程的发展提供了新的观察与测量指标。以疲劳研究为例，Johnston 等（2001）运用 EEG 设备记录人们在抓握任务中的疲劳反应，并发现了两个指标——BP 及 MRCP 成分（一种动作电位）的增强均与疲劳增加有关。

有些研究者将 fNIRS 设备应用在空中交通管制任务中，并发现额区的活动随着需要管制的飞机数量的增多而增强，该发现中额区活动结果可以用作反映工作负荷强度的有效指标，也适用于其他工作任务。合理利用神经科学的检测指标也能指导我们改进现有生产环节的不足。比如，Ma 等（2012）在工厂现场记录工人生产过程中的脑电与肌电数据来捕获其生理与心理疲劳的变化过程，他们提取了 θ 波段（4~8Hz，与疲劳有关）和 SMR 波段（12~15Hz，与注意有关）的脑电信号，揭示了不同工位工作人员的疲劳变化趋势，为设置不同工位人员的休息机制提供了参考依据。Bian 等（2012）进一步利用动作分析法结合生理记录技术，将动素分析与 θ 波的变化一一对应，分析导致工人心理负荷增大的有关动作，帮助企业优化与规范标准动作。近年来，我国在工厂、交通系统及军队大规模使用可以监测脑波的头盔，监测佩戴者的情绪状态、工作负荷等相关脑波活动，用于及时调整佩戴者的工作节奏，改进工作流程；有些医院也在尝试监测患者的情绪状态，避免医患冲突或暴力事件的发生。

有些研究者提出建立自适应自动化系统来解决操作者与自动化系统之间存在的交互问题。相较于其他测量指标，基于神经科学指标的自适应自动化的优点在于能连续捕捉人的大脑活动，而不需要明显的外在表现。自适应系统的自动化水平可以依据电生理测量指标来进行实时调控，避免了人与系统之间的不匹配或不协调问题，其中最为常用的数据参考指标来自脑电数据。Pope 等（1995）开发的自适应系统就是采用基于 EEG 不同波段（α 波、β 波及 θ 波等）的能量比作为评估指标来自动分配追踪任务的工作模式。Freeman 等（1999）在其基础上设置了两个反馈方式（积极反馈与消极反馈）及 EEG 指标的基线水平，根据反馈方式及 EEG 的实时结果与基线水平的对应关系，系统会自动分配追踪模式，减轻了操作者的工作负荷。目前，一些研究者致力于改进现有的计算方法，运用诸如判别分析、人造神经网络、贝叶斯网络及模糊逻辑等来提升神经学数据的利用效率与准确性，为基于神经科学的自适应系统的改进提供了方法学上的支撑。

神经科学与工业工程结合的另一个重要应用方向是在人工设备与神经系统之间建立有效的物理连接，提升或改进人的生物功能。比如，研究者模拟声音信号的传递与转换方式，将人工耳蜗植入失聪儿童的耳朵中，让失聪儿童获得听力，能够在正常课堂进行学习。神经系统与人工设备的结合最初主要是用来弥补或修复人的某些功能，比如用机械手臂来代替被截肢的手臂。随着人类需求的不断发展与技术水平的不断进步，人们提出脑机接口（Brain Computer Interface，BCI）

的概念并运用脑产生的信号控制外部设备，且在运动控制、语音输出、图像识别等方面已经获得了较为成熟的研究成果。在脑机接口的应用中，研究者主要采用EEG脑电记录，对感觉运动系统相关的不同信号模式进行分类，通过对特定信号的识别来控制外部行为。有些研究者在猴子身上记录皮层内的神经元信号，发现对皮层内信号的分类学习同样可以调节猴子的运动控制。事实上，皮层内记录比EEG记录能够提供更为准确的大脑信号，但无论从伦理上还是操作上都是难以在人类身上实现的，而收集非侵入式的脑电信号仍是脑机接口数据获取的主要方式。

三、神经工业工程的研究范式

工业工程主要包含以下三大领域：工程管理系统、运筹统计学和神经工效学。每个领域的研究差异较大，研究范式千差万别，本部分仅就每个领域举例说明工业工程领域的研究范式如何与神经科学有机结合。

（一）工程管理系统

在工程系统中，工程质量管理要求把质量问题消灭在它形成过程中，产品质量安全及可靠性关系到用户的人身安全、企业的品牌形象、社会的支持认可。因此，除了材料、设备、施工工艺等硬件材料需要过关外，对需要人操作和把控的环节尤其要做好预防和控制工作。结合行为和脑认知等心理、生理实验技术，可以用来测评操作者在工程系统中如何感知和理解相应的信息、决策制定过程及产生操作失误的神经机理，进一步规范工程管理流程，规避质量安全风险。如 Mijovic 等（2016）采用情境模拟与脑电技术相结合的方法研究手工装配工人的注意是否受到提示语的影响。实验中要求被试完成用于汽车液压制动系统的橡胶孔组装任务，被试可以自由选择或者按照箭头提示方向选择先用哪只手开始组装，两种任务在被试间进行平衡。实验中全程记录被试的 EEG。结果发现，按照提示进行组装的被试 P300 波幅相对更高，说明任务提示可以增强被试在组装任务中的注意水平。该结果对手工组装任务的设计和改进具有重要启示。另外，Mijovic 等（2017）采用脑电研究再次验证了上述结果，据此他们提出 P300 波幅可以作为注意监控的指标，在实际工作场所可以通过直接观察脑波变化来判断操作者是否集中注意在工作上。

（二）运筹统计学

运筹学是一门应用科学的分析方法帮助决策者做出更好决策的决策科学。有关决策的研究，大量的实验室研究采用诸如最后通牒任务、爱荷华赌局任务、信任博弈任务等，借助于核磁共振技术、事件相关电位或脑电技术记录了人们参与决策过程的脑活动，并发现了人们参与决策过程的神经变化规律，揭示了单纯的行为测验所不能发现的决策行为背后的原因。在真实的生产与管理场景中，无论是生产者还是管理者都面临着更为复杂的决策任务，一些研究者现已经开始考察模拟操作管理情境下人们的决策行为，比如考察供应链承包、供应链中的公平性等任务中涉及的决策加工过程。Zhao 等（2016）模拟了经销商的订购决策行为，要求供应商给多个零售商按顺序进行货物分配，实验同时从行为水平与脑区激活情况两个方面比较了不同诱发方式在容量分配博弈中的差异，并发现直接诱发方式与策略诱发两者无论在行为表现上还是脑区激活上都没有显著的差异，该发现与前人认为的不同诱发方式对人们的决策行为能产生不同影响这一观点不一致。

（三）神经工效学

Parasuraman 于 2003 年就已经提出神经工效学的概念，神经工效学的研究主要借助于神经科学技术来理解人们工作过程中大脑所产生的机理与功能。神经工效学研究中应用的技术主要有两大类：一类直接捕获刺激反应的神经活动指标，如 EEG 和 ERPs；另一类间接获得神经活动的代谢指标，如 fMRI、PET 和 fNIRS 等。这些技术现已广泛地应用于诸如体力疲劳、脑力负荷、警觉及自适应系统的水平匹配等研究中。除了获得人们工作状态下由刺激或任务引起的神经反应，一些研究者已经开始尝试应用一些神经科学技术比如 TMS 和 tDCS 来主动改变人的神经反应水平。Nelson 等（2014）在警觉任务中给予被试左侧或右侧前额叶实施 tDCS，依据实施的时间将被试分为两组：一组在警觉任务的早期阶段实施，另一组在警觉水平降低后实施，还有一组控制组不接受 tDCS。结果发现，相较于控制组，接受早期 tDCS 的被试组在信号监测上的表现更好，即使是在警觉水平下降后接受 tDCS 的被试也会出现警觉水平再次上升的趋势。

神经科学与工业工程的结合目的在于更好地实现人与系统的交互，实现运筹优化，产生新的产品，改进现有设计。在应用神经科学技术过程中，我们应充分考虑神经科学技术的应用限制与可行性，兼顾实验效应与生态效度，只有这样我们才能切实了解人机交互过程中行为产生的原因。

四、研究困难与挑战

神经科学丰富了研究者对操作者在真实环境下的认知活动与行为表现的观察，使研究者对操作者在真实情境中所涉及的感知、注意、记忆及决策等认知活动背后的原因有了更深的了解，为生产过程的相关环节提供了改进依据。由于神经科学在工业工程领域的应用时间较短，在对两者的有效结合上我们仍面临许多困难与挑战。

（一）电生理信号的监测

前文已经介绍了许多电生理或成像技术被应用在操作者的工作过程中，用来记录操作者的大脑活动。事实上，即使在控制严格的实验室环境下，电生理测量结果中也充斥着大量的伪迹信号，学会如何去伪存真对于研究者是十分必要的。这需要开发去除伪迹的方法，同时也要谨慎利用神经科学的有关数据，以免高估电生理数据在工业工程领域的作用。

（二）群体应用的有效性

通过监测操作者的大脑活动来了解疲劳、警觉、唤醒水平等状态，并依据电生理指标来调整系统运行过程，这是神经科学在工业工程领域最为常见的应用方式。这种应用基于个体的数据对个体的调节是十分有效且较容易实现的，然而当同时记录多个操作者且不同操作者之间数据结果差异较大时，我们应该如何依据神经科学指标来调整操作者群体的行为是未来工作的一个重点。

（三）确定应用规范与标准

前文提到研究者借助多种生理记录技术来获得操作者工作过程中的身心反应，出现了对同一监测内容不同研究者使用的记录方法与参考指标不同这一现象。鉴于此，我们有时很难对不同的研究结果进行比较与检验，对于不同研究结果的一致性如何难以知晓。因此，需要有专业的机构去研究与讨论制定神经科学在工业工程领域的应用标准，以此来确保神经科学技术应用的合理性及相关发现的可靠性。

（四）神经科学应用的伦理问题

记录操作者身心状态的本意是为了系统安全运行，减少人为失误，以及合理分配人的身心资源，然而，对操作者生理信息的实时监控可能将操作者有意掩盖的信息暴露出来，给操作者增加了额外的压力进而影响系统运行。因此，如何在确保工人隐私的情况下合理利用神经科学手段是我们迫切需要解决的问题。

第四章　神经科学推动的信息系统领域研究

一、引言

认知神经科学是利用神经科学和神经生理学的方法和工具，研究人类认知过程的脑机制的学科。大脑作为人体最为复杂和精密的器官，内部含有上千亿个神经元，并通过突触相互连接。大脑将外在环境的信息通过不同的感官加以收集、整理和保存，进而产生思想、情绪、记忆、决策和行动。在管理学领域的研究中，最近，管理学研究者开始使用认知神经科学方法直接、客观地测量大脑的活动，探索个体从事管理活动、进行管理决策的认知过程。认知神经科学为管理学领域研究注入了新的活力，催生了神经管理学这一新兴的交叉学科。2016 年，国际知名出版集团 Frontiers 选定神经管理学为年度研究主题，在全球范围内征召相关论文，推动该领域的研究发展，并指出：神经管理学的概念最早由中国学者马庆国在 2006 年提出，该新兴交叉学科通过认知神经科学方法和技术研究管理学的重要问题，着重于探索人们在面对管理问题时的大脑活动和心理过程。这一概念的提出，推动了管理学研究范式的变革，为传统管理学向更科学方向发展提供了可能。神经信息系统属于神经管理学的一个重要分支，是认知神经科学理论、方法和工具在信息系统领域研究中的应用，从全新的视角来研究和解决信息系统研究中的一系列相关问题。

近年来，信息系统行为研究与多个学科领域相结合，通过多种研究方法收集数据，如采用访谈、问卷调查、实验室实验等方法收集主观数据，利用报表、数据库及社交网络等采集客观数据。在此基础上，神经信息系统研究从以下两方面有效弥补了信息系统行为研究存在的不足。首先，神经信息系统研究应用多种生理、神经成像工具直接、客观地测量情感、认知、决策等引发或伴随的脑活动，能够有效克服传统信息系统研究数据收集过程中的测量偏差。传统的信息系统关于行为学的研究采用主观数据，存在包括共同方法偏差（Common Method Bias）等多种数据偏差问题。认知神经科学中通过常用的神经成像工具直接测量被试大脑活动的空间定位、频率，数据更加客观、准确，有效地提高了研究的效度。其次，传统信息系统行为研究收集的客观数据一般为可观察到的用户行为结果，通过识别策略的设计在一定程度上推断用户决策的心理过程与内在机制。神经信息系统研究利用认知神经科学的工具方法，采集用户决策过程中大脑活动的客观数据，检验现有信息系统的构念等是否与特定大脑区域的功能相对应，能够识别出信息系统构念的维度及其相应的大脑定位，研究信息系统中使用行为的神经加工机制，揭示情感和认知因素对个体决策行为的影响，从而来完善信息系统研究的相关理论。例如，Dimoka（2010）应用功能核磁共振成像工具，重新研究了信任、不信任两个构念，发现信任与不信任分别激活了两个不同的大脑区域，反映了分离的神经处理过程。这一发现提示，信任与不信任可能不单是同一个构念的两极，而是两个不同的构念，挑战了传统信息系统领域对于信任问题的认知。另外，在相关的神经管理学实验研究过程中，对相应的实验环境进行了高度的简化或者特别的设计，这些与实际的社会环境也是有区别的。因此，在神经信息系统研究专注某一类特定的刺激或者环境的情况下，探究决策的心理过程与生物反应之间的内在关系，是对传统信息系统研究在生物机理层面的重要补充。这两者是在不同层面上求解的过程，定义在不同层级和问题的层面上、应用在不同问题的研究之中。

随着学科发展的融合，越来越多的学者采用认知神经科学使用的研究方法、工具和测量手段研究管理学问题，各个领域的综述类文章纷纷在一流学术期刊发表。虽然神经信息系统发展快速，但无论国内还是国外，这一领域仍处于发展的初期。因此，总结认知神经科学的研究领域、常用方法、工具，概括神经信息系统领域的研究现状、研究范式，厘清该领域的研究脉络，对未来开展神经信息系统领域的研究具有重要意义。

本章系统梳理了国际上神经信息系统领域目前的发展现状。截至目前，信息系统领域权威期刊 *MIS Quarterly*、*Information Systems Research*、*Journal of Manage-*

ment Information Systems、*Journal of Association for Information Systems* 等都刊载了一系列研究成果，特别回顾总结了近五年来神经信息系统的相关研究成果。本章第二部分概括了主要的认知神经科学工具与方法、大脑功能区域与大脑网络结构及其对应的功能；第三部分总结了当前认知神经科学在信息系统领域的探索内容；第四部分归纳了神经信息系统三种主要研究范式；第五部分总结了神经信息系统研究的四大贡献；第六部分得出本章结论，提出了神经信息系统领域的研究展望。第七部分提出了发展神经信息系统的意义、困难与使命。

二、认知神经科学研究方法与大脑结构功能

神经信息系统的研究需要借助认知神经科学的方法及工具，但每种仪器的特点、测量对象各不相同，研究的问题、采集数据的结果各有优劣。人们在对脑科学不断探索的过程中发现，大脑极其复杂，不同的区域具有不同的功能，同一区域又可能具有不同功能，而且以系统的模式工作，若干不同功能系统协同形成最终的决策行为。

（一）认知神经科学的主要研究方法

认知神经科学的常用研究方法主要包括 fMRI 技术、fNIRS 技术、PET、EEG、MEG、TMS、tDCS、Eye Tracking（眼动仪）、SCR 等设备，这些设备各自收集的神经和生理数据的类型、优势、不足见表 4-1。

表 4-1 常用的神经科学研究方法

神经科学研究方法	测量	优势	不足
fMRI	血氧变化	1. 非介入性 2. 数据分析方法较为成熟 3. 空间分辨率高	1. 价格昂贵 2. 时间分辨率不高 3. 限制被试的身体移动，对实验环境要求高
EEG	电位活动变化	1. 时间分辨率高 2. 相比于 fMRI，价格相对低廉 3. 通过电信号直接测量大脑活动 4. 操作简单，可用于大规模被试	1. 空间分辨率不高 2. 对大脑深层区域电信号不敏感 3. 受限于简单的实验范式

续表

神经科学研究方法	测量	优势	不足
Eye Tracking	眼球活动	1. 测量注意力的有效手段 2. 有效避免自我报告回忆出错的问题 3. 对被试注视刺激物时有可视化视图	1. 眼动仪不能捕捉眼球周边视图 2. 使用眼动仪时被试头部转动更加谨慎 3. 注视点不一定代表被试真正关心的区域
SCR	汗腺变化	1. 测量情绪反应的有效手段 2. 价格低廉，广泛使用 3. 操作简便，轻微身体移动不会影响数据收集	1. 测量不可预测 2. 容易受习惯性影响 3. SCR 测量的指标并不能作为决定性证据
fNIRS	氧合血红蛋白及脱氧血红蛋白的浓度变化	1. 价格低、便携性好、无噪声，适用于婴幼儿、儿童和老年人被试 2. 时间采样率高，可以测到完整的生理信号	1. 无法探测大脑皮层内部较深区域的信号 2. 空间分辨率不高 3. 时间精确性不高
PET	血流量、糖代谢和氧消耗的变化	1. 能够提供全身三维和功能运作的图像 2. 能够测量脑内神经递质、遗传受体及脑内代谢等更具临床意义的指标	1. 造价昂贵，研究成本高 2. 需要在体内注入一定的放射性追踪物 3. 空间分辨率不高
MEG	磁场变化	1. 高时间分辨率 2. 相对 EEG 更准确的空间定位 3. 不需要固定被试头部，准备时间短，检测过程安全、方便	1. 很难探测大脑深部的磁信号 2. 设备昂贵，对实验环境要求苛刻 3. 空间分辨率不高
TMS	通过改变皮层神经细胞的膜电位，使之产生感应电流，影响脑内代谢和神经电活动	1. 非侵入，无痛 2. 能够提供一定程度上因果关系的研究证据 3. 通过改变大脑活动调节认知功能	1. 重复实验可能会有副作用 2. 对主试和被试都有较高要求
tDCS	通过改变皮层神经细胞的膜电位，使之产生感应电流，影响脑内代谢和神经电活动	1. 刺激较弱，几乎不会对人体造成伤害 2. 携带方便 3. 价格较 TMS 低廉 4. 能够提供一定程度上因果关系的研究证据 5. 通过改变大脑活动调节认知功能	1. 可能会带来实验副作用 2. 空间定位性较差

目前，神经信息系统研究中用于测量脑活动的技术主要包括 PET、fMRI、fNIRS 和 EEG。在安静状态下，大脑消耗的氧气和葡萄糖速率是其他身体组织的 10 倍。当某一大脑区域被特定作业或任务激活时，这个区域需要的能量消耗及供血供氧都会显著增加。通过追踪供血供氧或能量变化的生理参数，就能知道大脑从事特定作业和任务时，哪部分脑区更加兴奋活跃。这就是 PET、fMRI 和 fNIRS 等设备的基本工作原理。其中，PET 将半衰期较短的放射性标记物（如带放射性标记的葡萄糖或水）注入体内，通过探测标记物在人体内放出的光子，计算大脑中葡萄糖等物质的代谢率，检测脑部代谢活动与心理活动和认知功能的关系。通过改变不同的放射性标记物，PET 可以对大脑内神经递质、遗传受体及代谢水平进行定量化测量。fMRI 和 fNIRS 分别通过测量血液中氧浓度变化引起的血红蛋白磁性改变和血液对近红外波段光谱（6000~9000NM）的散射性变化，检测大脑兴奋区域与心理活动和认知功能之间的关系。通常 PET 可以在几十秒内得到一幅全脑的功能活动图像，空间分辨率在厘米量级。与 PET 相比，fMRI 可以提供更高的时间分辨率和更精细的空间分辨率。基于 BOLD 信号的 fMRI 可以在数秒内得到一幅空间分辨率在毫米水平的全脑功能活动图像，但 fMRI 与 fNIRS 一样，其有效的时间和空间分辨率受伴随神经活动所产生的血氧水平生理变化的限制。此外，由于 PET 需要注射使用放射性标记物，因此应用范围受到一定限制。fMRI 和 fNIRS 不需要放射性标记物，可以无创地直接观测大脑的活动模式，因此应用前景十分广泛。fMRI 的主要缺点是设备造价昂贵，使用成本高昂，记录到的信号不是直接的神经电生理信号，时间分辨率只能达到秒级，对实验设计和环境要求相对都比较严格。与 fMRI 技术相比，fNIRS 造价低，便携性好，时间采样率较高，对实验环境要求相对较低，适用于生态性较高、时间较长的研究。fNIRS 的最大缺点是测量深度有限，只能检测大脑皮层表面 1~2cm 深的功能活动信号，不能测量大脑皮层内部较深区域的信号，无法覆盖全脑，空间分辨率也相对较低。

通常，fMRI、PET、fNIRS 采集的是与特定作业或任务相关的大脑功能像时间序列数据。已经有很多开源或商业化的软件或者工具包，如 AFNI（https：//afni. nimh. nih. gov/）、Brainvoyager（http：//www. brainvoyager. com/）、FSL（https：//fsl. fmrib. ox. ac. uk/fsl/）、SPM（http://www. fil. ion. ucl. ac. uk/spm/）等，可以对大脑功能像数据进行标准化的分析。进行任务相关的 fMRI、PET、fNIRS 实验设计和数据分析时，一般采用的都是认知减法的逻辑。在实验设计时，需要设置特定的实验作业或任务条件和相应的对照作业或任务条件，尽量控制两种条件的其他成分或无关变量保持不变，仅在希望研究的目标任务或者作业成分上存在差异。这样，在数据分析时，通过将实验状态与对照状态进行统计相减，定位相减后得到的信号变化（fMRI、PET、fNIRS 信号增强）区域，就被认为是与特定任务或者作业成分相关的脑区。

利用 fMRI 进行数据分析时，需要测量特定作业或任务相关的 BOLD 的变化来确定哪些大脑区域参与了该项认知功能，任务卷入度越高的大脑区域 BOLD 水平升高越明显，在 fMRI 图像上会呈现强烈的激活区域。fMRI 采集的时间序列图像数据通常要首先进行预处理，通过头动矫正、空间配准、标准化、平滑等一系列过程对图像信号进行降噪处理。然后采用一般线性模型（GLM），根据实验设计对数据进行全脑体素（Voxel - wise）建模分析，设定一定的统计显著性阈值，通过比较实验状态与对照状态的不同，获得所考察的特定作业或任务相关的主要功能区域。fNIRS 数据处理也包括图像数据预处理和统计建模分析两个步骤。预处理阶段主要是通过傅立叶变换或者离散余弦变换等滤波方法，去除测量信号中的生理噪声（如心率、呼吸等）和随机噪声；并通过主成分分析（PCA）等方法去除运动伪迹。fNIRS 数据统计建模分析主要通过时程波形分析，叠加平均多次重复测量的数据，考察特定任务过程中氧合血红蛋白和脱氧血红蛋白浓度的平均变化波形，以此得出血液动力相应曲线并进行统计比较分析。与 fMRI 类似，fNIRS 数据的大脑神经活动检测也可采用 GLM 的方法进行统计分析，得出特定认知成分的主要功能脑区。PET 数据图像的重建比较复杂，但统计建模分析与 fMRI 和 fNIRS 类似，可以通过统计比较放射性标记物在脑内的空间分布及数量的差异，来获得特定作业或任务相关的功能代谢或生理生化活动信息。

EEG 或者 ERP 技术通过实时记录大脑从事特定任务时的头皮电位，测量特定作业或任务引起的大脑头皮上收集到的脑电生理信号的变化来开展研究，并可以通过源定位模型，逆向求解出大致的脑内电活动的源定位。EEG/ERP 技术的优点是研究成本相对低廉，时间分辨率可以达到毫秒级，对实验环境要求也没有 fMRI 那么苛刻。但是，由于 EEG/ERP 源定位模型数学上逆向求解的困难，只能粗略估计真实脑活动，空间分辨率较差，因此，有效地结合不同大脑研究技术对脑功能活动进行测量，在时间与空间分辨率上同时达更高的水平是很有前景的研究方向。

EEG/ERP 采集的脑电信号比较微弱，一般处于几个微伏到几十微伏之间。

ERP 数据处理的重点在于将特定作业或任务诱发的电位从自发 EEG 信号中提取出来进行分析，最终得到与特定任务相关的脑电成分。ERP 的数据分析可以购买脑电设备配套的分析软件（如 Brain Product、Neuroscan）进行分析，也可以用开源的基于 Matlab 的 EEGLAB 工具包进行分析。ERP 数据分析步骤主要包括滤波、去伪迹、对特定任务事件进行分段、将每种任务事件的 ERP 波形进行叠加平均得出相对应的脑电成分。如在决策任务中，若被试做出错误决策，出现负性结果，会出现明显的反馈负波（FRN）。ERP 数据分析的主要指标是特定脑电成分、脑电成分的波幅（反映大脑活动强度），以及脑电成分出现的潜伏期，即从外部刺激（认知任务、心理活动等）出现到大脑开始活动之间的时间间隔。

Eye Tracking 技术主要被用来记录人们在处理视觉信息时的眼动轨迹特征，在心理学、社会科学、人机交互、阅读、广告、营销等领域应用广泛。常用的眼动技术指标有：①注视，反映个体的认知加工程度；②眼跳，指注视点或注视方向发生改变，用来获取时空信息；③追随运动，指眼球追随物体运动，也可反映个体的认知加工。眼动数据分析结果主要有眼动轨迹和热点图。眼动轨迹能够测出个体的视线在关注对象上移动的轨迹和关注的重点部分。比如，在网站设计的应用上，可以通过对用户眼动轨迹的分析调整网页信息，基于用户关注点集中的位置来分布重要信息。热点图被用来反映个体浏览和注视的情况。

当机体受到外界刺激或情绪状态发生改变时，汗腺分泌等机能会发生变化，人体的皮肤电阻、电导也会随皮肤汗腺机能变化而改变。因此，通过记录特定作业或任务相关的 SCR，即皮电反应，也可以获得任务或者作业过程和机制的一些信息。皮肤电的指标很多，包括皮肤传导（SC）、皮肤电位（EDP）、皮肤电（SP）、皮肤电反射（GSR）等。其中，EDP 和 SC 应用最为广泛。EDP 信号是将一对电极放置在皮肤表面，通过测量经过该表面的微小电流而获得。小汗腺（如手掌和足底）多与行为控制相关。在进行 SCR 数据分析时，需要考虑皮肤电反应基础水平的个体差异，因为不同个体的皮肤电水平各不相同，甚至同一个体在不同时间、不同环境下也会有所不同。因此，当研究不同个体的皮肤电水平与心理活动之间的关系时，需要去除每个被试的皮肤电信号的基础水平差异，如此才能更准确地得出皮肤电反应的内在特征随心理活动产生的变化。

TMS 和 tDCS 属于神经调节（Neuromodulation）技术。这两种技术方法比较类似，都是通过刺激特定大脑区域的放电来改变个体的认知行为。TMS 主要是利用脉冲磁场作用于中枢神经系统来改变皮层神经细胞的膜电位，产生感应电流，通过影响脑内的神经活动和代谢引起生理生化反应。而 tDCS 是利用恒定、低强度直流电（1～2mA）调节大脑皮层神经元活动。

（二）大脑功能区域与网络组织

从功能定位的角度出发，大脑是由多个功能和结构上相对专门化的模块结合而成，不同的认知功能与大脑的不同区域或系统相关，表4－2与图4－1a 展示了与社会科学研究领域尤其是信息系统研究相关的主要大脑区域，包括前额叶区域（Prefrontal Cortex，PFC）、大脑边缘系统（Limbic System）、基底神经节区域（Basal Ganglia）及其他相关区域。

表4－2　大脑结构区域及其功能

主要脑区	功能区域	负责功能
前额叶区域	前扣带回（Anterior Cingulate Cortex，ACC） 背外侧前额叶（Dorsal Lateral Prefrontal Cortex，DLPFC） 腹内侧额叶（Medial Frontal Cortex，MFC） 眶额叶（Orbital Frontal Cortex，OFC）	人类的高级认知功能加工，如问题解决、行为调节、工作记忆、推理判断、制定目标并依照目标付诸行为
大脑边缘系统	杏仁核（Amygdala） 海马（Hippocampus） 脑岛（Insula） 丘脑（Thalamus）	杏仁核多对恐惧情绪有较强烈反应； 海马主要负责个体对情绪记忆的整合和长时储存加工； 脑岛区域对厌恶、规避等负面情绪进行加工； 丘脑主要反映个体情绪的唤醒度和警觉性
基底神经节	伏隔核（Nucleus Accumbens） 尾状核（Caudate） 壳（Putamen）	大脑多巴胺神经递质释放的主要区域，与个体对奖赏、成瘾、快乐、惩罚、风险加工等行为有着紧密的联系，也是决策研究中非常核心的关注区域
其他区域	后侧扣带回（Posterior Cingulate Cortex，PCC） 下顶叶区域（Inferior Parietal Lobe，IPL） 运动区（Motor Cortex） 小脑（Cerebellum） 脑干（Brain Stem）	后侧扣带回与个体的自我意识加工密切相关； 下顶叶区域与空间感觉、数理逻辑相关； 运动区负责对躯体运动的调节和行为的实现； 小脑支持身体平衡，对人类的其他高级认知功能加工也有一定作用； 脑干维持个体生命，包括心跳、呼吸、消化、体温、睡眠等重要生理功能

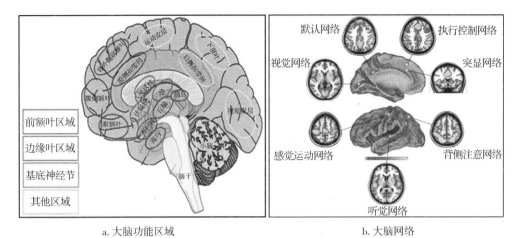

a. 大脑功能区域　　　　　　　　　　　　　　b. 大脑网络

图 4 - 1　大脑功能区域与网络组织

如果把每一个大脑脑区都看成一个节点，通过研究各个脑区间的联系，可以测量全脑的连接网络。大脑连接网络与互联网和社交人际网络类似，虽然大多数的节点间都没有直接的联系，但是两个节点之间可以通过很少的几个中间节点相连，也就是具有所谓的"小世界"属性。近年的研究已经发现多个大脑的功能性连接网络，包括视觉网络、听觉网络、感觉运动网络、背侧注意网络、默认网络、突显网络、执行控制网络等。同一个网络中的脑区通常具有时间序列上相依的特性。组成大脑的区域需要精密协调合作才能实现一种认知活动。大脑主要的连接网络及其功能如表 4 - 3 及图 4 - 1b 所示。

表 4 - 3　大脑连接网络及其功能

大脑网络	包含区域	负责功能
视觉网络（Primary and Secondary Visual Network）	位于枕叶（Occipital Cortex），主要包含位于枕叶距状裂（Calcarine Fissure）区域及周围的初级视皮层（V1）和纹外皮层的次级视皮层（V2）	接收外界视觉信息输入和加工。背侧通路参与处理物体的空间位置信息及相关的运动控制，如眼跳和伸取；腹侧通路参与物体识别，如面孔识别，也与长期记忆有关
听觉网络（Auditory Network）	位于颞上回区域（Superior Temporal Gyrus），包括左侧听觉区（Left A1）及右侧听觉区（Right A1）	负责对听觉刺激进行加工

续表

大脑网络	包含区域	负责功能
感觉运动网络（Sensorimotor Network）	辅助运动区（Supplementary Motor Area）：位于中央前回（Precentral Gyrus），包括旁侧中央小叶（Paracentral Lobule）及中部扣带回（Middle Cingulate Cortex）双侧运动皮层（Motor Cortex）：双侧顶叶（Left Parietal Lobe）、中央后回（Left Postcentral Gyrus）	接受身体对侧的痛、温、触和本体感觉冲动，并形成相应的感觉；支配对侧躯体运动，主要接受来自对侧骨骼肌、肌腱和关节的本体感觉冲动，以感受身体的位置、姿势和运动感觉；产生控制动作执行的神经冲动
背侧注意网络（Dorsal Attention Network）	顶叶—额叶区域（Parietal – Frontal Cortex），包括双侧顶内沟（Intraparietal Sulcus）及双侧额眼区（Frontal Eye Filed）	负责对外界刺激信息的注意加工，提供自上而下的注意定向，持续工作，保证任务的完成
默认网络（Default Brain Network）	腹内侧前额叶（Medial Prefrontal Cortex）双侧下顶叶（Inferior Parietal）双侧外顶叶（Lateral Parietal）后侧扣带回（Posterior Cingulate Cortex）双侧下颞叶（Inferior Temporal Cortex）	负责对自我意识的加工，包括自传性信息、自我情绪状态、自我评价描述等；负责对他人状态情绪的思考和信息加工，如心理理论、道德推理、社会评价等；负责对过去事件的回忆及未来的描绘加工等
突显网络（Salience Network）	双侧前脑岛（Bilateral Anterior Insula）背侧前扣带回（Dorsal Anterior Cingulate Cortex）双侧前额叶前部（Anterior Prefrontal Cortex）双侧外顶叶（Lateral Parietal）	对外在刺激进行评估并选择值得注意的刺激（如食物、金钱、愉悦刺激等），从而完成定向，协调大脑资源采取相应行为
执行控制网络（Executive Control Network）	背内侧前额叶（Dorsal Medial Prefrontal Cortex）前额叶前部（Anterior Prefrontal Cortex）顶上叶（Superior Parietal）	参与多种高级认知任务，包括活动抑制、情绪加工等，以及适应性控制

三、神经信息系统的领域探索

在管理即决策这一核心思想影响下，信息系统相关研究理论不断扩展，如计划行为理论（Theory of Planned Behavior）、期望效用理论（Expected Utility Theory）、前景理论（Prospect Theory）及情感启发理论（Affective Heuristic Theory）等。信息系统的研究注重系统功能服务的同时，也认识到用户情感体验的重要性，包括使用的反馈、体验过程中的情绪、各类感知等，双加工理论研究的框架已经引起学者的关注。但由于被试主观或者客观的原因无法获得客观、深入和准确的数据，使传统信息系统研究方法不能有效解决相应的研究问题，容易导致结果不稳定、不可重复及不可证伪。神经信息系统通过深入、客观、科学地解释深层次的原因，渴望打开与信息系统相关的决策过程的"黑箱"，促进信息系统领域的研究及实践。

信息系统研究（或管理信息系统研究）可以分为三大学派：设计学派（Design Science）、行为学派（Behavioral Science）及计量学派（Quantitative Modeling）。其中，设计学派思想起源于工程领域，主要关注技术科学，包括信息系统开发实践与分析。行为学派属于实证主义，将信息系统研究看成社会科学，从行为学、心理学视角，围绕信息系统的分析、设计、管理、使用等问题，通过主观及客观证据，搭建构念模型或验证理论。计量学派应用计量经济学及博弈论等手段，搭建理论模型，通过客观数据，验证基于定量建模的信息系统理论。

认知神经科学方法作为研究人们情感体验非常有效的技术手段，被迅速应用于信息系统认知、行为领域，主要关注信息系统与用户的互动及融合，强调信息技术和信息系统对个体、群体、组织和社会行为的影响（见图 4 - 2）。

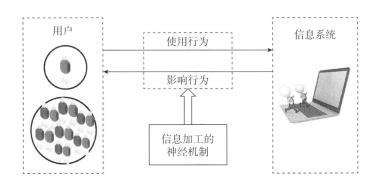

图 4 - 2　认知神经科学作用信息系统研究的框架

一方面，信息技术和信息系统是为个体、群体和组织服务的，研究者主要从用户使用角度探索信息系统如何满足用户需求，进行系统设计与优化，改善用户使用体验；另一方面，信息技术和信息系统是引发用户行为的重要因素，研究者主要探索信息技术和信息系统如何影响个体和群体行为及用户之间的相互影响，影响效果受哪些因素影响，即信息服务对决策的影响、社会网络与互动对用户行为的影响。根据信息系统与用户之间融合互动的关系，现有神经信息系统研究主要集中在系统设计与优化、信息服务与决策和社会网络与互动三个领域。

（一）系统设计与优化

系统设计与优化主要聚焦于决策方法、人机交互、数据库、网络通信、分布计算、人工智能等技术如何满足信息系统各层次用户的需求，从而实现业务管理、信息共享、决策分析等功能，在组织和人的参与下最终实现信息系统的设计目标，更好地为组织和用户服务。信息系统在提供基础功能服务的同时，开始注重提升用户的情感体验。因此，学者们尝试把认知神经科学的研究方法运用到系统设计、系统优化中，即运用神经科学方法来优化信息系统设计，改善用户体验。

Teubner 等（2015）在电子拍卖情境下研究电脑投标软件对投标者情感体验的过程和投标行为的影响。实验中，使用皮肤电导反应（Skin Conductance Response）和心律测量（Heart Rate Measurements）研究投标人的即时情绪和唤醒度指标。研究结果表明，无论投标是否成功，电脑投标软件都减轻了投标人即时情绪强度和在拍卖过程中的整体唤醒水平；面对真人投标者，投标人唤醒度更高、投标次数更少。因此，计算机代理软件相比真实代理人，更不容易激发人们的情绪和唤醒度。

在信息系统设计时，为保证信息系统的实用性、有效性及高效性，系统设计者应充分考虑用户需求，掌握用户心理，保证系统的可操作性与友好性。提升人机交互水平是设计出满足使用者需求、受到使用者欢迎的系统的关键。Huang 等（2015）研究了用户如何理解和处理信息系统中的常用符号、图标，在实验过程中，采用 fMRI 研究了中国用户和英国用户面对四种类型的视觉刺激（图标、照片、汉字和英语单词）的反应，获得了用户大脑神经的数据。研究发现，虽然图标和汉字都激活了大脑中的语义系统，但是用户对图标和汉字的认知加工模式不同，图标和照片在传达意思方面没有文字有效。大脑需要花更多的精力来理解图标和照片表达的意思。Vance 等（2014）利用眼动仪技术研究了用户忽略安全提示信息的原因。结果表明，眼球运动记忆效应是忽略行为的原因之一，人们倾向于习惯性地忽略似曾相识的东西。他们设计出了一个动态的安全提示对话框，通过不断更新和改变其外观，能够有效大幅度降低由眼球运动记忆效应引起的习惯性忽略行为。这一结论有助于研究者设计出更加有效的安全提示信息。因此，使用认知神经科学的方法能够更有效地测试信息系统结构，如图形用户界面（Graphical User Interfaces，GUIs），了解人机交互过程中个体或群体对系统使用的差异，从而改善用户体验。

此外，用户感知有用性与感知易用性极大地影响了信息系统的成败。用户感知信息系统的有用性和易用性会受到内隐和外显因素的影响。内隐因素包括注意分散（Distraction）和记忆负荷（Memory Load）；外显因素包括用户参与（Engagement）和沮丧（Frustration）。研究者使用脑电图测量内隐因素，使用自我报告法测量外显因素。研究发现，内隐因素和外显因素互相作用，非线性影响用户感知有用性和易用性。具体而言，当用户参与度高时，注意分散对用户感知系统有用性的影响不显著，当用户参与度低时，注意分散对感知有用性有显著负面影响。此外，当用户感到沮丧时，记忆负荷对感知易用性有负面影响；而当用户心情略好时，记忆负荷对感知易用性有积极影响。

近年来，国内学者也开始采用认知神经科学方法对电子商务背景下网站设计对用户体验的影响进行了研究。比如，Wang 等（2014）使用眼动技术从认知负荷视角对购物网站复杂度及任务复杂度对用户视觉注意和行为的交互影响进行研究，发现任务复杂度会调节网站复杂度效应，在简单任务情形下，网站复杂度会正向影响用户的注意和任务绩效；在复杂任务情形下，它们之间会呈现倒 U 形关系。与以往网站复杂度研究不同，该研究使用眼动方法探究了网站复杂度—用户结果关系背后的认知过程，有助于更好地理解用户的注视信息与认知负荷的关联；人物图像是一种重要的网站设计元素，Wang 等（2017）对购物网站上人物模特的面部表情进行了研究，发现相对于非杜乡式微笑，杜乡式微笑能吸引更多的注意并提升产品购买可能性。然而，微笑类型的这种效应还取决于中国文化中微笑强度的影响，高强度的杜乡式微笑可能会给中国消费者带来不舒服的感觉，低强度的含蓄的杜乡式微笑能吸引中国消费者更多的注意。这些研究为优化网站设计从而改善用户体验提供了帮助。

由此可见，将认知神经科学的研究方法运用到系统设计、系统优化中，分析用户情感、认知，对改善系统功能具有重要意义。

（二）信息服务与决策

信息服务通过研究用户特征，将有价值的信息与服务传递给用户，用户接收到信息后，对信息进行处理、评估，并形成最后决策。从这一角度出发，研究用户信息处理过程，为用户提供相应服务，改善用户体验，从而提升用户决策质量，具有重要意义。研究者运用认知神经科学方法，研究用户对信息服务的感知和体验，探索影响用户决策的因素，以改善信息服务的质量。

用户情绪和认知是影响决策的重要因素，逐渐受到重视，学者们借助信息系统理论和实验方法的研究，来探索基本情绪的神经通路和决策的神经机制。情绪结合个体认知系统和视觉系统，表现在语言、行为、生理反应三个方面，与信息系统领域多个概念密切相关。情绪可通过自我报告法和脑电图方法测量，脑电图方法更为准确。Gregor 等（2014）创建了三个能够引起用户正向情绪的网页和三个能够引起用户负向情绪的网页，利用两种情绪测量方法，发现消费者情绪与忠诚度正向相关，表明情绪能决定消费者最后决策行为。

用户情绪与认知处理互相影响。个体认知显著影响个体行为，在决策中具有重要作用。通常情况下，个体在认知活动中较少受到外在环境因素的影响和干扰，利用内在参照对信息进行加工。个体认知可通过自我报告法和认知神经科学方法测量，但受多种偏差效应和需求效应影响，自我报告法存在较大偏差，认知神经科学方法测量结果更加稳健。

研究者通过认知神经科学方法精确测量用户认知来预测用户行为。Vance 等（2014）通过在爱荷华博弈任务实验中使用 EEG 技术，发现无论网络环境是否安全，当被试感知到了可能存在的网络风险时，他们的神经反应都较之前发生了明显变化。通过认知神经科学方法对大脑进行测量可以有效预测在线用户对网络风险的感知程度和信息安全行为。而在无法确定信息网络是否安全的环境中，自我报告法不能有效测量在线用户对网络风险的感知，也无法准确预测用户的安全行为。

进一步地，研究者利用认知神经科学方法测量用户认知，探索认知对决策影响的神经机制。用户作为组织信息安全最薄弱的环节，其行为深受研究者关注。Hu 等（2015）设计了一个基于场景的实验范式，在实验中使用事件相关电位探究了在人们面临被要求泄露敏感信息时，他们会如何决策及自控力在决策中起作用的程度。研究发现，大脑的左右半球都参与决策，特别是背外侧前额叶皮质和下额叶皮质附近的区域和决策的关联度很高。相比自控力水平高的被试，自控力水平较低的被试该区域的神经活动更低。由于自控力是一个相对稳定的个人属性，这个研究发现对文献中经常倡导的对员工信息安全培训的有效性提出了怀疑。从个人信息安全的角度出发，Jenkins 等（2016）使用 fMRI 来探索当危险信息的警告突然跳出时，被试的大脑机制如何应对，研究发现这种警告提示没有发挥出预计的效果，不但不会引起用户的压力，反而使用户更容易暴露在危险的网络环境中，出现这种现象是由于双任务干扰效应（Dual - Task Interference，DTI）的影响。该理论认为，人们会受到认知的限制，即使是简单的任务也不能同时执行，由于安全警告带来的干扰强烈地激发了大脑中双任务干扰系统。在干扰效应非常高的情况下，用户大脑中内侧颞叶的神经活动大量减少，导致容易忽略安全警告。因此，安全警告在一定程度上可以帮助用户免于受到攻击，但警告出现的时间及次数应该更好地设计。

由此可见，运用认知神经科学的研究方法测量用户情绪、认知，探索其对决策影响的神经机制，对改善用户体验、提升信息服务的质量及保障信息系统的安全等都具有重要意义。

（三）社会网络与互动

互联网承载众多信息系统，使人们在信息交换中扮演着各种重要的角色，促生了社交媒体，使人们通过互联网便捷迅速地获取、传播和分享各类信息。个人与个人、个人与群体、群体与群体之间通过信息的传播进行互动，交流思想和情感，增加了社会交流与相互影响。在这些过程中，个体决策常受到群体偏好及行为影响，产生了社会影响（Social Influence）。在线环境中哪些个人或信息值得信任（Online Trust）、对哪些隐私信息比较关注等此类问题对探索社会影响产生的潜在机制具有重要意义，认知神经科学方法是进行这种探索的一种有效工具。

研究表明，在线环境中信任对个体的经济和社会行为有显著影响，但信任和不信任是同一构念的两极还是不同构念的差值，是传统信息系统研究中存在的一个悬而未决的问题。Dimoka（2010）让被试面对四张具有不同信任水平的面孔，同时观测脑区域的活动变化的不同。Dimoka 把 fMRI 作为补充工具测量被试的在线信任程度，得到当被试信任或怀疑虚拟面孔时大脑活动的位置、时间和水平。在线信任主要与大脑中负责认知的区域相关，而不信任主要与大脑中负责情绪的区域相关。当被试信任屏幕上的面孔时，大脑尾状核、前额叶皮质、眶额叶皮质就会被激活。不信任则是和大脑中负责消极情绪的杏仁核及负责害怕失去的岛状皮层有关。因此，在线信任本质上属于认知领域，而不信任本质上属于情绪领域，两者是两个不同的概念。

具体到消费者信任，Riedl 等（2014）使用 fMRI 的方法探讨了在线网络上人们相信真人面孔还是虚拟面孔，结果发现相比于在线网络的虚拟面孔，人们更能够准确预测真人面孔的可信度。当人们需要做出是否要信任他人的决定时，面对真人面孔时，内侧额叶皮质活动更加明显。这一研究对在线网页的设计提供了深远启示：如果在线商家想获得消费者的信任，那么在展示产品设计的时候使用真人面孔更能够取得消费者信任。此外，面对相同信任感水平的产品或面孔，女性用户相比男性用户脑部激活区域更多，负责情绪的杏仁核和岛状皮层更加活跃，这也是女性更容易因情绪引发购买冲动的根本原因。

网络环境下，人们分享、传播信息更加方便快捷，从而影响个体行为和偏好。人们分享、评价并推荐特定产品或服务，影响其他消费者决策。在此过程中，消费者大脑中的纹状体和眶额叶皮层的神经活动明显增加。当与他人存在不同时，颞顶连接处（Temporoparietal Junction）这部分脑区被激活。不同的信息类型对个体情感和行为的影响也不同。Kuan 等（2014）探索了在线团购常用的信息类型指标（商品评价信息、商品收藏信息）对消费者的情感、消费态度、意愿的影响。研究设计了包含上述两种信息类型的网页，在实验过程中，用 EEG 全程记录被试。结果显示，积极或消极的商品评价信息对消费者的态度和购买意愿没有显著的影响，但商品收藏信息对于购买意愿有积极的影响。分析脑电数据，评价信息和消极情绪相关，而收藏信息会激发被试的积极情绪。在点击进入产品网页时，消费者一开始是抱着积极的态度，积极评论时不会激发积极情绪，而负面购买评论则会因为意见不一致导致认知失调，激发出负面情绪。消费者的情感体验的差异影响最终在线购物的行为。国内学者也利用认知神经科学工具对在线购物中的社会影响进行了探索性研究，比如 Chen 等（2010a，2010b）利用事件相关电位技术对在线购书情境中的消费者决策进行了研究，解释了消费者在线购物中的从众行为，以及面对不一致的评论时认知与情感冲突的神经机理；Wang 等（2016）采用 ERP 方法探究了购物网站上两种重要的社会化信息线索（产品评分和产品销量）影响消费者决策的神经机制。研究发现，消费者在利用线索做出最终决策前会经历从感知风险（N2）、信息冲突（N400）到评估分类（LPP）这样一系列的认知加工过程，在这些不同的阶段中，消费者对这两类具有不同诊断性的信息线索的利用存在差异性，为在线情境下的信息线索效应提供了神经层面的解释。

这些研究说明，采用认知神经学的方法能够很好地推动信息系统中与用户相关的行为研究，与系统设计与优化、信息服务及社会网络等各个子领域密切结合，有效地发展了信息系统相关的理论，弥补了其不足与局限，使信息系统领域整体研究更加宽广、深入、客观。未来，学者们可以在此基础上采用认知神经学的方法探索更多信息系统相关领域的研究，如人工智能、商务智能、移动互联网、App 应用及其他与用户行为相关的领域。

四、神经信息系统的研究范式

在信息系统的研究中采用认知神经科学的方法是一种新的尝试。最大的难点在于既要能解决信息系统研究的问题与障碍，又要符合认知神经科学研究的规范与要求。在研究的过程中如何有效地结合？实验范式如何设计？从目前的研究看，神经信息系统的研究范式可分为以下三种类型：①信息系统情景实验的研究范式；②心理学或决策科学经典实验任务在信息系统应用的研究范式；③多任务多方法结合的研究范式。

（一）信息系统情景实验的研究范式

将现实中的信息系统问题抽象化，在实验室中模拟信息系统的相关场景，应用认知神经科学的技术方法与仪器采集数据，通过认知神经科学指标测量信息系统中的相关构念，是神经信息系统研究的第一类主流范式。这一类研究范式的最大优势在于研究的问题与管理高度相关，可以较好地揭示信息系统中相关现象与行为的内在认知机制。同时，这也对神经信息系统研究的实验设计提出了很高的要求，如果其他变量、影响因素控制不好，研究结论的科学性、可信度及可重复性将会大大降低。

在这一研究范式下，研究者通常利用功能神经影像工具，在传统信息系统情景实验的基础上探索消费者行为的神经机制。Riedl 等（2010）研究了不同性别对在线商品的信任差异及其差异背后的神经机制。为了探寻在线信任与特定脑区神经活动的变化关系，研究者在基于信息系统情境下的实验任务中使用 fMRI 设备来记录被试在实验过程中的行为数据。结果表明，男女在面对具有不同信任感水平的在线产品时，脑部激活的区域是不同的。研究者使用 fMRI 神经科学工具研究了在信息系统领域中，对于在线商品信任，男女是否存在差异这一问题。Kuan 等（2014）研究了团购时常用的两种信息类型（购买商品信息、喜欢商品信息）对消费者情感、态度及购买意愿的影响及其潜在机制。研究者利用脑电图测量被试的情绪，利用自我报告法衡量被试的购买意愿。脑电图分析结果表明，购买信息和消极情绪有关，而喜欢信息会引发被试积极的情绪。Hu 等（2015）通过在不同模拟场景里使用神经科学方法探究了自控力对个体泄露机密信息的影响程度，以及个体自控力影响信息安全的神经机制。实验过程中使用 ERPs 的方法获取被试被要求泄露敏感信息时决策的脑电波数据。研究发现，大脑的左右半球都参与决策，特别是背外侧前额叶皮质和下额叶皮质附近的区域和决策的关联度很高。相比自控力水平较高的被试，自控力水平较低的被试这两个脑区的神经激活程度相对更低。当面临泄露机密信息的诱惑时，与自控力较高的被试相比，自控力较低的被试通常是短期导向，不会考虑因泄露安全信息而造成的长远损失，因此自控力较低的被试做决策的速度更快。

（二）经典实验任务在信息系统应用中的研究范式

从信息系统中的研究问题出发，对研究问题进行高度抽象，采用经典的心理学、经济学等学科的实验任务或者根据研究目标对其进行改造，通过成熟的范式来测量信息系统中的重要构念，是神经信息系统研究的第二类主流范式。这一研究范式的优势在于经典任务经过多次检验，学术界认可，而面对的最大挑战则在于实验任务与信息系统实践中的问题之间存在一定的距离。管理学是面向商业领域应用的学科，学者们应当更好地建立起实验任务与管理问题之间的联系，从而为研究结论在管理实践中的应用打好基础。

常用的实验任务包括爱荷华赌局任务（Iowa Gambling Task，IGT）、信任博弈（Trust Game）和第一价格密封投标拍卖（First - Price Sealed - Bid Auction，FPSB）等。

爱荷华赌局任务是由来自美国南加州大学的 Bechara 等（1994）通过模拟现实决策情境而设计的实验任务，广泛应用于心理学和神经科学领域来测量个体决策能力。研究者常用爱荷华赌局任务检验用户对风险的感知及应对。例如，

Vance 等（2014）采用爱荷华赌局任务研究用户对网络信息安全风险的感知及其应对反应，使用 ERPs 采集被试在实验过程中的脑电波数据，研究发现，被试在完成 IGT 任务中对好坏牌反馈诱发的脑电成分可以预测被试对于网络信息安全的感知。神经反应在信息安全问题显著和非显著的条件下都能显著地预测行为，而自我报告的方式在信息安全问题不显著的情况下是无效的。

信任博弈是研究信任、互惠偏好、利他偏好的典型范式。该任务中存在委托人和代理人两种角色，委托人可以选择不投资或投资一定金额给代理人，代理人获得收益后可以选择返还一定收益给委托人。Riedl 等（2014）采用信任博弈研究了在线真人和虚拟面孔对人们选择决策的影响，探索了形成偏好的深层次机制。该研究将在线代理人分为真人面孔和虚拟面孔，每个面孔又根据信任维度分为高可信任度和低可信任度两类。不同信任度的面孔在线代理人的风险机制不同。被试的任务是判断在线代理人的可信程度，然后决定要不要把资金交由在线代理人进行投资。该研究使用 fMRI 收集被试在进行信任博弈实验任务过程中的脑激活数据。结果表明，面对真人面孔时，内侧额叶皮质活动更加明显，人们更容易信任他人决定。

第一价格密封投标拍卖任务指的是投标人只能提交一次密封式投标，并且不知道其他人的投标情况，投标最高者以其投标获得拍卖品的一种投标拍卖方式。在拍卖任务开始之前，被试将被告知拍卖的物品遵循独立私有价值模型（Independent Private Value，IPV）。独立私有价值模型是指拍卖品对于投标者的价值取决于该投标者对于物品的价值判断，与其他投标者的估价及物品的公共价值无关。投标者只知道自己的估价，无法获悉其他投标者的估价，但可以获悉其他投标者估价来源的概率分布。Teubner 等（2015）采用了第一价格密封投标拍卖实验范式研究投标软件对投标者情绪和投标行为的影响，通过使用皮肤电导反应和心律测量来作为投标人即时情绪和唤醒度的指标。研究发现，无论被试投标成功与否，投标软件减轻了投标人的即时情绪强度，以及拍卖过程中的整体唤醒水平。当被试面对真人投标者时，唤醒度更高，投标次数更少。投标软件相比于真人代理人，更不容易激发人们的情绪。

（三）多任务多方法结合的研究范式

为了解决高度简化的认知神经科学研究要求与复杂的管理学研究问题之间的冲突，规避信息系统情景实验与心理学任务两种神经信息系统研究范式各自的不足，诸多学者采用多任务多方法结合的研究范式，是信息系统研究的最新趋势。

在这一研究范式下，研究者通常进行多项实验研究，在一项实验研究中应用认知神经科学的方法，采用相对干净的实验任务探索与信息系统中特定研究问题相关的认知神经机制，得出初步结论。在另一项实验研究中，则采用与现实管理情景更为贴近的行为学实验进一步对研究结论进行验证，从而建立起行为与神经机制之间的联系，提高研究结论的可信度。Jenkins 等（2016）使用 fMRI 技术来探索用户处理信息安全警告提示的机制，以优化安全警告出现的时机。研究者设计了两个实验，实验一采用 fMRI 技术来探索双任务干扰效应如何影响用户对安全警告信息的反应，实验二中把实验一的结论应用到真实的谷歌浏览器场景中，研究安全警告应该在何时出现才更不容易被用户所忽视。研究结果表明，在浏览器网页刚加载出来、网页上的视频刚结束、用户切换网页、等待网站上的视频图片加载、等待网页加载这五种情况下，用户更不容易忽视屏幕上的安全信息。

此外，在这一研究范式下，研究者也会基于同一实验设计，利用自我报告法和功能神经影像工具两种测量方式独立进行多次实验，结果相互印证，以保证研究结论的科学性与可信性。Gregor 等（2014）研究了浏览网页激发的情绪（积极情绪、中性情绪和消极情绪）对用户在线忠诚度的影响。研究者设计了同一组网页，在实验一中采用自我报告法测量用户情绪、在线忠诚度，实验二中则借助脑电图测量用户情绪。实验结果均表明，用户情绪与其忠诚度显著正相关，但脑电图测量结果能够更准确地预测用户情绪。

认知神经科学的方法应用到信息系统领域，核心是解决重要的研究问题，探索新的重大发现。需要学者们以信息系统研究的问题为目标的同时，符合认知神经科学研究的规范，充分利用仪器设备的固有特性。新的研究技术的出现，必然带来研究范式的改变。采用认知神经科学的仪器采集数据，选择心理学实验范式无疑最为简单，但不一定能满足信息系统研究目标的要求，即解决重大研究问题。信息系统的场景设计可以直接针对研究问题，但是不一定能满足干净的认知神经科学研究的要求。这两种研究范式需要根据研究问题与研究目的进行针对性的选择，多次进行预实验，调整实验的范式与任务，才可能达到科学研究的要求。把自我报告法、行为学实验法、认知神经科学的方法进行结合，多任务多方法的研究范式可以相互补充或者层层递进，研究结果的客观性和重复性无疑最高，也不容易受到质疑，但是对学者研究设计水平与能力要求很高，研究周期长，研究费用也高。无论如何，神经信息系统的三类研究范式不仅可以解决实证研究数据来源及可靠性的问题，还可以弥补设计科学和行为科学研究工具的缺陷，在一定程度上补充了原先研究方法的不足，有望推动信息系统的研究往科学化、深度化方向前进。

五、认知神经科学对于信息系统研究的贡献

采用认知神经科学方法研究信息系统，经过众多学者一段时间的探索，取得了一系列重要成果，广受关注，解决了之前的一些不足，减少了应答偏误（Response Bias），可以分为有意造假（Deliberate Falsification）和无意曲解（Unconscious Misrepresentation），实现用户心理过程的准确测量，以及探索用户决策的神经机制等，是多学科在研究领域与研究范式的结合典范，很好地推动了信息系统研究的发展。

（一）贡献一：解决"无意曲解"的难点

无意曲解指被试有意与研究者合作，回应真实想法，但由于问题内容或其他因素而不能真实回答所导致的误差。学者们在研究的过程中经常发现，被试遇到了意想不到的问题，或存在误解的问题，或不能将潜意识的偏好转化为意识加工过的语言，或不能回忆细节，常常不知自己的真实思维过程，面对调查问卷，要么随意打个分，要么采用中庸办法选择一个中间值，甚者干脆空白。如用户在浏览一个网页或者使用一个信息系统时，不是很清晰明了地知道自己会被网页或者系统中哪一部分的设计所吸引，停留更长的时间，并不知不觉地产生使用与选择的偏好，无法通过问卷法和自我报告法描述自己对于系统设计的偏好。与有意造假偏误不同的是，无意曲解偏误的本质在于被试对于某一设计的偏好往往是由潜意识决定的，被试无意隐瞒但往往在意识层面感知不到潜意识的偏好。而出现有意造假偏误的根源在于被试在意识层面有意地在隐瞒自己的想法和意图。

在用户感知不到潜意识偏好时，认知神经科学方法能够有效获取用户偏好数据。Vance 等（2014）通过使用眼动仪技术观察被试在重复看到安全提醒信息时他们眼睛的注视区域、停留时长，从而进一步研究由于习惯而忽略安全提醒的行为是如何发生的。Anderson 等（2016）使用眼动技术来探索当危险信息的警告突

然跳出时，为什么有些被试会忽略重要的安全警告，以及被试的大脑机制是如何应对双任务干扰效应的。研究者发现，使用认知神经科学方法还能够解决信息系统领域中一直存在争议的学术难点，比如为了验证在线信任和不信任是同一构念的两极还是两个不同的构念，Dimoka（2010）使用 fMRI 发现在线信任和在线不信任引起了不同脑区的活动变化，因此它们是两个不同的构念。认知神经科学方法除了能解决存在争议的学术难点，也能够应用到现实生活中。

此外，被试也可能在自己也不知道的情景下，汇报具有特殊性的、有偏差的结果。女性与男性被试在激素期会产生自然反应，这个阶段的反应和通常时候的选择存在着差异。如女性在激素期自然而然地会追求打扮美丽，男性则激发出更强烈的占有欲。因此，男女生理差异也会体现在在线购物的消费行为上，女性在排卵期会比在安全期购买更多化妆及服饰用品，购买转化率更高；提升男性睾酮激素水平，可以提升自我感知的竞争力，提升男性的经济乐观性及其对高风险混合投资的偏好。这一发现使在线购物网站的设计者能够更好地为不同客户推荐他们最可能购买的产品，使决策更加简单果断。使用神经科学方法来研究，一方面可以发现一些普适的特殊的现象所产生的差异，另一方面可以发现个别被试的数据为什么与整体数据存在差别，为纠正或者剔除不合适的数据找到合理、科学的理由与依据。解决传统研究方法中被试无意曲解所产生"不知"的偏误缺陷，使研究更加完整。

（二）贡献二：解决"有意造假"偏误

有意造假的产生主要是由于使用传统研究方法时，如自我报告法和量表法，被试为显示自己聪明或为隐藏个人信息、避免尴尬，而不愿意把内心的想法、意图及真实的情绪表达出来，从而汇报的是虚假的、不真实的或者中庸的数据。这种情况会带来数据不真实、不准确的困境，影响了研究结论的科学性、真实性、可重复性。尤其在进行群体实验过程中，个体被试不愿意在群体环境中把自己真实的想法、观点与行为反应让其他被试知道，从而尽力掩饰自己真实的意图。被试不愿意表达内心真实想法情况的原因主要是被试的主观性偏见（Subjectivity Bias）、社会期望偏见（Social Desirability Bias）及被试揣测到了实验目的（Demand Characteristics），有意无意地改变他的决策来迎合实验。在以上三种原因中，大部分被试最容易受到社会期望偏见的影响，主要包括一些敏感的话题，如性别、种族、文化、宗教的差异等，还包括社会认知和道德约束。不少人其实具有性别歧视和种族歧视的倾向，但通过传统问卷和自我报告的方法，个体对社会的认知会使他们尽量做出符合社会期望的回答，具有歧视倾向的"本我"在经过意识层面加工之后，会形成较符合现实情境的"自我"，随后"自我"会改变自己的外显态度迎合身边社会环境。

由于被试不能有意操纵自身的大脑活动，研究者使用神经科学方法，能够有效避免被试由于受到社会主流道德观的约束，不愿意透露其真实想法的倾向。例如，Hu 等（2015）研究了自控力对于信息安全的影响，模拟了在面临金钱诱惑的情境下，被试是否会选择透露安全信息。在实验中，研究者利用人们不能完全控制大脑活动的特性，使用 ERPs 的方法获取其真实想法。因此，认知神经科学方法可以丰富现有的数据资源，不依赖于单一的测量方法，从而减少传统方法的偏差。认知神经科学方法和传统测量方法并不是对立的两种方法，认知神经科学方法是对自我报告法的补充完善，相互印证，弥补了传统研究方法中被试有意造假、不愿真实报告所产生的偏误，使研究更加客观。

（三）贡献三：实现用户心理过程的准确测量

在信息系统领域，运用传统的量表法和自我报告法不能测量在线用户使用与选择的过程中伴随的情感体验与态度，如在网络市场营销的研究中消费者在线的情绪、忠诚度（e－loyalty）和信任感等是持续的、动态变化的、非稳定性的情绪与态度。这一问题的产生是由于传统的工具与方法主要都是记录被试情绪与态度的结果，不能很好地记录被试在实验或者认知过程中情绪与态度的变化，从而获取每一个阶段不同的评估值。采用自我报告法获取被试的情绪与态度主要存在两方面的问题：一方面，每个被试能力不同，有些被试对感知自身情绪不敏感、对自己的态度不清晰，很可能无法做出客观的评估，这样收集获得的数据本身就具有很大的缺陷与不足；另一方面，实验过程中被试的情绪与态度很多不是单一构念的两极，而是两个构念评估的差值，不同构念相对应的大脑加工系统区域不同，产生的反馈与评价也存在差别。被试有时候自己也不是很清晰，这就是"纠结"，研究者也没有有效的方法甄别，区分统计显得十分困难。因此，这为研究中数据的准确性设置了障碍，也会影响最后的研究结论。

通过认知神经科学的方法可以准确测量被试的心理过程。Davidson 等（1990）指出，前额叶区域的左右大脑的对称性是情绪测量的核心。他们通过认知神经科学工具 EEG 发现，当被试产生积极情绪时，更多的左前额皮质被激活，而当被试产生消极的情绪时，则是更多的右前额皮质被激活。基于他们的发现，Gregor 等（2014）分别使用了自我报告法和神经科学方法 EEG 来测量被试在浏览网页时的情绪。对于能够感知到自己情绪的被试来说，两种方法都能准确测量其在实验中的情感。但对于感知自我情绪存在障碍的被试来说，EEG 相比于自我报告法对他们的情绪测量更为准确。研究者发现，使用认知神经科学方法不仅能够解决被试主观性的缺陷，还能够弥补传统研究方法的不足。例如，Vance 等（2014）同时使用了自我报告法和 EEG 来测量在线用户对网络风险的感知程度，通过对这两种方法进行对比，他们发现自我报告法不能有效测量在线用户对网络风险的感知，在信息安全问题不显著的情况下无法准确预测用户的安全行为，但 EEG 无论信息安全问题是否显著，均能够有效地测量和预测用户对风险的感知程度和行为。因此，采用认知神经科学方法可以有效、准确地测量用户的心理过程，解决了以往不能获得数据的问题。

（四）贡献四：探索用户深层神经机制

传统信息系统用户认知与行为的研究主要采用自我报告法收集数据。获取数据便捷、成本低廉，但无法"透过现象看本质"来了解决策过程中深层的情绪体验的变化。由于未获得客观的、深层次用户决策的机制，研究结果可重复性与稳定性不佳，广受诟病。不同批次收集的数据，采用相同的数据处理与分析方法，结果可重复性仍很低。部分研究者甚至采用数据驱动因果的方法，根据收集的问卷数据，选择拟合指数最优的模型作为理论模型框架，然后根据此框架补充理论。众多的学者都有这样的经验，即通过问卷研究验证的理论模型，如果模型相对比较简单，那么重复验证的稳定性相对较高；一旦理论模型比较复杂，层次与维度较多，再加上调节变量等关系，理论模型的重复验证基本不能实现。另外，传统信息系统行为研究范式的局限性导致了自我矛盾的结论常常出现，没有一致的结论。例如，通过自我报告法进行"隐私关注"与"信任"的研究，研究结论是相互矛盾的，既有隐私关注影响了信任，也有信任影响了隐私关注。两者究竟是什么关系，是单向影响还是双向影响，在人们认知加工过程中是共同激发还是单独存在，目前研究尚未产生确切结果，这都是对用户的研究不够深入、不够客观所引发的。因此，深入探索用户决策机制，保证研究结论的可重复性与稳定性具有重要意义。

采用认知神经科学方法获得用户大脑的数据，并与行为结果数据、自我报告数据匹配，能够提高研究结果的可信度与可重复性，使研究结论更为客观与深入。Gregor 等（2014）设计了两个实验，分别采用自我报告法与认知神经科学方法收集数据，研究了浏览网页激发的情绪（正面情绪、负面情绪和中性情绪）对用户在线忠诚度的影响机制。Anderson 等（2016）在第一个实验中使用了眼动技术研究被试忽视安全警告的脑机制，第二个采用行为学实验，把第一个实验的结论应用到真实的谷歌浏览器场景中进行研究，探索当用户面临双任务干扰效应时背后的脑机制，尝试找出安全警告应该在什么时机出现更不容易被用户忽略。Gregor 等（2014）与 Anderson 等（2016）的研究均采用两种不同的研究方法，进行独立的两个实验，分别收集数据，结果相互印证，提升了研究结论的重复性、稳定性、科学性。因此，采用认知神经科学方法测量可以探索用户决策的神经机制，有效地解决信息系统研究中不深入的问题。

六、神经信息系统研究的展望

人类大脑是认识世界与改造世界的关键，也是信息系统领域研究的根本起源。信息系统是一个有趣、年轻且包容的学科。随着认知神经科学的融入，信息系统学科的发展将会更加充满活力，填补以前研究的不足与空白，向客观、科学的方向前进一大步。有一些领域非常值得去探索，理论亟待创新与突破，同时也面临着一些困难需要克服与解决，对从事神经信息系统研究的学者提出了历史使命的要求。

以下五个方向是我们认为神经信息系统研究当前比较欠缺的、亟须进行探索与推进、有可能取得重大研究突破的领域。研究结果的新发现与理论的新突破，在理论上可能建立信息系统新的理论体系，发展信息系统研究的新方向，在实践中可能对信息系统的运营管理提出建议。

大数据决策的神经机制。大数据决策分析是将记录人们行为轨迹的客观数据，运用合理有效的分析算法进行分析，通过寻找相关关系发掘和探索人们行为的一定规律。其优点是借助数据科学算法发掘相关规律，而不是简单的小样本、简单变量研究。然而，大数据决策分析没有探索数据与数据相关背后的原因，没有关注行为产生背后的心理机制。采用认知神经科学的方法探索行为大数据的发现，揭示数据与数据之间相关背后的更深层次原因，实现信息系统决策研究的创新与发展，建立新的决策理论与模型。

在线群体的决策机制。在线群体是指基于信息技术或社交媒体所形成的大规模集体及其成员之间分享共同的兴趣、经验、信仰等，完成特定工作任务。群体决策制定过程具有极高的复杂性，个体成员不仅需要考虑各类信息，还需要考虑其他成员的偏好。研究表明，与线下群体相比，在线群体成员间分享更多信息，然而决策质量却更低。认知神经科学的工具能够精准测量个体成员信息处理及认知过程，探索在线群体决策过程，提高群体决策效率及质量，完善群体决策理论。

在线行为的情感体验。情感是行为的诱因，在信息系统用户在线行为研究中，研究者通常通过自我报告法测量用户积极情感或消极情感。然而，用户情感评估的分值会随所使用量表、项目顺序、时间及一些情境因素的变化而变化，存在较强的主观性、不稳定性。此外，自我报告的量表测量也容易受到用户反应倾向的影响，存在误报的可能。采用认知神经科学方法能够实时、客观测量用户大脑行为，获得相应的情感状态，更具客观性和准确性。

系统设计与优化体验。认知神经科学与信息系统结合，对人机交互、电子商务等都有较强的理论和应用价值。研究者可借助认知神经工具测量用户与系统交互时眼动轨迹及大脑活动反应，如眼动追踪系统考察用户的眼动特征，神经功能影像工具测量用户脑活动，都可以客观地反映用户认知过程，从而优化系统设计，使之更适合用户的生理、心理特点，改善人机交互体验。认知神经科学对信息系统设计与实施具有重要的实践指导作用。

个人特性与岗位职责的优化匹配。每个员工都有其特点、能力和不足，因此适合不同的工作岗位及责任。例如，有些人善于系统设计，有些人善于编写程序，有些人善于创新，有些人则忠于职守。研究者可借助基于认知神经科学的工具对已有或未来员工的相关属性进行直接或间接的精准测量，将正确的人放到正确的岗位。Hu 等（2015）建议使用自控能力高的员工管理企业的高价值数字资产。如果能够实现个人与岗位职责的优化匹配，就可能提高员工的工作效率及工作满意度，从而实现整个组织的效率的提高。

七、发展神经信息系统的意义、困难与使命

信息系统是管理学的一个重要分支，神经信息系统采用认知神经科学的理论、方法和工具研究信息系统领域的重要问题，与神经营销学、组织神经科学、神经战略管理、神经商业伦理等新兴前沿交叉学科共同促进了管理学研究的变革。从事神经信息系统相关研究的学者数量及在该领域顶级期刊刊登的论文数量都日渐增多，已经在信息系统研究领域形成了一定的学术影响力。从这个意义上看，神经信息系统在认知神经科学与管理学各子学科的交叉融合中非常重要，承载了推动管理学研究从主观走向客观、从艺术走向科学的重要历史使命。从亚当·斯密开始，在很长时间里，管理学研究停留在经验传授上，直到泰勒的"科学管理"时代才做出了将管理引向科学的第一次尝试。值得注意的是，尽管受到泰勒影响而形成的管理科学学派对于管理学研究产生了深远影响，但有学者认为该学派并没有真正科学地解决管理问题，因为应用的研究范式和工具具有局限性，对问题的观测停留在假设、建模、验证的实证研究上，由于数据种类与数量不足、数据精度及可靠性不高、方法的科学性有所欠缺，实际上仍然无法解决在管理实践中分工、协作与效率的科学问题。大数据是解决数据种类与数据来源的一种方法，而认知神经科学的推动则使管理学研究从主观走向客观成为了可能。管理学被视为科学与艺术的融合。由于神经科学的深化与发展，研究者已经可以对人类大脑外界刺激做出的响应做出科学、定量化的标定。因此，信息系统领域的重要议题，从决策、信任、情绪、信息安全、在线购物到系统设计，都可以在大脑皮层的神经元活动上获得体现及测量，这些数据对基于主观评分获得的量表数据进行了有机补充。学者们把这些变化记录下来，找出它们之间规律性的关系，就能更加准确地了解人们在不同管理情景中面对不同管理问题时的行为规律，从而达到管理的科学化。此外，通过分析这些客观数据，研究者可以更好地剖析管理者做决策的艺术性，尝试用科学来解释艺术，将管理的科学与艺术作为一个整体来看待。可以说，通过将神经科学和以信息系统为代表和切入口的管理学研究的目标相结合，有机会寻找到新的理论、方法和工具，实现管理学研究范式的创新，使从泰勒时代起步的将管理学研究科学化的思潮在可预见的时间内获

得深入发展，在保留管理学艺术性的同时，将其科学性的属性进一步发扬光大。

　　尽管神经信息系统的研究肩负着帮助管理学研究从主观走向客观的重要历史使命，但应用认知神经科学的技术手段和方法研究信息系统领域的重要议题仍然面临着不小的困难和挑战。一方面，纯粹的认知神经科学研究要求与复杂的管理学研究问题之间存在冲突。认知神经科学的实验设计要求高度抽象，需要排除掉无关非聚焦因素的干扰才能科学地获得变量之间的关系。然而，现实中的管理问题往往高度复杂，包含了许多重要的管理细节。另一方面，往往多个因素相互作用，难以抽象为认知神经科学实验所要求的单个或有限个数因素对结果变量产生影响的研究模型。举例来说，信任是信息系统领域的重要研究议题。然而，认知神经科学有关信任的研究中，广泛地采用高度抽象的信任博弈范式，并且已经达成学术共识。尽管从科学研究的角度看，信任博弈的范式非常干净，采用这一范式开展研究可以获得科学的结论，但这一范式和现实商业环境中与信任相关的管理问题差距甚远，难以获得管理学研究者的认可，研究结论也难以直接应用到企业的管理实践中。神经信息系统领域研究遇到的另一个困难是微观的研究问题与相对宏观的企业经营行为之间的矛盾。神经信息系统的主流是实验室研究，因此研究问题相对聚焦，只能选择企业经营行为中的一个点切入。相应地，研究结论难以直接解决全局性的管理问题。除此之外，认知神经实验室建设投入多、建设周期长、技术发展快、数据收集成本较高等困难也阻碍着神经信息系统研究的推进。因此，在进入该前沿交叉领域从事研究之前，学者们应当充分认识到困难，进而针对难点进行突破。

　　除了帮助管理学研究从主观走向客观，神经信息系统领域的发展也将带来管理学研究人才培养模式的转变。目前，从事神经信息系统研究的学者有两种截然不同的专业背景：一部分学者是认知神经科学专业出身，熟悉认知神经科学实验的研究方法和注意事项，但对管理学知识相对陌生，对于管理问题的提炼和把握不够准确；另一部分学者接受过系统的管理学研究的学术训练，了解怎样的研究问题是管理学界和业界感兴趣的、亟待解决的，但对于认知神经科学相对陌生，这部分学者开展的研究尽管涉及管理研究的重要议题，但从实验设计的角度看很难达到认知神经科学的严格要求，神经科学方法的应用也不纯熟，仍然需要和神经科学的专家合作。事实上，在神经信息系统领域开展研究，需要学者们兼具管理学的思维和认知神经科学的基础训练。从这个角度看，目前神经信息系统研究者是探索、铺路的一代，在为后来的学者开疆拓土。真正有机会获得快速成长、将神经信息系统研究进行深入与推广的将是我们的下一代年轻学者。为神经信息系统培养更多合格的未来的领军人才、参与认知神经科学助推管理学从主观走向客观的浪潮，是我们当代从事神经信息系统领域研究的学者肩负的责任，也是时代赋予我们的使命。

第五章　神经科学推动的商业
伦理领域研究

一、引 言

　　根据 Rest 于 1986 年发表的文章，伦理行为是个体进行道德决策的过程，而这一过程至少会经历以下四种行为中的一种：识别某件事情的道德属性；进行一个道德判断；建立个体的道德意图；实施道德行为。过去的十几年间，在心理学研究领域之外，其他学科开始尝试应用神经科学技术来探索本领域的研究问题，试图揭示这些研究问题本质的大脑神经机制。这些交叉学科发表的研究类和综述类文章数量逐年上升（Wager et al.，2007），如经济学（Camerer et al.，2005）、教育学（Ansari and Coch，2006）、人类学（Whitley，1998）、法律（Chorvat and McCabe，2004）及政治学（McDermott，2004）等。在此趋势下，研究者也开始探索应用神经科学的研究手段来揭示人类伦理道德发展和决策的深层神经机制，并且已经有相关综述和研究论文陆续发表（Casebeer and Churchland，2003；Fang et al.，2017；Greene et al.，2004；Hoon et al.，2016；Lee and Chamberlain，2007；Prehn et al.，2015；Robertson et al.，2017；Salvador and Folger，2009）。

　　神经科学与管理学研究问题的结合是管理学研究近年来的一大突破，越来越多的研究者开始尝试用客观精准的神经科学技术弥补管理学传统研究手段的不足。商业伦理是应用伦理或者专业伦理的一种形式，出现在商业环境中，适用于商业行为的各个方面，与个人和整个组织的行为有关。商业伦理作为学术概念最早由美国学者 Carroll 在 1975 年提出，日本和欧洲对企业伦理道德问题也较为重视。1994 年，美国、日本和欧洲的企业界领袖在瑞士通过《CAUX 圆桌会议企业商务原则》，为企业经营提供了商业伦理的基本准则。综合而言，商业伦理是一门关于商业与伦理学的交叉学科，是商业与社会关系的基础。在市场经济领域中，商业伦理常常成为社会讨论的焦点。商业伦理研究的是商业活动中人与人的伦理关系及其规律，建立使商业和商业主体既充满生机又有利于人类全面和谐发展的合理的商业伦理秩序，进而制定商业主体应该遵守的商业行为原则和规范、应当树立的优良商业精神等商业道德问题。研究商业伦理的目的在于在商业领域中建立经济与正义、人道相一致的一种理想秩序。企业管理者及商业活动中的领导者无疑在商业伦理行为中起着至关重要的作用。

神经伦理学植根于神经生物学与神经化学（Gazzaniga，2006），而其所研究的问题与理论，不仅仅局限于心理学，也与其他研究人类思想与行为的学科紧密相连，如哲学、经济学、政治学（Lieberman，2007）。因此，神经伦理学更加追求实证研究，无论是规范性的还是描述性的，都依赖于道德的实质性理论（d Casebeer，2005）。例如，如果想要考察个体在进行道德判断的过程中，多大程度上会受到情绪因素的影响，那么就必须通过实验来进行验证。本章的目的之一就是探讨如何利用神经科学技术对道德和道德判断本质进行研究，以及考察个体作出伦理判断的方式和存在的个体差异。

在神经科学与管理学交融的过程中，对商业伦理的研究成为关注的热点之一。与此同时，采取新的研究方法来探索商业伦理问题，并尝试提出对本领域的研究启示和应用价值有着非常重要的社会意义。商业活动通常与经济利益挂钩，而伦理追求的则是道德规范和社会责任，两者似乎没有必然联系甚至水火不容，因为社会现实中，商业活动存在太多利益与伦理道德相违背的情形。商业伦理道德的缺失对企业的危害显而易见，由此会造成严重的信任危机，以至于"无商不奸"在某种程度上成为人们对商业从业者的一种刻板印象。回忆一下逐渐被淡忘的"毒奶粉"事件，起初人们以为是"某个"企业的问题，后来慢慢变成"某些"企业的问题，随后一发不可收拾，人们对国产奶粉几乎完全丧失信心。而这只是一个人尽皆知的例子，现实社会中这样的现象层出不穷，否则不会有每年的"3.15"打假。再如震惊全国的"疫苗"事件更是折射出商业伦理的缺失不仅影响企业的声誉，更加关系着人民群众的切身利益甚至社会稳定。在高度全球化的大背景下，尤其我国处于"一带一路"发起国和核心成员国的重要地位，提高我国企业在世界上的核心竞争力至关重要。因此，规范商业伦理道德秩序对企业的长远发展和社会稳定有着深远影响。除了国家制定各种商业伦理准则以外，企业自身形成一个尊重道德、健康发展的商业环境才是根本途径。

二、神经商业伦理的领域探索

最近十年间，商业伦理道德问题引起了研究者的关注，通过知网和谷歌学术搜索，已有一批有关商业伦理道德的中文文章，但绝大多数研究仅停留于理论层面的探讨、对社会商业伦理现状的讨论或者对 MBA 商业伦理道德教育的探讨。以发表于北大核心期刊和 CSSCI 期刊的论文为例，有的讨论传统商业伦理道德中的现代价值观；有的从制度层面探讨如何进行当代中国商业伦理的建构；或者有的对我国商业伦理现状进行讨论；有的对 MBA 商业伦理道德教育进行探讨。在这些研究中，有极少数研究采用了问卷调查法对 MBA 商业伦理和职业道德现状进行了研究，以及对本土企业道德和管理现状进行了探讨。近年的一项研究通过实证方法对高校商业伦理教育的效果进行了考察并与美国的研究数据进行对比。但是对道德水平的调节机制以及如何提高商业管理人员的道德发展水平并未涉及。由此可见，我国虽然已经逐步开始重视商业伦理道德的重要性，但研究方法和思路的转变还有较长的路要走。

上述这些研究为商业伦理道德行为的认知研究奠定了坚实的理论基础。但是，仅从理论层面探讨问题远远不够。早在 20 世纪 90 年代初期，宾夕法尼亚大学沃顿商学院从事商业伦理道德研究的 Robertson（1993）就提出了商业伦理道德研究应该寻求更为科学的实证研究方向，认为理解个体商业行为中的伦理和道德决策过程更为重要，并且提出应该用实验的方法来考察个体的行为和决策过程，甚至利用神经科学技术揭示道德行为的内部神经机制。近十几年来，商业伦理领域的研究一直在试图寻求突破，涌现出一批以问卷调查为主的实证性研究，而不再仅仅停留于理论的探讨。神经商业伦理的研究主要集中在以下几个方面。

（一）管理者道德决策：自我理解

神经伦理学（Neuroethics），也称为道德认知神经科学（Moral Cognitive Neuroscience），是近些年新兴起来的一门学科，属于社会认知神经科学领域，主要是考察人类道德决策行为的深层神经机制，包括个体如何思考、在道德情境下大脑如何对外界信息进行加工，以及与伦理行为密切相关的大脑区域（Reynolds，2006）。伦理道德决策作为一种高级的社会认知，涉及很多不同的社会认知成分，因此，伦理道德决策所涉及的脑区与大多数社会认知相关的脑区存在重叠与交叉（Robertson et al.，2017）。

　　作为一个社会人，管理者首先要对自身形成理解，这里的自我理解就包括将自己认知成为一个有道德的人（Johnson et al.，2002；Lieberman，2007）。自我反省是其中一个重要的部分，它意味着个体对自身的经历、经验及情绪状态等进行积极主动的思考和反省，从过往经历中的负面情绪和体验中吸取教训，进行总结，包括认识到自己的不道德行为，体验愧疚，从而吸取教训，在将来避免重蹈覆辙（Lieberman，2007）。众多神经成像研究发现，前额叶皮层及杏仁核这些负责情绪记忆的脑区是自我反省的关键区域，这两个区域的活动对个体的道德发展有着非常重要的作用（Greene，2009）。自我调节是另外一个自我理解的重要成分，它能够使个体重新评估情绪事件，并且控制自身的情感和情绪冲动（Lieber-man，2007），这也是道德行为的重要组成部分。研究发现，背前侧扣带回（dACC）和外侧前额叶（LPFC）是冲动抑制的关键脑区。此外，在脑损伤病人的研究中发现，前额叶损伤的病人可以进行抽象的道德推理，但是其情绪反应和真实生活中的伦理决策则受到明显损害（Damasio，2002）。类似的结果也在其他的脑损伤病人研究中得到重复，包括腹内侧前额叶和杏仁核损伤的病人，其道德决策行为都受到一定程度的影响（Damasio，2002；Greene，2009；Greene and Haidt，2002）。

（二）管理心理理论与共情

　　理解他人的心理状态与经历对伦理行为来说非常重要，心理学中提出心理理论（Theory of Mind，ToM）来描述这一认知行为。心理理论是一种能够理解自己及周围人类的心理状态的能力，这些心理状态包括情绪、信仰、意图、欲望、假装与知识等，同时也包括认知到他人的不道德行为及其原因（Frith and Singer，2008）。脑成像研究发现，前侧旁扣带回、后侧颞上沟及颞顶联合区是负责心理理论加工的重要区域（Rilling et al.，2004；Vogeley et al.，2001）。另外一个认知他人心理状态的重要能力是共情（Empathy），即设身处地地体验他人的经历及喜怒哀乐。神经科学研究中常通过让被试观看他人的面部表情来考察个体的共情体验（Gallese，2001；Lieberman，2007）。Singer 等（2004）研究发现，当个体观看他人疼痛的表情，进行共情体验时，大脑中负责疼痛加工的区域并未激活，但是大脑中加工痛苦情感的区域则出现了明显激活，包括前侧扣带回（ACC）和前侧脑岛（aINS）（Singer et al.，2004）。此外，在一项元分析的研究中，作者发现与心理理论及共情加工密切相关的众多脑区同样参与了道德决策的认知加工，如颞顶联合区、腹内侧前额叶及颞中回等区域（Bzdok et al.，2012）。

（三）管理者道德决策

在各种社会认知神经科学研究的基础上，研究者们逐步开始提炼与伦理道德决策直接相关的大脑神经机制。目前国内外对道德决策及道德判断的大脑神经机制研究已经较为丰富，已有的功能核磁共振研究较为一致地发现了与道德决策相关的主要大脑区域，如背外侧前额叶、腹内侧前额叶、后侧扣带回、颞上叶、颞极、颞顶联合区、纹状体、杏仁核及脑岛等区域。近来的一些研究更是发现，腹侧纹状体及腹内侧前额叶区域的神经活动与个体的道德价值水平存在一定相关关系。此外，道德判断和一般的决策任务过程在神经机制上有相当一部分的重合，尤其是腹侧纹状体和腹内侧前额叶区域，在风险决策和其他社会性决策过程中也存在明显的激活，这两个区域被认为是大脑奖赏网络的主要区域。实际上，道德判断与决策过程在心理表征层面也存在一定程度的重叠。Robertson（1993）就提出，道德判断本身就是一种决策过程，要想更好地了解个体的道德发展规律，就应该用实证的方法去探讨道德决策过程的本身。Cushman（2013）提出的双系统框架理论认为，道德判断与一般决策都涉及相同的心理成分，那就是以价值为导向的强化学习过程。道德行为的动机是为了追求自身的道德价值理念，而决策过程也是为了追求行为价值的最大化。此外，有研究指出，追求奖励的动机也可能是个体道德水平发展存在差异的一个影响因素。道德发展达到较高水平的个体，更倾向于追求普世价值，也会表现出更符合道德准则的行为和利他行为，这在一定程度上可以解释大脑奖赏网络在道德行为中的激活。

但是，我们依旧可以看到，参与道德判断的大脑区域与其他社会认知行为（如决策判断、情绪加工、心理理论、共情）所涉及的大脑区域存在大量的重合，因而想要将道德决策所特有的大脑区域彻底分离开来还需要在研究范式上不断进行完善，最终能够将人类的道德决策成分从其他社会认知成分中提炼出来。

在 fMRI 之外，ERP 也是常用的神经科学技术手段之一。Chen 等（2009）采用 ERP 技术研究发现，被试在进行涉及亲人的道德决策时，在前额部诱发了更大的 P2 和顶叶部位诱发了更大的晚期慢波成分，表明被试经历了更大程度的情绪体验和认知冲突。Sarlo 等（2012）也研究发现，与意外的道德两难（为救其他人而杀人是意外）任务相比，对工具性道德两难（即以杀人作为手段来救其他人）进行决策时，前额叶位置表现出更大波幅的 P260 成分和晚期慢波（400～750 ms）。而且，P260 的波幅大小与消极情绪评分呈正相关，表明个体在道德决策中评估与形成偏好选择的早期阶段出现了直接而快速的情绪反应；而晚期更大波幅的慢波成分则表明被试需要更多的认知资源来解决道德两难所引起的冲突。

（四）其他研究发现

美国在商业伦理道德研究领域起步较早，取得了相对丰富的研究成果。早期的商业伦理道德研究主要是从规范的角度来定义"正确"和"错误"的标准（Fleming，1987；Goodpaster，1984）。随后研究者发展出各种理论来解释商业伦理道德行为。部分研究者认为，商业伦理主要依靠一般的道德准则来约束商业行为（Boatright，1996；De George，1999；Frederick，2004）。以此为基础，研究者提出更为细化的理论，一种理论认为商业伦理行为的目的是在商业团体中追求美德和社会声望（Solomon，1992），另一种理论则认为商业伦理行为是为了避免将自己陷入身败名裂的境地（Bowie，1999）。在众多商业道德理论中，社会契约整合理论（Integrative Social Contract Theory，ISCT）（Donaldson and Dunfee，1994，1999）受到最广泛的认可。这一理论的提出旨在解决全球商业活动中的伦理冲突，认为企业是通过与所在社会建立的社会契约而得以合法存在，企业必须通过发挥特有的优势和使劣势最小化的方式增加消费者和员工的利益，进而增加社会福利，以换取企业的合法存在和繁荣兴旺。这就是企业生存和发展的道德基础。20 世纪 80 年代，美国商学院联合会（AACSB）对商学院学生的鉴定标准将"伦理道德的考虑因素"及"社会和政治影响"明确包含在内，作为所有商科学生都应该掌握的基本知识体系。此时的学术圈内，专注于商业伦理的学术团体、研讨会和期刊逐渐活跃起来，这一时期研究和探讨的主题主要包括利益牵连者分析、代理和社会契约论、伦理与美德、公司责任和社会政策、国际性商业经营的伦理规范。在这些理论研究的基础上，到 21 世纪初期，研究者开始注重发展商业伦理的分析方法和概念化模型，以处理日常企业政策、实践和操作程序所引发的伦理问题，并且探索因信息和商业技术发展而引起的新萌芽伦理道德问题。

如前文所述，我国目前对商业伦理的研究大多停留在理论分析阶段，实证研究较为缺乏。通过文献搜索，发现近年有一项行为学研究采用 DIT - 2 量表探讨了伦理道德发展对会计信息质量的影响（刘颖斐和郑丹妮，2016）。此外，有研究表明个体的人格特质与道德发展水平存在一定关系（Fang et al.，2017；Hoon et al.，2016；Prehn et al.，2015），可能会对个体的道德行为产生影响。除此之外，后天的教育背景，尤其是伦理教育背景被认为也是影响个体道德水平发展的一个重要因素（Clikeman and Henning，2000）。

此外，Bartels（1967）首次提出文化在商业伦理道德中有重要的影响作用。目前已有一系列研究对商业领域伦理道德进行了跨文化、跨国别的研究，这些研究基本都是采用问卷调查方式进行数据采集然后进行数学建模，主要考察不同文化背景下的商业管理人员的伦理道德态度。比如，Christie 等（2003）采用 Hofstede 价值观量表和自己设计的一套考察伦理态度的问卷，对 345 名来自不同国家（印度、韩国、美国）的 MBA 学生进行问卷调查，结果发现国别文化对商业领袖的伦理态度有显著影响。具体来说，所有国家的商业管理人员对原则性的伦理道德问题都有着较为一致的态度，但具体的伦理态度级别存在一定差异。印度和韩国商业管理人员的伦理态度更为接近，而美国的商业管理人员与他们有较为显著的差异。比如，对于虚假广告的态度，三个国家的管理人员都认为虚假广告是非常不道德的行为，但进一步统计发现，美国的管理人员对虚假广告的排斥度显著高于另外两个国家。此外，有加拿大学者考察了在校商学院学生中加拿大学生和中国学生的伦理判断水平差异，结果发现加拿大学生和中国学生对特定行为的总体社会期许态度一致，即不同国别的学生对某一行为是否符合社会期许的伦理行为判断一致，但加拿大学生则表现出更为明显的社会期许偏差（Dunn et al.，2017）。国内 2016 年的一项研究对中美商业伦理道德教育的效果进行了比较（冯晨昱，2016），研究发现尽管中美学生道德水平没有本质的差异，但是文化却是影响伦理决策的重要因素。

三、神经商业伦理的研究范式

在商业伦理研究中采用认知神经科学的方法是一种新的尝试。最大的难点在于既能真实测量出个体的主观道德认知水平，又能符合认知神经科学研究的规范与要求。目前，主要应用的研究范式有三种：问卷测量、道德判断决策任务、多任务多方法结合。

（一）问卷测量

目前，商业伦理的研究主要还是以问卷测量的研究方法为主，并且植根于一般的伦理道德发展理论。美国对商业伦理道德的研究开始于 20 世纪 70 年代左右。其中一个主要的研究问题是对企业管理者的道德水平进行测量。企业管理者被认为应该遵守绝对的伦理准则，良好的商业道德是一个成功企业的重要开端（Trevino，1986）。研究者认为，个体的道德认知发展水平很大程度上决定了一个人对伦理准则的判断和坚持程度。因此，了解企业管理者的道德发展水平，在一定程度上能够预测当他们在面临伦理判断的情形时会做出什么样的道德决策。科尔伯格的道德发展阶段理论是大多数商业伦理研究的理论基础。这一理论模型认为，道德判断作为道德行为的基础，可以区分出六个发展阶段，每一个阶段都比前一个阶段对伦理困境的回应更为适当。科尔伯格的六个道德发展阶段归属于三种水平：前习俗水平、习俗水平和后习俗水平。前习俗水平包括道德发展的第一阶段和第二阶段，主要表现为服从惩罚定向，避免惩罚，以及相对功利的利己主义定向。习俗水平包括道德发展的第三阶段和第四阶段，主要表现为寻求认可的人际和谐与一致及维护权威与社会秩序定向。后习俗水平是道德发展的第五阶段和第六阶段，属于道德水平最高的阶段，主要表现为服从社会契约定向和追求普遍的伦理原则、追求人的权利的公平和对等原则、尊重全人类每个人的尊严的原则。在这一理论基础上，研究者发展出相应的道德发展水平评测量表，其中应用最为广泛的是 Rest 等提出的确定问题测验量表（Defining Issues Test，DIT - 2），对伦理道德水平进行研究。迄今为止，问卷测量依然是商业伦理道德研究的主要研究方法。

西方国家已有一系列行为学研究采用 DIT - 2 量表对商业伦理道德问题进行

探讨（Desplaces et al.，2007；Forte，2004），沃顿商学院的研究中也采用 DIT - 2 量表对 MBA 群体的道德发展水平进行高低划分，并首次应用 fMRI 技术发现大脑奖赏网络的结构与功能和个体道德发展水平存在紧密相关（Fang et al.，2017；Hoon et al.，2016；Prehn et al.，2015）。亚洲国家也有少数研究采用 DIT - 2 问卷对商业伦理问题进行研究，如新加坡学者对商学院学生和企业管理者的道德发展水平进行了测量（Wimalasiri，Pavri and Jalil，1996）。

简言之，现有研究通过经典的道德发展水平相关的量表对个体的道德发展水平进行测试，并且收集其他相关信息，如人格特质、决策偏好、文化价值观等，考察影响个体道德发展水平的因素。Prehn（2015）采用 DIT - 2 及大五人格量表（NEO - PI - R）问卷大样本考察沃顿 MBA 群体的道德发展水平，发现 MBA 群体的道德发展水平存在显著的个体差异，同时发现大五人格中开放性与神经质两个人格特质与个体的道德发展水平呈显著相关关系。通过问卷测量的方式能够得到较大样本的数据，比较全面地收集相关信息。但是，这种研究方式要求问卷有较高的信效度和回收率，避免被试在猜测测试意图的情况下进行虚假作答，而无法测量出真实的道德水平。常用的问卷包括确定问题测验问卷、道德一致性量表、大五人格量表、Hostede 文化价值观量表、风险态度量表等。

（二）道德判断决策任务

对个体道德判断和决策的研究主要采用设置伦理道德场景的实验范式，考察个体在面临伦理困境时所表现的道德认知能力和决策偏好，以及外在环境变化对个体道德判断与决策的影响。Grolleau 等（2016）采用损失规避的决策实验范式考察被试在有监视和无监视条件下，通过撒谎来规避损失的行为表现。研究发现，在无监视情况下，个体存在更多的撒谎行为，而损失框架下的撒谎概率比盈利框架下的概率更高，说明个体的道德行为受到外界约束及利益驱动等影响。Shenhav 和 Greene（2010）在实验室环境下，利用道德困境考察被试的道德决策，利用 fMRI 成像技术发现，道德决策与经济决策均显著激活了腹内侧前叶皮质和腹侧纹状体，并推测道德决策同样受到风险水平的影响，即根据风险水平来权衡收益和损失。该研究表明，个体道德判断与大脑神经机制高度相关。该范式下的经典任务已经经过多次检验，学术界认可通过相应指标表征有关构念。

（三）多任务多方法结合

商业道德神经伦理学与其他社会认知神经学采用的研究方法基本一致，主要有三种：第一种方法是医学案例。这些案例记录了患有某种形式脑损伤的病人，而这些个体都表现出不同程度的反社会、不道德的行为模式，说明在严重的脑损伤之后，个体会失去一般的道德敏感性，初步证实了大脑功能与道德行为之间的关系（Anderson et al.，1999，2000；Hauser，2006）。第二种方法是通过行为学实验，被试完成一个或多个设计及伦理决策的任务，如识别一个道德问题或者进行一个道德判断，同时通过记录个体在完成任务过程中的电生理反应（如皮肤电导、血压、反应时间）等，考察伦理认知行为潜在的神经或生理机制。第三种方法是目前应用最为广泛的神经成像技术（Neuroimaging），通过扫描生成个体的大脑图像。通过这一方式，研究者可以观察到当个体进行思考和行为时的大脑活动模式的变化。尤其是随着各种功能性成像技术的发展，研究者可以确认特定大脑区域或者大脑网络的功能与特定认知行为之间的关系。这些技术包括但不限于正电子发射断层扫描、脑磁图、脑电、功能核磁共振成像、功能近红外光谱成像。

在上述神经科学技术中，无侵入性、高分辨率的功能核磁共振成像应用最为广泛，通过对 BOLD 信号在各个任务条件下的相对活动强度的记录，确定大脑激活的区域，从而进行各种认知行为的大脑功能区定位。神经伦理学的研究也常采用这一技术进行数据采集。例如，Greene 等（2001）利用 fMRI 技术考察个体在面临"电车轨道困境"这个经典的道德两难问题时的大脑活动模式。在这个道德两难困境问题中，个体面临两个选择：A）推下一个人阻止火车，拯救五个人；B）不主动推下一个人，但五个人会被火车撞死。通过对大脑激活模式的考察，研究结果显示，选择 B 选项的个体更多的是受情感因素的驱使，而选择 A 选项的个体则是基于更高级的推理和认知进行决策（Robertson et al.，2017）。除此之外，部分研究采用 TMS 及 tDCS 技术，通过刺激大脑特定区域，调节个体的伦理道德行为。例如，Knoch 等（2006）研究发现，用 TMS 刺激个体右侧背外侧前额叶区域会提升个体接受不公平待遇的概率（Knoch et al.，2006）。Young 等（2010）研究发现，对个体右侧颞顶联合区进行放电干扰，会影响个体在道德判断过程中对他人心理状态进行推理的能力，因为该区域正是推理他人心理状态的关键区域（Young et al.，2010）。由此可知，TMS 和 tDCS 技术在将来的成熟运用，将有助于进一步推动商业伦理研究的发展，通过对个体伦理道德判断的关键区域进行适当刺激，将有可能调节个体的道德判断行为，甚至对一些非道德行为会有一定的干预作用。

为了测量主观道德认知的客观生理基础，避免被试的虚假作答，得到更为纯粹的实验结果，可以采用多任务多方法结合的研究范式，提高研究结论的可信度、可重复性、科学性。Prehn 等（2007）、Jung 等（2016）和 Fang 等（2017）的一系列研究采用了多种研究方法考察沃顿 MBA 群体的道德发展水平、决策行为及大脑神经机制的关系。其中运用了道德水平测量问卷、心理学决策实验范式及多模态的 fMRI 神经技术。系统发现，个体的道德发展水平与大脑结构和功能都存在显著相关，其大脑神经机制与个体的风险偏好行为也存在密切联系。这一系列研究是商业伦理研究领域初步尝试多任务多方法结合的研究范式。

四、认知神经科学对于商业伦理领域研究的贡献

随着神经组织学的兴起，众多研究者纷纷呼吁通过神经科学来理解领导者伦理等组织现象，可以让学者在更广泛的概念和分析框架内研究问题（Robertson et al.，2017；Salvador and Folger，2009）。Waldman 等（2011）也强调，相比传统方法，神经科学可以提高测量的生态有效性。尽管研究者已清晰认识到神经科学对商业伦理研究的重要性，但实际上我们能查阅到的神经商业伦理学研究非常有限。

沃顿商学院 Robertson 教授率先运用神经成像技术来研究商业伦理问题。该团队进行了一系列的功能核磁共振研究，并一致地发现，与道德发展水平较低的 MBA 群体相比（前习俗水平＋习俗水平），道德发展水平达到后习俗水平的 MBA 群体，其大脑纹状体和腹内侧前额的灰质密度更高，在进行决策任务过程中，腹侧纹状体和腹内侧前额叶也表现出更为显著的激活。更为重要的是，这两个区域在静息态下的大脑血流与 DIT－2 的 N2score 评分呈显著正相关，也就是说个体的静息态大脑功能一定程度上可能预测个体的道德发展水平（Fang et al.，2017；Prehn et al.，2015）。这些研究首次发现了大脑结构和功能与个体道德发展水平之间可能存在的联系，为商业伦理研究提供了新的研究思路，从大脑神经机制的层面去揭开道德发展水平个体差异的内在规律，然而这也是目前仅有的尝试将神经科学与商业伦理结合起来的研究。相较于神经经济学、神经决策学、神经营销学这些交叉学科的蓬勃发展，神经商业伦理学研究仅是刚刚起步，还需要不断地推动促进和完善，这也正是本章的意义所在。

神经科学技术的应用使我们可以考察人类决策过程中更为内隐的意识层面（Burns and Bechara，2007）。在此基础上，研究者们越来越多地思考如何更好地应用神经科学技术来探讨伦理道德决策。比如，Haidt（2001）认为，人们对伦理事件的反应是瞬时并且出于直觉的，那么是否可以利用神经影像技术考察人们的内在意图？再比如，刻板印象被认为是一种自动化且无意识的加工（Greenwald and Banaji，1995），那么是否对刻板印象无意识加工的个体会比有意识加工的个体需要负更少的责任（Bowie，2009）？传统的研究方法都无法回答这些问题，但是神经科学技术给我们提供了更多的可能性来探讨这些问题。Parens 和 Johnston（2014）认为，脑成像结果可以帮助我们了解具体的个体在特定情境下做出某一道德行为或不道德行为的原因。

商业伦理研究中另外一个受到关注的话题是个体作为一个道德载体，如何处理加工企业的行为（Sepinwall，2016）。目前仅有部分社会认知神经科学研究考察了个体在指责他人时的大脑活动模式，却鲜有研究考察当企业违背伦理时，个体对企业进行谴责时大脑如何活动。Plitt 等（2015）的研究考察了个体在知觉和认知企业时的大脑活动模式，他们发现人们在对企业进行知觉时的大脑激活模式非常类似，仅仅有非常细微的情感性偏见。这一尝试性的研究对神经商业伦理研究领域的发展有着重要的启发意义。

五、神经商业伦理的研究展望

（一）未来研究方向

尽管研究者们认识到神经科学技术在考察个体内在心理认知过程中的重要作用，但技术仅仅是手段，最终需要回归到商业伦理的研究问题本身。这里我们尝试提出几个未来神经商业伦理的研究问题和方向：

1. 企业家商业伦理发展水平及其培育路径研究

企业领导人的伦理道德理念和发展水平对一个企业的社会责任感形成、企业伦理道德理念的形成有着根本性的作用。近年来，领导者的道德行为越来越受到重视，企业家也不断进行道德实践并避免丑闻。根据人—情境互动理论（Person –

Situation Interactionist Theory）（Mischel and Shoda，1999），企业家道德水平的表现应该既有个体因素的影响，也有情境因素的影响。针对外部情境因素，特别是商业实践中道德丑闻的泛滥，大量教育界学者都对促进大学商业伦理教育进行呼吁。全球许多商学院正在开展商业道德、社会责任和可持续发展的课程。据英国《金融时报》报道，全球前50强的MBA课程中，大多数都需要在MBA培养方案中涵盖一个或多个商业伦理主题。虽然也有学者考察了这类商业伦理课程对道德认知和道德推理的影响，但是采用严谨的研究方法来分析商业伦理课程对管理者心理结果和道德水平影响的研究还相对缺乏。Hannah等（2014）认为，社会特征和行业特征对于道德领导行为的出现和维持有着重要作用。也有研究发现，道德准则、道德氛围和道德文化能显著影响组织中的道德/非道德行为，组织中的一些约束力量能够减少非道德行为（Hannah et al.，2014）；而一些奖励措施则有利于道德行为的出现（Brown and Treviño，2006），这些都是约束力量的体现。Janoff-Bulman等（2009）认为，道德存在倡导性道德和禁止性道德两种基本形式。Noval和Stahl（2017）探讨了心境（Mood）对倡导性和禁止性道德的影响，结果发现不同效价的心境对两种情境下道德决策的影响是存在差异的。这说明倡导性和禁止性道德的内部机制可能是不同的。因此，我们需要从这两个不同角度出发来深入探析倡导性和禁止性道德的内部机制及其作用。

2. 人际互动与团队合作对企业伦理的影响研究

当个体处于群体中时，往往会有意约束自己的行为，遵循规则和伦理约束。未来的神经商业伦理研究应该多关注领导人与下属之间的互动，以及团队成员的协作对企业伦理的意义。Fairhurst等（2014）的磁共振研究通过虚拟搭档合作的任务考察了人际互动过程中个体的大脑活动模式（Fairhurst et al.，2014）。此外，Johnson等（2013）采用ERP技术考察了团队在进行伦理决策过程时的大脑神经活动，发现脑电活动水平与个体的领导力得分存在相关（Johnson et al.，2013）。这些研究对未来的神经商业伦理研究有重要的借鉴意义。

3. 个体商业伦理道德的神经调节与干预

神经科学研究的发展最终会从解释行为的神经机制逐步转变为大脑的调节干预与塑造。如我们在前文所述，目前越来越多的研究开始尝试采用TMS、tDCS技术对大脑特定区域进行无侵害短暂性的刺激（Damasio，2002；Knoch et al.，2006；Young et al.，2010）。这也可能成为未来神经商业伦理道德研究的一个重要发展方向。通过对特定脑区的刺激来调节和干预个体的道德理念，并纠正非道德理念。

（二）未来研究难点

神经商业伦理研究的发展使我们能够更客观、更精确地考察个体主观道德认知背后的生理规律和神经机制，从而打开认知"黑箱"，考察个体内隐的心理活动。尽管我们不否认神经科学技术对商业伦理研究的重要意义和作用，但也必须清晰认识到这一研究领域所面临的困难与挑战。

1. 道德认知与其他社会认知成分的分离

如前文所述，个体的道德认知和决策过程涉及情绪、自我认知、心理理论、共情、奖惩加工等多个复杂的社会认知成分。目前已有的神经伦理研究结果也证实道德任务所激活的脑区与这些社会认知成分的脑区存在众多重合区域。因此，我们是否能确定地认为某些脑区的活动就是负责道德加工的神经机制还有待于商榷。这需要在未来的研究中不断完善实验设计、问卷设计及更多地考察大脑结构与道德行为之间的关系。

2. 人际互动的脑成像技术应用

前文中我们提到人际互动和团队合作对企业伦理有着重要意义，在未来的神经商业伦理研究中应更多地去考察伦理情境下团队如何进行决策及考察内在大脑神经机制。但目前的脑成像技术主要是对个体的大脑活动进行监测，要完成这样的团队决策神经机制研究，不论是在研究成本还是技术手段上都存在较大的挑战。

3. 神经科学技术的伦理问题

在我们讨论伦理道德的神经机制的同时，我们必须认识到科学研究本身应该遵循的伦理问题。首先，神经科学研究必须确保被试个人信息安全和人身安全。除此之外，我们还必须考虑神经科学技术在不断考察个体行为背后的生理机制的同时，是否一定程度上触及了个人隐私问题。被试在伦理道德理念上的隐藏或者伪装有可能因为实验研究得到暴露，这样的暴露是否允许、是否符合科研伦理需要进一步讨论和验证。同时，随着科研技术的不断创新，TMS、tDCS 甚至其他人—机交互技术会得到越来越广泛的应用，在我们尝试塑造大脑调节行为的同时，一定程度上其实是改变了被试的行为。这类研究还需要严格的科研伦理指导和监督，以确保被试的隐私和利益受到绝对保护。

第六章 神经科学推动的管理决策领域研究

一、引言

风险决策是指在面临决策时，人们不能明确了解那些与决策相关的因素发生可能性，因此这些因素构成了决策的风险。简而言之，风险决策就是在不确定状态下，对两个或者两个以上的方案进行选择。从某种意义上来说，不确定性是风险决策的本质特征，同时，它还具有决策情境和决策方案多样化及决策概率可预测性等特点，即有两个或两个以上的情境条件及备选方案，决策者在可能的损失和收益间进行选择。虽然目前的研究对风险决策的定义并没有一个统一的标准，但我们可以总结有关风险决策的四个关键要素：①环境要素的不确定性；②备选方案的不唯一性；③损失与收益关系的模糊性；④客观信息与主观感受的不对等性。

长期以来，风险决策一直是经济学、管理学、心理学、神经科学等诸多学科领域的研究者所努力探索的主题。自19世纪开始，诸多经济学和管理学的决策理论都深思熟虑地将人的大脑看作一个"黑箱"，忽视大脑的细节及心理对个体经济行为的影响，并在此基础上形成了理性选择模型。但是，一系列经典的经济和管理理论难以很好地解释，所谓"异象"也在不断出现。

随着新的神经成像技术的出现，有关大脑活动的研究日益成熟，"黑箱"似乎已变成了"灰箱"。认知神经科学技术的应用可以帮助我们了解这些决策行为背后的"黑箱"，为探索理性和非理性行为的脑机制提供可能。神经科学的飞速发展催生了决策神经科学这样一个将神经科学与管理学和经济学等学科相互融合的新兴交叉领域。该领域的研究手段包括单细胞记录（Signle – cell Recording）、脑损伤病人测验、穿颅磁刺激及脑功能成像（Function Brain Imaging）。其中，脑功能成像是最常用的方法，包括正电子发射断层显像、功能磁共振成像、脑磁图和脑电图等。功能磁共振技术利用磁共振信号的血氧水平依赖性测量人脑各区域的活动；事件相关电位则是从脑电图中提取出与心理活动信息有关的成分。高空间分辨率的 fMRI 和高时间分辨率的 ERP 是神经经济学最常用的技术。

神经科学驱动下的风险决策研究是管理学、心理学、经济学和神经科学等学科相互融合形成的一个新兴的交叉学科领域，已有的研究成果展示了神经科学与管理学等社会科学结合的巨大优势。本章将从神经科学在风险决策领域的主要探索、开展风险决策研究的主要范式、神经科学对风险决策研究的主要贡献等几个方面来进行论述，并在本章的最后提出了风险决策的神经科学研究展望与挑战。

二、神经科学在风险决策领域的主要探索

（一）揭示奖赏效价的神经机制

大脑腹侧被盖区（Ventral Tegmental）和脑黑质体（Substantia Nigra）的多巴胺（Dopamine）神经元被认为是加工奖赏刺激的关键神经基础。当大脑接收到与奖赏有关的刺激时，多巴胺神经元就会进行放电，无论这个奖赏是否可预测。多巴胺神经通路主要投射于大脑的纹状体和前额叶区域。研究发现，对奖赏的探测和加工区域主要是位于腹侧纹状体而非背侧的尾状核（Caudate）及壳核（Putamen）。Khamassi 等（2008）在动物实验中发现，大鼠不仅在接收到预期奖赏信号后纹状体神经元发生放电，在决策行为结束时也同样发生放电。在这一发现及其他类似结果的基础上，van der Meer 和 Redish（2011）提出，纹状体不仅是形成强化学习的关键区域，同样也是对决策结果进行评估的重要区域。Samejima 等（2005）在对猴子进行 Q 算法学习的研究中也发现，纹状体神经元会对特定行为的预期价值进行编码。近期一项研究认为，大脑对预期结果和行为的相对价值的编码都发生在腹侧纹状体区域，而且与刺激发生的媒介无关。

此外，研究发现，位于眶额叶的神经元主要是选择性地对特定食物刺激或者厌恶的刺激进行反应。眶额叶神经元不仅对奖赏预期进行加工，同时会对决策行为的结果进行探测。早期研究还发现，眶额叶的神经元活动与奖赏的动机效价及可预测奖赏的刺激加工相关，当个体对奖赏感到满意后，神经元活动也会随之减弱。还有一系列神经成像研究考察了加工奖赏和惩罚信息的神经系统。其中，腹侧纹状体的内侧区域，也就是伏隔核（Nucleus Accumbens）与奖赏的预期相关，而内侧伏隔核区域的激活则涉及对奖赏及惩罚的预期加工。有关条件反射的研究发现，伏隔核和腹侧尾状核区域在操作性条件反射和经典条件反射任务下都表现出明显激活，而左侧伏隔核则在操作性条件反射任务下表现出更为强烈的激活。

杏仁核及脑岛也与风险决策过程中的奖赏加工有密切关系。研究发现，与眶额叶类似，杏仁核的激活程度同样会随着个体对奖赏的满意逐步减弱。杏仁核及前脑岛区域在预期或者呈现厌恶刺激时也会出现明显激活。此外，杏仁核不仅加工厌恶和恐惧刺激，同样也会对奖赏刺激进行加工。对厌恶刺激的规避也可看作奖赏的一种，内侧眶额叶在得到奖赏或者成功规避厌恶刺激后激活增强，相反，在没有得到奖励及接收厌恶刺激后激活降低。同样，腹侧纹状体与腹内侧前额叶在获得奖励后激活增强，在损失后激活减弱。这些结果在人类和动物实验中都得到了验证。

（二）揭示奖赏幅度、概率、延迟的神经机制

Schultz（2006）的综述文章证明多巴胺神经元会对奖赏的基本统计参数进行编码。纹状体的神经元主要对奖赏的幅度进行编码，同时当奖赏发生概率降低时，纹状体的神经元活动性会增强。此外，杏仁核的神经活动也会随着奖赏幅度的单调递增或递减发生变化。在经济选择过程中，眶额叶负责对所有备选项的价值进行编码。此外，中脑、丘脑等区域的活动也与决策过程中奖赏幅度有密切关系。有关奖赏概率的神经成像研究发现，背外侧额叶对小概率奖赏刺激反应较敏感，而腹侧额叶则对大概率奖赏刺激相对敏感。在对猴子进行概率匹配的任务中，发现外侧顶内区域（Lateral Intraparietal，LIP）的神经元会对目标奖赏发生的概率进行追踪加工。此外，研究证明 LIP 在知觉决策行为中有着重要作用，主要进行信息的整合。Dreher 等（2006）将风险决策过程分段考察发现，中脑区域在奖赏线索出现的阶段会暂时对较高概率的奖赏线索进行反应，在奖赏结果出现的阶段则会对较低概率的奖赏刺激进行反应，但是在奖赏的延迟阶段则会持续对

不确定的奖赏进行反应。额叶网络的激活则在奖赏线索及奖赏本身出现的阶段都会与奖赏的预期误差信号协同变化。而腹侧纹状体在奖赏预期的过程中激活程度会与最大奖赏值协同变化。Berns 和 Bell（2012）最近一项研究试图分离奖赏幅度和概率的神经机制，初步发现与奖赏幅度相关的区域主要是腹侧纹状体，而与概率相关的区域主要是背侧纹状体。

延迟是风险决策的另一要素，根据双曲衰减函数，奖赏的延迟会减弱多巴胺神经元对无条件刺激的反应。动物研究发现，在刺激和奖赏出现的延迟时间内，当猴子在学习不同概率的奖赏刺激时，风险较高的刺激会诱发多巴胺神经元增强的持续放电。另一研究发现，大鼠多巴胺系统神经元在编码奖赏预期误差时是基于奖赏幅度和延迟两个指标的。有关跨期选择的 fMRI 研究描述了选择即时奖赏与延迟奖赏的相关脑区。其中，腹侧纹状体及内侧眶额叶主要是加工即时奖赏的选择行为，而外侧前额叶和后侧顶叶则与延迟奖赏选择有关。Kable 等（2007）的研究认为，腹侧纹状体、内侧前额叶及后侧扣带回区域的激活主要是对延迟奖赏的主观价值进行评估。Tanaka 等（2004）的研究发现，脑岛和纹状体区域对不同时间点的预期奖赏呈梯度激活的趋势，腹侧和前侧区域主要对即时奖赏进行预期加工，而背侧及后侧区域则与延迟的奖赏预期有关。

神经生理学和神经成像研究对风险决策的基本要素进行了系统的考察，这些研究共同揭示了与决策行为相关的脑区，主要包括纹状体、前额叶网络、眶额叶、中脑、脑岛、杏仁核，形成了前额叶—边缘系统这样一个奖赏网络的神经通路，负责对奖赏的各个要素进行加工。

（三）揭示风险及模糊性的神经机制

在前文中，我们已经讨论了决策行为的不确定性，主要是决策的风险和模糊性。结果发生的概率可知时是风险决策，结果发生的概率未知时是模糊决策。在一项关于决策行为的大脑活动的元分析研究中，探讨了与风险性决策和模糊性决策相关的大脑区域，研究指出，眶额叶和前扣带回的 rostral 区域与风险性决策相关，前扣带回的背侧区域和背外侧前额叶则与模糊性决策加工相关。

前额叶区域是风险决策的关键区域，Xue 等（2009）研究发现，背内侧前额区域（dorsal MPFC）是另外一个与风险加工相关的重要区域。Huettel 等（2006）则报告外侧前额叶与模糊性决策加工有关。

此外，背侧纹状体对风险性决策的激活比模糊性决策更为敏感，而杏仁核和外侧眶额叶的激活则与决策结果的模糊水平呈正相关。顶叶区域同样参与风险决策的加工，有研究指出，顶叶后侧区域在金钱赌博的风险性决策中有显著激活，但其他研究则发现顶叶后侧区域对中级的模糊性线索比风险性线索反应更为敏感。Engelman 和 Tamir（2009）考察了个体风险态度与大脑活动的关系，结果显示，前/后扣带回、额上回、伏隔核等区域的活动与个体的风险水平相关。具体来讲，风险寻求的态度与额上回、额下回、内侧及背侧眶额叶的活动性相关，风险厌恶的态度则与伏隔核的激活相关。

三、风险决策的神经科学研究范式

前文我们总结了风险决策的相关研究。这些研究大多是实验室研究，为了更好地在实验中进行风险决策行为的研究，心理学和经济学研究者已经发展了不少认知任务模式。这部分将简单总结风险决策研究中常用的实验范式。

（一）爱荷华赌博任务（Iowa Gambling Task，IGT）

IGT 可以用来研究被试在面临真实金钱和虚拟货币奖赏时的决策行为特点。该任务首先是由 Bechara（2003）设计出来的，它最初是用来完成评定前额皮层腹正中损伤病人认知决策功能缺损特点的实验室任务。它通常包含 A、B、C、D 四副纸牌，其中两副牌（如 A、B）为亏损牌，这两副牌每次盈利和亏损的金额较大或者亏损的次数较多，保证总的亏损大于盈利；另外两副牌（如 C、D）为盈利牌，每次盈利和亏损的金额较小，保证总的盈利大于亏损。被试若从 A 牌中选牌，可获得100 元收益，如果连续选择 10 张 A 牌，则其中 5 张牌在获得 100 元收益的同时，会伴有 150～350 元不等的亏损，10 张牌总的亏损额为 1250 元，而此时的盈利为 1000 元，即净亏损为 250 元。对于 B 牌而言，每张牌的收益同 A 牌一样，也为 100 元，但不同于 A 牌的是，它每 10 张牌只有 1 次亏损的机会，亏损额为 1250 元，净亏损仍为 250 元。被试若从 C 牌中选牌，可获得 50 元的收益，同时会产生 25～75 元不等的亏损，每 10 张牌的盈利为 500 元，同时会亏损 250 元，因而其净收益为 250元。被试若从 D 牌中选牌，每张牌的收益同 C 牌相同，也为 50 元，但不同于 C 牌的是，每 10 张牌只有 1 次亏损的机会，亏损额为 250 元，此时的盈利为 500 元，因而净收益为 250 元。IGT 可以用来测量高冒险行为，或者是个体对将来所表现出的短视行为程度。诸多风险决策研究采用了 IGT 范式，这其中包括对健康人群的风险决策研究和临床病人的研究，如患有抑郁症、强迫症、冲动性紊乱、吸毒成瘾、大脑损伤及精神病患者、帕金森病患者和有生长缺陷人群等。

（二）延迟折扣任务（Delay Discounting Task，DDT）

DDT 范式从 20 世纪 50 年代开始就被用来测量人们的风险决策过程和反应延迟特性。延迟折扣任务主要是用定量分析的方法研究人类在不同的延迟时间下对延迟强化物的折扣速度及其两者之间的函数关系。在延迟折扣任务中，强化物本身的价值会随着强化时间的延迟成比例下降，这种函数关系源于行为经济学的延迟折扣模型，是研究跨期决策行为的经典实验范式。

在该任务中，要求被试在计算机屏幕上选择代表金钱奖励的卡片，左侧的卡片代表的是给予被试的即时奖赏，而右侧卡片代表的是一段时间延迟后给予被试的延迟奖赏，尽管实验中涉及的金钱是虚拟的，但要求被试将其想象为真实的金钱奖赏并完成实验任务。在实验过程中，要求被试在两个强化物间做出选择，选择一是即时支付但价值较小的选项（如现在给你 10 元）。选择二是延迟支付但价值较大的选项（如 6 个月后给你 1000 元）。通过改变即时奖赏强化物的值和延迟奖赏强化物的延迟时间，测定这两种不同强化物在特定延迟时间的无差异点（Indifference Point），即主观价值相等点。通常的范式是包含两种延迟强化物，如 10000 元和 1000 元。在 10000 元或 1000 元延迟强化物条件下，被试可获得的即时强化量在 10 ~ 10000 元或 1 ~ 1000 元中分设 30 个等级。每种强化条件的 SOA 共有 8 个水平，分别是 25 年、5 年、1 年、6 个月、2 个月、1 周、1 天和 6 小时，每种 SOA 条件都有 30 次选择。

基于延迟折扣的双曲线模型开展的冲动性行为研究中，要求被试在即时强化物和延迟强化物间进行选择，通过选择，可以求出被试的主观相等点，即他所认为的两个强化物近似相等的值。这个点代表延迟强化物在某个特定延迟时间上所能代表的主观价值。基于每个延迟奖赏时间的无差异点值可绘制出无差异曲线（Indifference Curve），该曲线说明延迟奖赏的主观价值随延迟奖赏时间的推迟而下降的情况，曲线的形状反映了个体对延迟强化物的折扣速度（即折扣率 k）。因此，其他被看作评价被试行为冲动性的核心指标。折扣率可以通过双曲线方程 $V = A/(1 + kD)$ 获得。其中，参数 V 是延迟奖赏的主观价值，即无差异点；A

是延迟奖赏值；D 是延迟奖赏的时间；k 是延迟折扣率（Delay Discount Rate），反映延迟折扣程度，k 值越高，说明强化物随着延迟折扣时间的增加，其主观价值越小，即其价值下降的速度越快。由于 k 值不是正态分布，因此在统计分析前需要做对数转换。

它可以用来测量人们关注当前利益而忽视长远利益的短视行为。此外，研究者还利用它来比较健康人群同吸烟人群、多动症患者和赌博成瘾、酒精依赖、吸毒成瘾、药物成瘾等群体的风险决策行为。

（三）仿真气球冒险任务（Balloon Analogue Risk Task，BART）

尽管 IGT 和 DDT 是常用的研究范式，但也存在一定的缺陷。它们测量的行为指标比较单一，与真实风险决策情境相比，其生态性不足，敏感性较差。IGT 和 DDT 测量的行为结果已经被研究证明与真实生活中的风险决策行为相关性较小，与自我报告法测量的风险偏好的聚合效度也比较低（Mitchell，1999），说明被试在这些任务中的行为表现并不能准确反映个体真实的风险决策行为特征。BART 是 Lejuez 等（2002）开发的一个仿真气球冒险任务。在 BART 中，被试可以通过按键吹气球，从而增加临时账户的收益。由于每个气球都设置了一个爆破点，如果被试持续吹气球至爆破点，其临时账户的收益即为零，表示当前气球盈利为零。为了避免吹爆气球，他可以随时按另一个特定键保存收益，并开始下一个气球任务。在吹气球的过程中，被试需要连续地决策是选择继续吹气球获取更多的收益还是停止吹气球保存收益。气球吹得越大，可能获得的收益越大，但气球被吹爆的风险也越高。因此，被试在实验任务中吹气球的平均次数、吹爆气球个数和面临正负反馈（前一个气球决策成功/失败）时当前气球被吹的平均次数等行为指标可以用来测量被试的风险偏好水平。

任务中气球爆破的概率受到吹气球可吹次数矩阵和结构的制约。程序通常将数字"1"设置为爆的参数，每吹一次气球，程序就会从这个矩阵中选择 1 个数，如果这个数是"1"，则气球会爆。例如，在某个特定的 BART 程序中，我们设置气球可以吹 128 次，表明这个矩阵包含 128 个数字。因此，气球吹第一次爆的概率是 1/128。如果此时气球没有爆，则气球吹第二次时爆的概率是 1/127，吹第三次时爆的概率是 1/126，直至吹到 127 次没有爆的前提下，则吹第 128 次时爆的概率是 1/1（即 100%）。按照这种算法，则气球的平均爆破点是 64 次。因此，在这种类似于现实的风险决策模型中，针对单个气球而言，被试在任务中会面临两种结果：①由于吹气球的次数过多并将气球吹爆，导致损失的增加。②适可而止，降低由过度吹气球带来的收益，随之带来的损失也会相应降低。例如，假设某个特定的 BART 中每吹 1 次气球可获得 5 分钱的收益，当吹第一次后获得的收益即为 5 分钱，当吹第二次时，可能损失的金额为 5 分，但此时盈利的概率约100%，持续吹到 60 次后，临时收益为 3 元，当吹第 61 次时，可能损失的金额为 3 元，此时盈利的概率约为 1.6%。这提示如果过度冒险通常会导致回报的降低及损失风险的增加。与其他冒险任务通常采用武断的风险设定（如 IGT 中人为设定四副纸牌输赢的概率不同）相比，BART 中的气球爆破的风险与现实中的风险更类似。同时，其他任务通常一次测试只涉及一次性决策，BART 则不同，它是一个动态的风险决策过程，更具有生态性。BART 测量的行为指标（如未爆气球的平均被吹次数）能够有效预测个体的感觉寻求和冲动性水平，并解释风险决策行为中的个体差异。在吸烟相关研究中，BART 的风险行为指标在吸烟和非吸烟者之间有显著差异（Lejuez et al.，2002）。对 BART 的重复测试也一致表明该任务的行为指标能稳定测量个体在风险偏好上的特性。因此，该任务在风险决策研究中得到了越来越广泛的应用。Rao 等与美国宾夕法尼亚大学的研究人员发展和改进了 BART 用于一系列 fMRI 研究，探索了个体主动参与决策对多巴胺网络在风险加工过程中的调节，以及帕金森病人服用多巴胺药物后诱发的冲动控制障碍（Impulse Control Disorders，ICD）的研究。最近的一项研究采用 BART 范式考察了被试前次决策对下次决策的影响，并对下次的选择做出预测的大脑活动模式。

四、神经科学对风险决策研究领域的主要贡献

（一）贡献一：进一步揭示和完善风险决策领域的诸多假设

传统的风险决策理论都认为人是理性的，人们在决策过程中都是在追求个人利益最大化，理性人最大限度地利用可以利用的信息并进行分析，以使自己的决策达到不确定条件下的最优。这个假设仅仅关注了人理性的一面，而忽视了人非理性的一面。神经科学家则借助于认知神经科学手段揭示了情绪等非理性因素如

何影响风险决策。譬如，Coricelli 等（2005）通过简单的轮盘赌博任务发现了海马体前部、背侧前扣带回及内侧前额叶在决策诱发的后悔情绪中的作用，这个发现为预期和体验情绪的能力对于人们做出适应性决策的重要性的假设提供了重要的实验证据。

（二）贡献二：对传统决策领域一些问题的重新诠释和补充

1. 个人偏好问题

传统的决策领域研究认为人的风险决策行为的始终都归结为人的偏好，认为人就是一种趋利避害的动物。但根据风险决策的神经科学研究，人的风险决策行为实际上是一种自我平衡的过程，人处在一种平衡稳定的状态，偏好或者喜欢和厌恶的感觉是个体原始稳定的状态偏离理想水平而产生的，人在选择中会试图恢复到平衡状态。神经科学研究同时揭示个人偏好不仅受传统决策研究所认为的个体所面临的社会环境等外部因素的影响，还受生理因素的影响。

2. 不确定条件下的风险选择问题

早期的风险决策理论认为，决策者在决策过程中谋求加权估价后形成的预期效用最大化。然而，预期效用理论却存在一定局限性，它无法揭示为什么人们痛恨损失的程度往往大于收益带来的喜悦程度、为什么会出现偏好反转等现象。2002 年诺贝尔奖获得者、心理学家卡尼曼的前景理论则很好地解释了这类现象，他认为大多数人对损失比获得更敏感，因为损失时的痛苦要大大超过获得时的快乐。基于神经科学的风险决策研究则为这一理论揭示提供了充分的证据支持。风险决策的神经科学研究发现，人们在做风险决策任务时会显著激活眶额皮层、腹内侧前额叶、前扣带回和杏仁核等区域。卡尼曼等认为，该研究及其他研究说明了人们存在两种风险决策模式——依赖经验和直觉的风险决策和需要更多认知努力和认知加工的决策，人们需要通过较多的认知努力才能更好地抑制情绪对决策的影响。

（三）贡献三：对传统风险决策研究方法的补充和创新

传统的管理学和经济学对风险决策的研究往往会把人的行为和选择设定在一个特定的范围中，再给定参数选择、动机成因和可行性约束，虽然这种方式能揭示很多行为，但实际的决策行为无法用一种单一、简单的模型来完全设定和揭示，并出现了很多"异象"和无法揭示的现象。而借助于认知神经科学的研究方法，通过实验和神经成像技术来测量决策过程中的大脑活动，发现个体决策行为的内在机理及其神经机制，可以使研究结论更加客观。

（四）贡献四：对主要风险决策流派的发展与融合

一方面，风险决策的神经科学研究主要是研究人脑如何对外界刺激做出反应，而这种反应又如何作用于人类的风险决策行为，它可以说是管理学、经济学、心理学和神经科学相互结合派生出来的产物。传统的风险决策研究是运用数理和行为量表来反映人们的风险决策行为。而决策的神经科学研究则是以大脑作为研究对象，观察大脑实际的活动来拓展传统的风险决策研究，对人们的选择、讨价还价和交换等神经活动过程进行更客观的量化。

另一方面，虽然风险决策的神经科学研究与传统的风险决策研究在方法学上有很大的不同，但研究的出发点是一致的，都是共同致力于人类的实际风险决策行为及其结果的揭示和分析，共同寻求人类风险决策行为的共性规律，试图为建立一个更为严密的风险决策理论体系提供支持。更重要的是，两者都力图对一定时期内存在的决策现象从各自不同的角度，按照不同的思维方法做出独立的并且更符合逻辑的解释。例如，风险决策的认知神经科学研究发现，人们进行远期的风险决策行为时，他们的决策行为更符合传统决策理论假定的"理性决策"过程，此时的决策行为更多地涉及大脑的前额叶皮层；但面对短期决策，比如一般消费活动时，非理性冲动因素发挥主导作用，它会左右人脑的决策，大脑的边缘系统在此时的作用会超过前额叶，此时的决策更倾向于满足即时需要。由此可见，只有将两者结合起来才能更好地解释和反映现实生活中的人类行为。

五、风险决策的神经科学研究展望

风险决策的神经科学研究作为正在被探索和发现的"新大陆"日渐改变着人们对管理学和经济学的看法。传统的管理学、经济学和相关社会科学多数是采用调查问卷和访谈等方式研究和预测人们的风险决策行为，这种方法的主要缺陷之一是主观性较强。而认知神经科学则可以通过探索大脑活动来捕捉人们的潜意识，挖掘大脑决策的非理性因素。风险决策的神经科学研究是对传统风险决策理论的有益补充，它将有助于解释许多传统理论无法解释的现象。当然，传统风险决策研究仍然存在很多亟待解决的问题，期待通过与神经科学的结合来解决这类问题，譬如：

（一）状态与效用函数是如何交互作用的

我们相信，效用函数是依赖于状态的。例如，我们在多大程度上珍视食物取决于我们有多饿。但是，这个事实或者这种情境对选择究竟有多重要？传统理论在谈到效用函数的状态依赖时，多半采取一种"大事化小，小事化无"的方式，并不十分重视这个问题。这种状态依赖到底采取何种形式？状态与主观价值之间的具体函数关系是怎样的？状态依赖性会不会是我们的选择行为中的不一致性的主要根源之一？是不是存在着某种补偿机制，可以限制状态对我们习得的商品和行动的价值的影响？所有这些都是有待于风险决策的神经科学研究回答的问题。

（二）用来表征金钱的"神经器官"是什么

金钱作为我们人类独有的一种货币流通过程中的媒介，在很大程度上促进了贸易和经济的发展。这也引起了诸多管理学、经济学、心理学和神经科学领域研究者的兴趣，并对此开展了大量研究。对于金钱开展的风险决策的神经科学研究便是其中的一个重要部分。我们现在已经拥有的一些证据表明，对食物奖赏等初级奖赏进行估价的神经回路，与对货币进行估价的神经回路之间至少一部分是不同的，既然如此，那么用于对货币进行估价的机制又是什么？直到今天，这个"神经器官"的算法结构和真正身份仍然是风险决策的神经科学研究面临的最大的谜团之一。

总之，风险决策的神经科学研究作为管理学、经济学、心理学和神经科学交叉与融合的一个新兴交叉学科领域，其兴起与发展已经证明它是我们理解人类决策行为的强大工具。虽然我们无法知道管理学、经济学、关于判断和决策的心理学、关于选择的神经生物学未来会发展成什么样子，但是毫无疑问，我们时时刻刻都能感受到神经科学在管理学发展中所发挥的重要作用。

第七章　神经科学推动的市场营销领域研究

一、引言

　　消费者的大脑迄今为止仍旧是一个尚未被完全研究透彻的器官，但是不可否认，近年来的神经认知科学已经取得了飞速的发展，尤其是眼动仪、皮肤电传导、脑电、脑磁图、脑成像等技术的飞速发展可以用来观测消费者受到厂商营销刺激时候的反应模式，并科学、定量地探究消费者行为内在机理。神经营销学集中研究微观个体对广告、品牌信息等的现实脑反应（马庆国和王小毅，2006a）。近年来，神经营销学已发展为营销学科中的五大前沿领域之一（Ladik，2008），学者们呈现出相当大的研究兴趣，形成了一批研究成果。

　　神经认知科学由于其追本溯源的优势，已经催生了众多的交叉学科（马庆国和王小毅，2006）。近年来产生的神经营销学便是神经认知科学与营销学相结合的产物（Plassmann et al.，2007；Plassmann，Ramsoy and Milosavljevic，2011）。最近神经科学的快速发展为营销学走向科学提供了非常有利的契机，神经认知科学已经可以把大脑对外界反应的投射做出科学、定量的标定，从而可以从全新的视角窥探消费行为背后的机理。神经营销学采用神经测度作为主要研究方法，直接探知外部刺激及个体态度与行为相关的大脑反应，从科学、定量的视角找出外界刺激和消费行为的影响关系，以及不同要素的影响强度、影响机理及交叉作用，从而实现营销学的终极追求——从解剖学层面建构营销决策模型（Plass-mann et al.，2015；盛峰和徐菁，2012）。

基于神经认知科学测度具备的科学性、准确性、丰富性和敏感性等特征（盛峰和徐菁，2012），营销学从依靠经验总结的概率性学科转化为可量化测量的精确性科学。神经营销学的出现，标志着营销学的发展开始步入营销科学的范畴，营销学者手中有了强有力的生命科学工具，从被动、模糊的行为测度转变为主动、定量的神经测度。这一研究范式的转变具有重大开创性意义，是营销学继20世纪开始运用实验来研究的"实验范式"，到引入经济学、数学、心理学从而产生的"模拟范式"之后第三次研究范式的改变和进步。

神经营销学借鉴神经科学的研究范式，通过对神经活动的测度，研究营销刺激与消费行为之间的关联，是营销研究的全新领域。传统被动、模糊的行为测度难以探知更深层次的心理机制，神经测度采用新的技术工具能更科学、定量地揭示消费行为的深层心理机制（盛峰和徐菁，2012）。神经营销学作为新兴的跨学科领域，学术上并没有一致的界定和分类。神经认知科学作为一种神经测量工具，涉及个体刺激反应过程的研究领域都可以使用，不同领域、不同出发点使用神经认知科学这门工具会产生不同的交叉学科。比如，行为经济学领域运用神经科学技术来确定与消费行为决策相关的神经机制产生新的交叉学科——神经经济学；营销学领域应用认知神经科学，通过研究人们在日常消费行为过程中种种行为的神经生理基础，从而在脑科学的层面解读营销对消费者行为影响背后的机制，并由此提出相应的营销措施和策略，产生新的交叉学科——神经营销学。但目前多被划分为神经经济学的一类研究——运用认知神经科学研究消费者决策，本书认为也应划入神经营销学范畴。因为根据本书对神经认知科学和其他学科交叉的分类逻辑，消费者决策属于营销学范畴，则采用认知神经科学研究消费者决策应该划分到神经营销学领域。

另外，从学术和实践的辩证视角看，神经营销学具有实践研究和学术研究齐头并进的特征，甚至实践研究比学术研究更为丰富。很多市场研究机构如尼尔森等，在其营销实践研究中大量运用认知神经科学工具研究企业在如概念、设计、测试、供应、支持、反馈到广告等活动方面对消费者行为的影响。但这类神经科学研究更偏向实践，以实际营销结果为导向，对消费行为的机理关注度和研究深度不够，对神经营销科学的理论发展贡献较小。

综合以上，本书认为神经营销学从领域上不仅包含传统上学者们形成共识的运用认知神经工具研究消费者行为的神经营销学，还包含被划分到神经经济学中运用神经认知工具研究消费者决策的部分；神经营销学从学术和实践的辩证视角看，既包含侧重认知机理研究的学术研究，也包含侧重实践、结果导向但机理研究不足的市场研究。

　　本章系统梳理了神经营销学领域目前的发展现状。第二部分总结了当前认知神经科学在营销领域的探索内容；第三部分归纳了神经营销学研究的三种主要研究范式；第四部分总结了神经营销学研究的五大贡献；第五部分提出了神经营销学的创新路径。

二、神经营销学的领域探索

　　认知神经科学作为新的测度工具，测度的是消费者在营销刺激下的信息加工带来的脑部反应，信息加工包含认知和情绪两个子系统。因此，本部分将从消费者行为决策信息加工中认知和情绪两个视角来总结神经营销学的理论进展，一是消费者认知的神经机制，二是消费者情绪的神经机制。

（一）消费者认知的神经机制

　　消费者对信息处理认知包括如下几个要素：①知觉；②注意；③学习；④记忆；⑤选择。

1. 知觉

　　知觉主要从产品信息、品牌识别的视角进行研究。消费者获取外部信息主要由感觉系统负责，包括视觉、听觉、味觉、嗅觉、触觉系统，其中消费者70%的信息获取主要通过视觉，大脑的视觉系统获取、处理信息的过程是视网膜一部分细胞将光信号转成电信号，然后向脑内的外膝体传递，再传递给视皮层，涉及两个视觉处理的皮层（Cortical）路线：背视觉通路（Dorsal Visual Pathway）和腹侧视觉通路（Ventral Visual Pathway）。背视觉通路主要是负责注意，从枕叶（Occipital Lobe）中的初级视觉皮层V1（Primary Visual Cortex V1）出发，通过后顶叶皮层（Posterior Parietal Cortex）到达背外侧前额叶皮层（dlPFC）；腹侧视觉通路主要与品牌识别有关，从初级视觉皮层出发，然后到达下颞叶皮层（Inferior

Temporal Cortex），再到腹侧 PFC（Ventrolateral PFC）。通过知觉系统，消费者能迅速做出品牌识别的决定，比如 Milosavljevic 等（2012）发现消费者在 313 毫秒内就能在两个食品品牌中做出偏好决策。

不同的知觉刺激回报作用通过内侧前额叶皮层（OFC）发生，比如味觉、嗅觉、体觉、听觉和视觉等。

2. 注意

选择性注意由自上而下的目标驱动加工和自下而上的刺激驱动加工两种加工机制作用形成（Yantis，2000）。在自上而下的目标驱动中，消费者在视觉搜索中是与靶刺激的基本特征进行比较和确认。比如 Junghöfer 等（2010）运用脑磁图的方法用 EPN（Early Posterior Negativity，早期后部负电位）发现，性别对不同的产品会引发不同的情绪，女性在看鞋及男性在看摩托车时，在 130～180 毫秒内，枕颞区会产生更强的活动，会产生选择性注意。EPN 代表了消费物品的信息处理中根据性别进行的二分分类。在自下而上的刺激驱动加工中，情境中无关刺激的视觉特征，比如更亮、对比明显的颜色、形状等低层次的成分或者脸、自己名字等高层次的成分也会影响选择性注意（Theeuwes，2010）。特别是进行网站搜索时，通常消费者的搜索速度很快，在每一页上停留时间也短，低层次的视觉特征需要更显著才能吸引消费者注意（Milosavljevic and Cerf，2008），但目前看来，自上而下的注意调控存在更重要的作用。

消费者需要整合内外部信息来驱动注意。在包装影响购买的情形下，Milosavljevic 等（2012）运用眼动仪的方法研究了视觉显著性偏差效应，研究发现，在食品决策中，越是快速决策，消费者认知负荷越高时，视觉显著性的食品，比如越亮的食品越容易被选择。除了视觉显著性偏差效应，还有位置偏差效应，货架的位置影响消费者选择注意，比如上部或者右部，中部及上面的货架相比于低的货架更能够获得消费者的注意。在广告里，消费者也存在选择性注意。Rosbergen、Pieters 和 Wedel（1997）发现消费者注意有三种模式：扫描式注意、初始注意和持续注意。扫描式注意中，眼睛注意标题和图片；初始注意中，眼睛注意标题、图片和品牌；持续注意中，眼睛注意标题、图片、品牌和文字。Pieters 和 Wedel（2004）发现，在捕获注意方面，广告中图像信息优于品牌和文字，文字字体越大越容易获得注意，而品牌要素在转移注意到其他要素上更有效。消费者的评价受到时间压力和任务导向的影响，时间压力下，更多关注文字信息，而不太关注图片信息；任务导向下，会更多关注图片信息，关注品牌信息更少

（Pieters and Warlop，1999）。消费者注意还受到预期和目标的影响。当消费者感觉到口渴时，更容易注意到饮料（Dijksterhuis and Aarts，2010）。目的不同，消费者注意广告的信息不同，当要求记忆广告时，消费者会花更多的时间阅读广告的文字、图片和品牌设计物；当被要求学习品牌时，消费者则花更多的时间在广告文字上，而更少注意广告图片（Pieters and Wedel，2007）。此外，在品牌延伸上，相对于可信的品牌延伸，消费者会在不太可信的品牌延伸上多注意200毫秒（Stewart，Pickering and Sturt，2004），因此运用眼动仪等技术在消费者注意领域可以帮助厂商识别货架摆放、网站设计、广告、品牌延伸效果，并制定合理的营销策略。

3. 学习

消费者一方面通过对品牌名称、产品、价格、广告及促销等外部刺激进行持续的学习获得联系，比如，Khushaba 等（2013）用 EEG 的功率谱和眼动仪研究消费者对咸饼干的偏好时，在额部（Frontal）的 F3、F4、FC5 和 FC6 的 Delta、Alpha、Belta，颞部（Temporal）的 T7 的 Alpha、Belta 和 Gamma，枕部（Occipital）的 O1 的 Thelta、Alpha 和 Belta 会有显著变化，而且，相对于饼干的形状，不同咸饼干的味道和配料是影响购买决策的重要因素。

另一方面，消费者通过奖励和惩罚学会反馈行为（Pessiglione et al.，2006），即通过奖励的预测偏差来调整与行为相关的价值。这是一种与前额皮层的认知控制体系相关的潜意识学习，它会激活大脑腹侧纹状体区域。

4. 记忆

消费者对品牌的选择还取决于消费者对之前产品或服务信息的记忆。这些经历印在脑海中，在受到适当的暗示时，会浮现出来并影响消费者的购买决策。记忆研究的就是消费者编码、存储、提取的过程，既包括外显记忆又包括内隐（潜意识）记忆（Plassmann et al.，2007）。消费者在购买决策中将综合运用外显和内隐记忆，同时，厂商所做的产品包装、品牌识别等外部营销刺激也将影响消费者的记忆。

外显记忆主要激活的是大脑的海马体区、内侧颞叶及背外侧前额皮层。Mc-Clure 等（2004）研究发现，消费者之所以相对于百事可乐更偏好可口可乐品牌，主要原因在于提取了记忆中品牌的信息，激活的是大脑的海马体区和背外侧前额皮层。Schaefer 等（2006）发现，如果消费者想象一个熟悉的品牌，相对于不熟悉的品牌，将激活大脑中的前额皮层中的额上回。Schaefer 等（2007a）研究发现，社会地位高的品牌会激活 MPFC，社会地位低的品牌会激活左额上回和 ACC。内隐记忆激活的是腹侧纹状体（Pessiglione 等，2008）。Klucharev、Smidts 和 Fernandez（2008）发现，专家在消费者记忆中会激活纹状体、海马体、背外侧前额皮层和海马旁皮层。

Rossiter 等（2001）用 EEG 方法研究发现，视觉信息从短期记忆到长期记忆是发生在大脑左半球区域，电视广告能否被快速记忆要看大脑左半球的反应速度。但是，Silberstein 等（2000）则发现是前后脑区的差异而不是左右半脑的差异。

最新关于模仿记忆的研究用 EEG 等方法研究了镜像神经元的作用。在两个广告中，一个广告只看到模特的脸，而另一个广告看到模特做了一个动作，即用手指碰自己的脸，这两个广告在脑电、面部肌电图及皮肤电传导方面均出现了显著差异（Ohme et al.，2009）。

5. 选择

消费者每天面临未来的选择，要在有限的资源中做出决策并获得相应的回报。不同类型的回报就产生了选择困境——是追求还是拒绝？不同类型的回报反映了不同的价值信号。比如，对奖励和惩罚的预期将会激活大脑纹状体区域（Knutson et al.，2001），在对不同类型产品、不同地位品牌预期价值和社会捐赠的选择中，vmPFC 和 dlPFC 会被激活。

预期价值选择是指消费者预期未来消费的享乐性体验（Gilbert and Wilson，2007），比如说预期会获得金钱回报或者会购买品牌而做的选择。Ballard 和 Knutson（2009）发现，预期奖励的大小和时间激活不同的大脑区域，未来的奖励大小激活的区域是伏隔核（NAcc）、近中前额皮层（MPFC）和后扣带皮层，未来获得奖励时间越快越激活背外侧前额皮层和后顶叶皮层。Knutson 等（2001）发现，对于奖励的预期将引起被试的快乐和伏隔核的激活，也就是说，伏隔核区域反映了预期的正面刺激。Ballard 和 Knutson（2009）采用 fMRI 研究了未来奖励的幅度和延迟在大脑神经活动上的差异，发现伏隔核、中央前额叶皮层和后扣带皮层的激活程度与未来奖励幅度正相关；背外侧前额叶皮层和后顶叶皮层的激活程度与未来奖励延迟负相关。该研究表明，中脑边缘多巴胺投射区域（Mesolimbic Dopamine Projection Regions）对未来奖励的幅度更有正向敏感性；侧皮层区域（Lateral Cortical Regions）对未来奖励的延迟更有负向敏感性。

品牌可以视作次级的回报机制。首先，研究者发现了在偏好判断中身体印记效应的神经机制——腹正中前额皮层。腹正中前额皮层负责处理预期回报，因此人们在做偏好判断时，这一结构将被有选择地激发（Paulus and Frank，2003）。McClure 等（2004）研究了两种偏好判断机制，当判断仅仅基于感觉信息时，腹正中前额皮层能预测人们的偏好，但是当判断加入品牌信息时，海马体、背外侧前额叶皮层和中脑会综合影响感觉的判断，导致偏好偏差。腹正中前额皮层受损的病人在盲测和给予品牌信息测试时都偏好百事可乐，不会出现"百事悖论"，但是正常人会展现出"百事悖论"，即在盲测时偏好百事可乐，但是在给予品牌信息测试时偏好可口可乐（Koenigs and Tranel，2008）。其次，不同的品牌联系会导致 vmPFC、ACC、PFC 和纹状体的变化（Erk et al.，2002；Schaefer and Rotte，2007a，2007b），当消费者想象开着一辆喜欢的品牌车，纹状体会被激活，这种激活与品牌的运动感和奢侈程度正相关，而与品牌理性选择的属性负相关。特别是当看到最喜欢的品牌时，背外侧前额叶皮层的活跃程度会降低，有可能说明感情降低了战略性推理。Erk 等（2002）则引入了社会地位这一属性，跑车吸引力相比于小车打分更高，更多地激活了纹状体、眶额叶皮层、前扣带回。Schaefer 和 Rotte（2007b）发现，不同社会地位的品牌激活的脑部区域存在差异，社会地位高的品牌会激活 MPFC，而社会地位低的品牌则激活左额上回和 ACC。有研究发现，忠诚的客户相比不忠诚的客户会激发纹状体、前扣带回、vmPFC。高价值的客户在出现产品品牌时，被认为是回报的信号，而低价值的客户则没有回报激活模式（Plassmann，Kenning and Ahlert，2007）。Ambler 等（2004）用 MEG 方法也发现熟悉的品牌会激活右顶叶皮层，说明之前的体验会影响消费者决策，而不太熟悉的品牌则会激活左额下回、右眶额皮层及右背外侧皮层。不熟悉的品牌更容易激活回报价值的认知处理。

购买选择是由消费者偏好和价格同时决定的（Prelec and Loewenstein，2007）。在消费者做出购买决策之前，产品偏好激活了伏隔核，而过高的价格激活了脑岛，降低了中央前额叶皮层的激活，两者激活了大脑的不同区域，这些不同区域共同作用，最后决定了消费者的购买决策。O'Doherty 和 Rangel（2007）研究发现，被试购买意愿（WTP）与内侧前额叶皮层和前额皮层正相关，当价格和产品技术特征分别呈现给被试时，被试大脑会有单边的反应，而将更多信息呈现给被试时，其背外侧前额叶的激活度更高，这一结果还受被试是否喜欢接受新信息的影响（Bruce et al.，2014）。前额皮层越厚的被试，越倾向于选择大块的食物，即使在金钱的诱惑下，这个倾向仍然显著，且和 BMI、年龄、性别无关

（Reimann，2018）。Knutson 等（2008）发现，被试更倾向于给他们拥有的物品赋予更多的心理价值。被试喜欢的物品，无论是买还是卖，伏隔核都会被激活；而相对于卖，被试在买低价格且喜欢的物品的时候，中央前额叶皮层会被更大程度地激活。

（二）消费者情绪的神经机制

消费者情绪的神经机制与消费者认知的神经机制存在差异（Plassmann，Ramsoy and Milosavljevic，2011；盛峰和徐菁，2013）。比如研究发现体验与预期选择激活的大脑区域不一样，当消费者预期享受美食时，会激活中脑多巴胺、后背侧杏仁核、纹状体与内侧前额叶皮层（O'Doherty et al.，2002），无论是期待获得金钱还是获得金钱，伏隔核和豆状核底杏仁核延伸部都会被激活（Breiter el al.，2001）。另一项研究发现，被试期待喝糖水和喝糖水时同样会激活眶额叶皮层，而期待喝糖水时激活的纹状体、后背杏仁核等则不会在喝糖水时被激活（O'Doherty et al.，2002）。有学者用 MEG 方法研究了认知（简单的事实）和情感（焦虑、幽默等）的广告的神经反应。研究发现，认知的广告会激发后顶叶区（Posterior Parietal）和前额叶皮层，而情感的广告则调节眶额皮层、杏仁核和脑干（Ioannides et al.，2000）。

从效价上分，消费者的情绪包括正面情绪和负面情绪。从 fMRI 的方法来看，主导情绪产生的杏仁核涉及对喜好（Canli et al.，2002）和厌恶刺激（Morris et al.，1996）的处理，比如脑区中内侧前额叶皮层和杏仁核与回报和惩罚相关，人们都是寻求奖励避免惩罚的（O'Doherty，2004）。腹正中前额皮层主要涉及情绪、情绪规制，特别是在品牌偏好中作为情绪记忆来判断喜恶。用 EEG 的方法研究发现，高兴主要是激活前颞区左边相关区域，厌恶则与前颞区前部右边区域相关（Davidson et al.，1990）。Kemp 等（2002）运用 EEG 的方法发现，广告中不高兴的印象将导致两侧前额幅度瞬态降低。最近，有部分学者开始用 FaceReader 分析网络情绪机制的预测效果。对 YouTube 上 16 个演讲者的 6 个基本表情，共计 25000 个视频片段进行分析，发现更多的非情绪表情（惊讶）而不是亲和力情绪的表情（快乐和难过）更能解释视频 8 个月后的人气；而非亲和力情绪的表情（生气、害怕）则对人气没有显著影响（Lewinski，2015）。

1. 正面情绪

Deppe 等（2005）发现，最喜欢的品牌会增加额上回和腹正中前额皮层活动，但是会降低背外侧前额叶皮层的活动，说明消费者在看最喜欢的品牌时，会降低战略性推理和判断。品牌信息存在非线性的赢者全赢的效应。一方面，降低了脑部工作记忆和推理区域如背外侧前额叶皮层、后顶叶、额枕皮层和左运动前区激活；另一方面，增加了情绪处理领域和自我反思区域如下楔前叶（Inferior Precuneus）、后扣带回、右侧额上回、右缘上回（Right Supramarginal Gyrus）、腹正中前额皮层的激活（Deppe et al.，2005）。前扣带回可以预测消费者对品牌信息（不同的框架信息）的敏感度（Deppe et al.，2007）。

2. 负面情绪

Kenning 等（2006）发现，没有吸引力的广告会激活前脑岛这一与负面情绪相关的区域，其回忆绩效比具有模糊的吸引力的广告更好。Gua 和 Han（2007）通过 fMRI 比较了被试观看割手的图片和卡通图片，要求被试数手指个数和判断疼痛强度，结果发现被试在观看割手的图片时，前侧扣带回、右脑岛被激活，激发了被试基于疼痛的共情，其中从上而下的注意机制起到了调节的作用。通过 fMRI 观察被电击的被试和目击至亲被电击的被试的脑部区域，发现目击他人被电击的被试双侧前脑岛和前扣带皮层被激活，但这些区域并不是人在感受到痛苦时候的全部痛苦区域，因此可将这些区域称为痛苦影响区域（Singer et al.，2004）。

当发现别人在自己关注的领域拥有更好的资源时，即外界信息与自身想法产生冲突时产生的嫉妒情绪会激活前侧扣带皮层；而当接收到比较对象发生不幸的消息时，感受到的冲突减弱产生幸灾乐祸的情绪，它会激活腹侧纹状体（Takahashi et al.，2009）。社会排斥会导致右腹侧前额叶皮层被激活，而前侧扣带回的激活对右腹侧前额叶皮层和社会隔离与否有中介作用，前侧扣带回的激活程度与被试表达的悲痛情绪成正比（Eisenberger，Lieberman and Williams，2003）。

三、神经营销学的研究范式

（一）营销情景实验任务研究范式

营销的重要性和普遍性毋庸置疑，将现实中的营销问题进行一定程度的抽象化，在实验室中模拟营销相关场景，应用认知神经科学的技术方法与仪器采集数据，通过认知神经科学指标测量，是神经营销学研究的第一类主流范式。

为了研究价格对与体验愉悦感相关的神经计算的影响，Plassmann 等（2008）使用 fMRI 扫描了品尝不同的葡萄酒和一种由人类唾液的主要离子成分组成的中性控制溶液的被试（n = 20）。实验选择葡萄酒作为刺激，因为使用电脑泵在扫描仪内操作相对容易，葡萄酒在大多数被试中会产生一种愉悦的味道，而且在质量和零售价上也有很大的差异。被试被告知他们抽样了五种不同的赤霞珠，实验的目的是研究品尝时间对感知风味的影响，不同的葡萄酒将根据其零售价格来识别。被试不知道的是，关键的操纵是只有三种不同的葡萄酒，其中两种（葡萄酒1 和 2）两次使用，一次是高价，另一次是低价。例如，一半时间葡萄酒2 的零售价是90 美元，一半时间是10 美元。因此，任务包括六种试验类型：5 美元葡萄酒（葡萄酒1）、10 美元葡萄酒（葡萄酒2）、35 美元葡萄酒（葡萄酒3）、45美元葡萄酒（葡萄酒1）、90 美元葡萄酒（葡萄酒2）和中性溶液。葡萄酒按随机顺序出现，同时出现价格提示。被试被要求在品尝期内关注葡萄酒的风味，并在每一次试验中输入口感愉悦程度或味觉强度等级。结果表明，提高葡萄酒的价格会提高被试汇报的口味愉悦感，也会提高被试眶额内侧皮质的血氧水平依赖性活动，该区域被公认为用来编码体验愉悦感。这表明，营销活动，例如改变产品的价格，可以影响所体验愉悦感的神经表征。该研究表明，营销活动能够调节体验愉悦感的神经相关物，解释了这种效应产生的机制。

Ma 等（2007）考察了特定品类中的品牌延伸至另一品类时的神经机制。每个被试依次面对两个品牌：饮料品牌名称（刺激1）和另一品类的产品名称（刺激2）。16 个被试被要求评价将刺激1 的品牌延伸到刺激2 的品类的恰当程度。根据刺激2 的品类，所有刺激组合被分为四种类别：饮料、零食、衣服、家电。如果产品来自饮料和零食类别，则称为"低冲突"；如果产品来自服装和家用电器类别，则称为"高冲突"。刺激包括300 组品牌名称（刺激1）—产品名称（刺激2），即15 个品牌名称和20 个产品名称。这些视觉刺激（黑色背景上的白色）通过计算机控制的视频监视器被呈现给每个被试。实验中对被试进行脑电连续记录。在电极应用之后，被试坐在一张舒适的沙发上，置于屏蔽的房间中，并被要求在离他眼睛1 米的计算机显示器中心固定一个点。被试需回答："你是否接受使用刺激1 品牌的刺激2 产品？"研究人员要求他们尽可能准确地评估刺激物，如果他们认为这个品牌可以扩展到这个品类，他们必须尽可能快地按下推垫的左边按钮；否则，他们必须按右按钮。每个参与者被指示在一半的试验中使用左手，另一半用右手。每一种情况都记录被试头皮上的负成分 N270，最大振幅出现在额叶区域。当被试面对的品牌品类（刺激1）和延伸品类（刺激2）冲突较大时，可观察到 N270 的振幅更大。这表明，N270 不仅可以由物理属性的冲突（品牌文字和产品名称的不同形状）引起，也可以由词汇内容的冲突引起。从市场营销的角度来看，N270 可以作为品牌延伸尝试的参考指标。

Tusche、Bode 和 Haynes（2010）提出设问：你站在一条交通拥挤的街道上，看着另一边的人。你认为你的大脑是否在暗自计算焦点之外经过的汽车的购买意愿？为了解决这个问题，该研究在两个实验组中用 fMRI 测量了大脑对消费品（汽车）的反应。第一组（高度关注）的参与者被指示密切关注产品并评价其吸引力。第二组（低度关注）的参与者从产品中转移注意力，他们的注意力被转移到其他地方。扫描后，参与者被要求表明他们购买每一种产品的意愿。在获取神经数据的过程中，参与者没有意识到他们此后会被要求做出选择。然后应用多变量解码来评估在两种情况下产品暴露时大脑中所编码的与选择相关的预测信息。在高度关注组和低度关注组，脑岛和内侧前额叶皮层的分布激活模式都能可靠地编码后续选择。重要的是，在低度关注组和高度关注组中，消费者的选择同样可以被很好地预测。这表明，对产品及其关联选择相关信息加工的神经评估不一定取决于对可获得信息的有意处理。研究结果表明，隐含的、自动的过程可能指导重要和复杂的决策。

微观经济理论认为，购买受到消费者偏好和价格这一组合的驱动。Knutson 等（2007）采用事件相关 fMRI 考察了人们如何权衡这些因素做出购买决策，确定不同的神经回路是否对产品偏好和过度价格做出反应，并探讨从这些区域提取的预期激活是否能够独立地预测随后的购买决定。被试在从事一项"保存财产或购买"任务时接受 fMRI 扫描。该任务包括一系列试验，时间结构相同，在这些试验中，被试可以购买产品。被试先看到带标签的产品（4秒），然后看到产品的价格（4秒），然后选择购买或不购买（通过选择随机显示在屏幕右边或左边的"是"或"否"）（4秒）；随后显示固定交叉符号（2秒），开始下一次试验。神经影像学证据表明，不同回路预测收益和损失。与此一致，在做出购买决策前，产品偏好激活了伏隔核，而过高价格提高了脑岛激活水平，但降低了中额叶皮质激活水平。在自我报告的变量之外，这些脑区的活动都能单独预测随后的购买决策。

神经成像技术可以很好地预测消费者对产品的偏好。Telpaz、Webb 和 Levy（2015）采用了三阶段实验程序，证明 EEG 神经测量可以预测消费产品的未来选择。在阶段 1，参与者收到研究程序描述，并熟悉 10 种消费产品。在阶段 2，参与者独自观察在阶段 1 中遇到的产品的图片，同时使用 EEG 测量神经活动，该阶段旨在获得每种产品的神经活动的独立测量。在阶段 3，向参与者呈现成对的消费产品，要求他们对 EEG 阶段看到的所有产品做出二选一的选择，然后根据偏好对产品进行排序。研究发现，从正中额叶电极上测量到的神经活动显示 N200 成分增加、与较偏好产品相关的 θ 带功率减弱，并且这些测量可以预测后续的选择。预测的准确性取决于 EEG 数据的序数和基数距离，两种产品的 EEG 活动差异越大，预测精度就越高。

神经经济学研究表明，大脑奖赏相关区域（尤其是眶额皮质和腹侧纹状体）的活动可以预测个体未来的购买决策，那么，一小群人的神经信号能否预测总体的购买决策？Berns 和 Moore（2012）考察了使用 fMRI 能否预测普通商品（音乐）的相对受欢迎程度。作者从 MySpace.com 网站下载了六种音乐类型各 20 首歌曲（每首歌曲剪辑其中的 15 秒），让 32 名青少年参与者选择最喜欢的三种类型聆听，同时使用 fMRI 来测量大脑反应。作者还统计了这些歌曲在 fMRI 扫描后三年内的销售，作为歌曲受欢迎程度的测量，然后将大脑反应与这些未来收益相关联。研究发现：腹侧纹状体内的活动与销售数量显著相关。研究结果表明，对商品的神经反应不仅可以预测实际被扫描的个体的购买决策，这种效应还可以推广到广大人群，并可用于预测文化的普及。

虽然人们已经发现了大脑活动与选择行为的联系，但现实中神经测量真的能成功预测营销行为吗？Boksem 和 Smidts（2015）使用商业发行的电影的广告（即电影预告片），获得了相应的陈述性偏好测量和神经测量（EEG），以探索他们对参与者的个人偏好和总人群中电影销售的洞察力。他们让参与者以随机顺序观看 18 部电影预告片，同时录制了他们的脑电图。每次试验都首先展示即将播放预告片的电影的 DVD 封面（6 秒），然后呈现空白屏幕 2.5 秒，之后再播放预告片（2.5~3 分钟）。观看预告片后，要求参与者表明他们对预告片电影的喜爱程度，以及他们对该电影 DVD 的支付意愿。这些问题是自定进度的，之后是空白屏幕，持续 2.5 秒，然后开始下一次试验。结果表明，在陈述性偏好指标以外，EEG 测量（β 和 γ 振荡）还提供了关于个体和群体范围偏好的独特信息，因此，原则上可以作为商业成功的神经标记。与只包含陈述性偏好度量的模型相比，添加神经测量指标可以显著提高选择行为模型的预测能力。

Yoon 等（2006）采用 fMRI 技术考察对产品和对人的语义判断时采用了类似的信息处理方式，对比了描述对产品和人的判断的神经相关物。参与者在接受扫描的同时判断一个特征形容词是否描述了目标提示。研究者给参与者呈现五种不同类型的目标提示项，同时带有一个形容词。关键处理条件相对应的五种判断是：①人—我（形容词描述的是你吗？）；②人—非我（形容词描述的是其他人吗？）；③品牌—我（形容词描述的品牌是与我相关的吗？）；④品牌—非我（形容词描述的品牌是与我无关的吗？）；⑤大小写（形容词是大写还是小写？）。大小写判断反映了一种相对较浅的处理形式，意义编码较少。研究发现：对人而言，内侧前额叶皮质区的激活程度较高；而对产品而言，与物品信息处理相关的左前额叶下皮质的激活程度较高。这表明，对产品和品牌的信息处理不同于对人的信息处理。

品牌定位是品牌在消费者心目中所占据的相对于竞争产品的位置，对管理决策具有重要的指导作用。Chen（2015）考察了品牌联想在人脑中的分布式表示。fMRI 研究的参与者在被动观察任务中接受扫描，该任务是要观察 44 个知名品牌的标识，这些品牌选自 Interbrand 的 100 个最佳全球品牌。扫描前，参与者被要求自由想象与品牌相关的特征。扫描完成后，参与者完成调查，填写有 42 个题项的品牌联想量表，并对 44 个品牌逐一评价熟悉度及偏好。研究发现，品牌个性特征可以通过一组广泛分布的大脑区域的加权活动来捕捉，这些脑区之前涉及推理、意象和情感处理。也就是说，与通过反思性过程构建的品牌个性特征相比，品牌个性特征似乎在消费者的头脑中是先验存在的，因此能够仅根据品牌个性联想与大脑活动之间的关系来预测一个人在想什么品牌。这些发现代表了神经科学方法在消费者研究中应用的一个重要进展，从集中于区分与营销刺激相关的大脑区域转移到测试和提炼消费者行为理论的核心概念。

熟练的广告商往往会让不同的消费者对其产品产生类似的感觉。Barnett 和 Cerf（2017）提出了一种测量神经数据的方法，评估经历相同广告的多个大脑之间的相似性程度，并证明这种相似性可以预测重要的营销结果。122 名参与者在该研究合作的商业剧院观看了预告片和电影，并在观看后填写书面调查；其中 58 名参与者还在观看过程中接受了神经和生理记录。参与者是传统的电影观众，他们从剧院常规放映时间表中选择一部之前没看过的电影，免费入场。参与者还获得免费饮料和爆米花，但在进行生理记录时不允许消费这些赠品。在收集神经和生理记录的每个场次（n=44）都记录座位相邻的两个参与者的数据。利用58名电影观众在商业影院的大脑活动，计算13部电影预告片中神经相似性、交叉脑相关（CBC）的相对水平。证据表明，CBC预测了电影预告片的未来自由回忆及相应电影的总体销售。

清晰有效地向消费者传达品牌形象对于建立品牌资产至关重要，其中的关键是要了解消费者如何形成、组织和获取与品牌的心理联想。Chan、Boksem和Smidts（2018）利用功能磁共振成像，通过可视化过程从消费者的大脑中提取品牌形象的知识。研究1将多种用户和使用情境作为剖析空间，使用一组自然图片，建立品牌形象的神经图谱，反映个体自我报告的品牌感知。研究2则发现，神经图谱与联合品牌的恰当性相关，可用来测量品牌形象强度。该研究对测量品牌形象的神经方法做出了概念性证明。

（二）行为学实验与神经科学实验相结合的研究范式

行为学实验与神经科学实验相结合的研究范式在神经营销研究领域已经得到普遍应用，是神经营销研究的第二类主流范式。

当观看广告时，消费者如何辨别真实信息和欺骗信息？Craig等（2012）使用了行为学研究和fMRI实验两项研究探索这种加工背后的认知机制，增进对该领域的了解。研究①为行为学实验，具有三重目的：①开发和检验实验刺激物；②证明暴露于欺骗性程度不同的广告将导致不同的行为结果；③提供证据，表明消费者会经历包括校正阶段在内的多阶段过程，为后续的神经影像分析和解释提供指导。研究②为fMRI实验，使用fMRI评估血氧水平，评估参与者接触到感知可信度不同的广告宣传时的神经活动。实验采用事件相关的设计，参与者需完成被动观察任务，通过反投影镜在位于扫描仪孔端的屏幕上看到实验刺激（15个目标广告），但不需对广告做任何明确反应。与行为学实验的研究发现一致，功能磁共振成像数据也反映了两阶段感知。在初始反应（前15秒）阶段，杏仁核和楔前叶观察到的活动模式类似于在对作弊者检测中观察到的期望违规模式。在后期处理阶段，上颞顶区和下颞顶区中的激活模式与广告的验证和评估一致。

自我控制对明智消费极为关键，Hedgcock、Vohs和Rao（2012）通过两项研究考察自我控制资源消耗的性质。研究表明，自我控制依赖于一系列有限的资源，这些资源可以通过使用来减少。最近的理论认为，自我控制有两个阶段：认识到控制的需要；实施受控的反应。研究1通过fMRI实验研究了消耗的神经相关性，帮助区分两阶段模型提出的三种可能结果。参与者或者执行一项使用自我控制资源的初始任务，或者执行一项不使用自我控制资源的类似任务。然后，他们执行后续选择任务，在此期间，使用行为测量和脑成像测量评估了自我控制资源消耗的潜在影响。研究结果提供了关于自我控制资源枯竭的神经相关性证据：相比参与者没有消耗时，当参与者消耗时，rMFG 不太活跃，这表明实施控制能力减弱；而血液流向 ACC（与冲突识别相关的大脑区域）没有发生变化，表明自我控制资源消耗并不影响人们识别长短期目标冲突的能力。研究 2 则通过行为学实验考察改善自我控制的机制。参与者首先执行资源消耗任务。参与者被告知要么专注于目标的实施，要么专注于选择的短期和长期后果冲突，要么没有提供指示。自我控制通过对健康和不健康食品的偏好来测量。参与者首先表明对健康和相对不健康零食和饮料的偏好，接着执行自我控制资源消耗任务，然后受到干预操纵：在"实施干预"条件下，参与者被指示"……注意您为实现健康目标而需要做的行为。请在下面写下这些行为的示例"；在"冲突干预"条件下，参与者被指示"……注意每个选项的直接欲望与未来健康后果之间的冲突。请在下面写下这个冲突的一个例子"；在"无干预"条件下，参与者未收到与目标相关的指令。随后，参与者再次表示相对健康和不健康的零食和饮料的偏好。研究发现，相比旨在改善冲突识别的干预措施和无干预措施，旨在改善控制实施的干预措施将更有助于自我控制。

消费者经常需要在多个品牌中做出非常快速的选择，这些品牌的奖励价值（如味道）和它们的视觉特性（如包装的颜色和亮度）都不同。由于刺激的视觉特性会影响视觉注意力，而注意力会影响选择，因此选择中可能会产生视觉显著性偏差。Milosavljevic 等（2012）利用视觉神经科学设计进行了三次真正的食物选择实验，以测量视觉显著性偏差的大小及其随决策速度和认知负荷的变化。实验 1 采用来自视觉心理物理学和神经科学的新型实验范例，考察消费者日常选择中的视觉显著性偏差，旨在定量考察视觉显著性的外生差异（如食物亮度）对日常食品选择的影响。参与者首先将 15 个零食食品排序来表明食物偏好，排名用来测量每个食品项目和参与者的主观价值；随后参与者在成对食物之间做 1050次选择。实验操纵变量为相对偏好和相对视觉显著性：偏好强度通过两个食品项目的喜好绝对差来测量；相对视觉显著性通过改变食品项目的相对局部亮度来操纵两种食物的视觉显著性，在每次试验中，将所有其他物品的亮度降低至 65%，同时保持突出物品的亮度在 100%，以产生视觉上的"弹出"。实验使用红外线

Eyelink1000 眼镜架从右眼以 1000Hz 获得凝视位置，当眼球运动开始并且从屏幕中心向左或右食物越过 2.2°的阈值时，确定左或右食物选择；响应时间测量为从刺激开始到响应开始的时间。实验 2 引入认知负荷，考察认知负荷下的视觉显著性偏差。除了增加认知负荷任务外，与前一个实验非常相似。在每次试验中，中央固定十字架的颜色变为红色或绿色。参与者被指示以 50 分开始每个试验块，并且每次交叉变为绿色时将分数加 1，并且每次变为红色时减 1。当视觉面具出现在屏幕上时，眼睛移动到首选项目的位置，做出选择。实验 3 研究认知负荷下视觉显著性偏差的外部有效性。在前两个神经科学实验中，参与者用眼球运动表明他们的选择，通过眼动技术测量；实验 3 采用行为学实验，将结果扩展到手部运动的情况，这是日常行为的另一种运动模态。该研究遵循与实验 2 相同的程序，但要求参与者通过按下键盘上的左或右箭头键来表示他们的选择。总体而言，研究结果表明，在快速决策下，视觉显著性而不是偏好会影响选择；视觉显著性偏差会随着认知负荷而增加；而且当个体在选项中没有强烈偏好时，视觉显著性偏差会特别强烈。

在有些市场中，消费者基本需求都已得到满足，设计和营销美观的产品就日益重要。Reimann 等（2010）设计了四个实验，考察包装设计的行为、神经和心理特性，解释了美学体验。实验 1a、1b 和实验 2 为行为学实验，实验 3 为神经科学实验。实验 1a 通过反应时间和选择来区分美观包装和标准化包装，通过在线任务进行。实验采用重复测量的被试间设计，有两个实验处理条件：在美观条件下呈现 80 个不同的产品包装，根据美观包装设计的重要视觉方面预先选择；在标准化条件下呈现另外 80 个产品包装，根据其功能和实用性预先选择。然后要求参与者将每张图片分类为美观或标准化。实验 1b 是较短版本的实验 1a，具有 80 个刺激（即 40 个美观包装和 40 个标准化包装，从实验 1a 中随机选择），采用被试内设计，被试来自大型私立大学的研究生班。实验 2 在大学实验室环境中进行，通过渲染视觉产品图像来分离包装设计和品牌，以便将包装设计与品牌和价格隔离开来。对 20 种不同的经常购买的杂货产品使用商业上可获得的图形设计软件，仔细替换了所有品牌相关信息。产品展示根据三个因素进行操纵：包装设计（美观 vs. 标准化）、品牌（知名 vs. 未知）、价格（高于平均水平 30% vs. 低于平均水平 30%）。采用被试内设计，每个参与者参加 160 个试验（20 个产品×2 种包装设计×2 种品牌×2 个价格）。实验 3 的目的是让参与者在美观与标准化刺激间做出决定的同时接受 fMRI 扫描。参与者经历了与实验 2 相同的实验任务，可以通过眼前的视频护目镜看到任务刺激，通过按下响应手柄上两个按钮中的一个来做出选择。总体而言，研究发现美观包装显著增加了消费者选择反应的反应时间；尽管价格较高，但与标准包装的知名品牌产品相比，更多人选择美观包装；根据 fMRI，它们导致伏隔核和腹内侧前额叶皮质的激活增加，奖励价值在美观产品体验中起着重要作用。

密切的消费者—品牌关系会产生消费者忠诚、积极口碑等行为结果。但是，这种亲密关系具有怎样的情感意义？Reimann 等（2012）通过三项实验研究消费者与他们心爱的品牌相关联的心理和神经生理机制，为品牌塑造提供了新的见解。实验 1 为行为学实验，检验当消费者—品牌密切关系发生在最近时，消费者对品牌的自我扩张是否更迅速；以及当消费者—品牌关系较持久时，品牌被纳入自我的程度是否更高。采用重复测量的被试间设计，实验包括两阶段，间隔 6 个月。第一阶段中，在关系条件下，要求参与者选择一个最近（一个月内）形成密切关系的品牌，有珍惜、期待、想得到、喜欢这个品牌的感觉。参与者用三分钟时间描写该品牌的产品类别（有形产品或无形服务）、使用频率（每天或每月）、最近形成这种关系的原因和方式。在中性条件下，参与者用三分钟时间描写一个没建立关系（完全中性感觉，既不喜欢也不讨厌）的品牌。第二阶段在 6 个月后，要求参与者再次描写这些品牌，进行品牌评价。结果表明，当品牌关系发生在最近时，自我报告的情绪唤醒更强，随着时间的推移，情绪唤醒减少，品牌被纳入自我的程度提高。实验 2 为神经科学实验，参与者观看品牌时，记录参与者的 SCR，这些品牌包括：①最近形成了密切关系的品牌；②建立了长期密切关系的品牌；③建立了长期中性关系的品牌。参与者需列出近一个月内建立密切关系的 8 个品牌（最近形成密切关系的品牌条件）、保持密切关系超过 6 个月的8 个品牌（长期密切关系的品牌条件），以及与自己没有关系、完全中性、既不喜欢也不讨厌的 8 个品牌（中性关系条件）。随后，所选择的 24 个品牌以伪随机顺序呈现给参与者。实验揭示，最近形成的密切关系增加情绪唤醒，但长期密切关系的品牌则不会，证实了基于自我报告的数据结果。实验 3 再次采用神经科学实验，考察长期密切品牌关系是否与脑岛激活增强相关联，解释将密切品牌纳入自我的神经生理学机制。实验采用重复测量的被试内设计，包括两个条件。在关系条件下，参与者列出长期保持密切关系的四个品牌，在中性条件下，他们列出与自己没有关系的四个品牌。随后，参与者完成品牌选择任务，任务包括 32 个试验，每个试验中，首先向参与者呈现品牌标识和名称，然后参与者在反应框中按"1"（或"2"）来选择品牌（或不选择）。接下来，再次确认选择或拒绝。使用 fMRI 检验品牌纳入效应，发现了长期密切品牌关系与脑岛激活之间的关联。

（三）多任务多方法结合的研究范式

多任务多方法结合的研究范式是神经营销领域研究的新发展。这方面突出的表现是将应用营销场景的行为学实验、神经科学方法、实地研究等方法相结合。以下几项研究是这一结合的典范。

价格在大多数购买中都是关键因素，但它可以在决策的不同阶段进行呈现。Karmarkar、Shiv 和 Knutson（2015）从神经和行为两方面考察了价格和产品信息对决策过程的顺序依赖效应。首先使用 fMRI 设备，让价格在产品展示之前或之后向参与者展示。参与者在进入扫描仪前首先获得 40 美元的现金补偿；这些资金可供他们在实验期间购买产品。进入扫描仪后，参与者参加了两轮任务，每轮包括 40 次试验，总共提供了 80 种产品。在价格优先试验期间，参与者首先看到价格（第 1 期），然后看到产品和价格一起（第 2 期），随后按下表示"是"或"否"的按钮做出决定（第 3 期）。在产品优先试验中，产品在第 1 阶段单独呈现，然后是产品和价格一起呈现（第 2 期）和决定期（第 3 期）。每一阶段持续4 秒，在每个试验之间出现一个固定交叉 2 秒钟。在退出扫描仪后，参与者完成了一项调查，在该调查中，他们查看了在主实验中使用的每种产品的图像和描述（没有价格信息），并在 1（"不喜欢"）到 7（"非常相似"）的范围内对每个产品进行了评分。在另一项调查中，参与者查看了每种产品的图片和描述及实际零售价（每次一种产品），并评价对每一项产品的支付意愿（WTP），按其相关零售价格的百分比进行评级。扫描后的 WTP 评分过程没有被单独激励。研究结果发现，早期接触价格或者说"价格优先"（Price Primacy）改变了估价的过程，可观察到做出购买决定之前的前额叶内侧皮层活动模式发生改变。具体来说，首先看到产品导致的评价与产品的吸引力或满意度密切相关，但首先看到价格似乎提升了与产品货币价值有关的总体评价。与这一框架相一致，作者指出，当产品价值很容易被识别时，"价格优先"可以增加对廉价产品的购买。这些结果表明，"价格优先"突出了对产品价值的考虑，从而影响了购买。

大量研究探索了基于营销的预期（如价格和品牌质量信念）是否会影响消费体验和后续行为，但几乎没有任何研究考察过营销安慰剂效应中的个体差异。根据神经科学文献对传统临床疼痛安慰剂效应的研究结果，Plassmann 和 Weber

（2015）提出了影响基于营销的预期对消费体验的行为和神经测量指标的三种调节变量。他们使用一种新的自动脑结构成像方法来确定个体差异，并将这种方法与传统的行为实验结合起来。实验①研究了葡萄酒价格如何影响体验效用的行为和神经测量。实验采用两因素被试内设计，指示价格（高＝90 美元和 45 美元；低＝10 美元和 5 美元）作为第一个因素，实际零售价（葡萄酒 1 ＝90 美元；葡萄酒 2 ＝5 美元）作为第二个因素。第三款葡萄酒起到了分散注意力的作用，指示零售价与实际零售价同为 35 美元。在实验中，20 名参与者相信，在他们的大脑进行 fMRI 扫描时，他们会消费 5 种不同零售价的不同葡萄酒（90 美元、45 美元、35 美元、10 美元和 5 美元）。然而，在现实中，他们只喝了三种不同的葡萄酒，其中两种是两套价格（葡萄酒 1：90 美元和 10 美元；葡萄酒 2：45 美元和 5 美元）。参与者在行为水平上表现出了价格对体验效用的显著影响（6 点 Likert 量表；1 ＝"根本不"，6 ＝"非常多"），更重要的是，在神经层面上也有这种效应。实验②类似于实验①，扩展包括两点：第一，实验 2 不使用不同实际零售价等级的葡萄酒，而是使用相同价格级别（€ 10 ~ € 13）的葡萄酒，并将葡萄酒随机分配到不同的指示价格条件（€ 3、€ 16 和 € 18）。第二，添加了一种条件，即参与者是像实验①中那样免费获得葡萄酒，还是必须支付葡萄酒费用。在实验②中，使用 12 名参与者的行为和结构神经影像学数据进行 VBM 分析，结果发现可以复制第一个实验中价格条件的行为效应，但实验没有发现支付条件的显著主效应或显著交互效应。实验③使用不同类型的产品标签而不是价格来产生对产品愉悦感的不同预期。更具体地说，在奶昔产品上应用不同类型的健康诉求，可以产生口味愉悦感的正向预期（"有机"）或负向预期（"清淡"）；还有一个中立的条件（"常规"）。换句话说，实验采用被试间设计，健康标签是香草奶昔或巧克力奶昔。共有 58 名参与者参加了这项实验。一组参与者（n ＝29）饮用相同的奶昔，但认为它们是有机或常规的；另一组（n ＝29）饮用相同的奶昔，但认为它们是清淡或常规的。在饮用的同时扫描其大脑。参与者展示了健康标签在行为层面上对体验效用的显著影响，更重要的是，这种效应也显示在神经层面上。研究结果表明，报酬追求高、体感意识低、认知需求高的消费者，对营销安慰剂效应的反应更强。

尽管大量研究调查了电视广告的广告诉求对消费者内部反应和行为的影响，但人们加工不同广告诉求的隐性心理过程是怎样的呢？Couwenberg 等（2018）探索了广告中功能性和体验性执行元素所引发的神经过程，并展示神经过程如何与消费者独立群体中的广告效果相关联。通过神经影像技术的新见解补充现有文献可能很有价值，可以为隐性心理过程提供更直接的见解。研究设计结合了来自三个独立样本的数据：①fMRI 神经焦点组，用于测量对电视广告的即时神经反应；②总体中的消费者大样本，评估每个商业广告的有效性；③广告专家样本，对每个商业广告的诉求进行评估。fMRI 研究考察了电视广告中功能性和体验性执行元素的神经反应：参与者被动地（即没有任何特定任务）以随机顺序观察所有商业广告四次（每次广告在一次运行中显示两次，总共两次运行），同时记录他们的大脑活动。广告被投射到 fMRI 扫描仪背面的屏幕上，参与者通过连接到头部线圈的镜子观察。参与者戴着耳机，能够听到每个商业广告的配音。在两次运行之间，参与者观看了一系列品牌食品的商业广告，这些广告不是当前实验感兴趣的。在总体人口大样本研究中，参与者被随机分配到在线调查中被动地观看 11 个商业广告。查看商业广告后，参与者有两个选项：一是点击产品网站以获取更多信息和购买产品，二是完成调查。根据公司的要求，该产品以折扣价格提供，以刺激产品网站上的整体购买行为。在决定是否点击之前，参与者被告知具体折扣。在专家研究中，专家评委以随机顺序查看所有商业广告，在查看每个商业广告后，填写专家判断量表，评估特定执行风格。研究结果表明，功能性和体验性执行元素涉及不同的大脑区域，与较低和较高级别的认知过程相关联，并且这些特定大脑区域被激活的程度与较高的广告效果相关联。

引发同理心在鼓励慈善捐赠方面发挥着重要作用。偶然的情境性线索能够促进同理心吗？Wang、Zhu 和 Handy（2016）设计了五项研究，采用行为学实验、神经科学实验、实地调研等相结合的方法，考察触觉（即粗糙度与平滑度）如何影响人们在随后不相关背景下的共情反应。研究 1 表明粗糙（相比光滑）的触觉感受提升了参与者的同理心。研究 2 通过直接测量大脑活动（即注意力）初步证明了暴露于触觉粗糙度会提高个体对他人不幸关注的潜在过程。研究 3 检验了触觉粗糙度通过对不幸的高度关注影响移情的完整模型。研究 4 探讨了边界条件，表明主效应只存在于不熟悉且不幸的目标对象。最后，研究 5 将实验室结果复制到现实世界的筹款活动中再次检验。总体而言，研究发现偶然暴露于粗糙（相比光滑）触觉感受会增加个体对不幸的其他人的关注，这种高度关注随后导致更强的共情反应。研究表明，微妙的语境线索对塑造重要行为具有重要作用，应制定干预策略以促进同理心和亲社会性的可能性。

四、认知神经科学对于营销学研究的贡献

神经营销学的研究从以理解大脑为中心发展到以理解消费者为中心，应用神经科学的工具与理论去更好地理解消费者决策及其相关过程。消费者决策、选择与行为的过往研究，通常依靠询问人们的想法、在各种控制情形中直接观察人们的行为或通过实证分析大型数据集间接观察人们的行为，无法揭示行为背后的深层次原因。神经营销学可以使用神经与生理方法拓展营销的现有研究，通过测量个体难以有意控制的相关生理信号和神经信号，建立消费者的心理过程、大脑功能与行为之间的联系，打开消费者决策、选择与行为的"黑箱"。

（一）识别营销活动相关行为的神经相关性

早期的神经营销学研究以理解大脑为中心，集中于识别营销相关行为的神经相关性（Neural Correlates）。研究者们对哪个脑区对产品或特定产品特色的偏好进行解码的问题给予了大量关注。Erk 等（2002）探讨了运动汽车和其他汽车（豪华轿车、小型汽车）的偏好，发现浏览吸引力较高的汽车图片会导致伏隔核和腹内侧前额叶皮层等中脑边缘脑区的活动增强。Knutson 等（2007）探讨了哪些脑区会产生与产品或价格判断等消费决策要素相关的活动，发现：伏隔核活动与浏览产品时对产品的喜爱程度相关，而内侧前额叶皮层与浏览产品和价格信息时对货币价值的感知相关。此外，当被试感觉价格和产品匹配为"抢钱"或低价值时，脑岛活动增强，表明它可能代表了与价格相关的消极情绪。Plassmann、O'Doherty 和 Rangel（2007，2010）使用行为经济学中采用的二级价格拍卖机制考察了哪些脑区为决策者支付意愿建立代码，发现：腹内侧前额叶皮层和背外侧前额叶皮层的活动为被试支付意愿编码。因此，神经营销学的早期研究在理解决策要素如何在大脑中建立代码方面迈出了必要的第一步，从而为神经科学方法如何用于未来研究奠定强有力的基础。

神经科学的方法也可以用来更好地理解个体差异，进而明确产生消费者行为异质性的来源。例如，Shiv、Carmon 和 Ariely（2005a，2005b）使用神经科学方法识别个体对疼痛安慰剂效应所产生的反应差异，疼痛安慰剂效应与理解营销活

动导致的消费者预期非常相关。Scott 等（2007）发现，在金钱决策任务中，与奖励相关的伏隔核区域激活程度可以预测被试对安慰剂效应产生的行为反应水平与神经反应水平。

基于此，运用神经科学方法还可以在营销研究中更好地验证有关个体差异的量表。例如，Dietvorst 等（2009）使用 fMRI 数据，结合调研和其他传统方法的结果，研究了与销售人员"思维理论"（Theory of Mind）能力相关的脑区神经活动的个体差异，在此基础上开发了销售人员人际辅导技能（Interpersonal Mentalizing Skill）的新量表。

（二）甄别决策信息加工的竞争性理论

神经营销学的近期发展则以理解消费者为中心，首先表现为甄别决策信息加工的竞争性理论。例如，营销研究发现，营销活动会导致消费者产生关于产品质量的预期，消费者随之改变选择（Lee，Frederick and Ariely，2006）或消费过程中对其他相同产品的喜爱（Allison and Uhl，1964）。这类效应可由下述三种机制进行解释：第一，社会合意性导致报告偏误；第二，动机性推理；第三，营销引发的预期确实改变了消费者对产品口味等特色的感知。Plassmann 等（2008）通过在被试消费带有不同价格标签的相同葡萄酒时扫描其大脑，检验了这些竞争性理论，发现：较高的价格提升了实际品尝体验，改变了消费者对产品质量的感知。

（三）确认决策背后机制的现有理论

神经科学方法能够提供证据支持或推翻营销中现有的心理学理论，神经数据也能够改善对这些理论所描述现象的理解。例如，品牌感知研究指出，品牌个性不仅具有与人类个性相似的部分，也具有品牌独有的显示性维度（Aaker，1997）。Yoon（2006）在一项 fMRI 研究中比较了品牌个性和人类个性这两类判断中相关的神经活动，考察对品牌个性的感知是否与人类个性相同。研究发现，对品牌和人的判断大多征用了分离的神经系统。这表明，尽管这两个构念表面上类似，但个体加工品牌信息和人类信息使用的是完全不同的机制。

（四）识别消费者决策的新过程

神经科学方法提供的新数据及其对信息过程的可视化和追踪能力也被用于识

别消费者心理学的新机制和模型。例如，Karmarkar、Shiv 和 Knutson（2015）的 fMRI 研究考察了价格信息的暴露时机如何影响消费者对产品价格的估计与购买决策行为。在看见产品之前还是之后了解价格信息，从性质上改变了被试的大脑对想要购买和不想购买的产品的反应方式。具体而言，内侧前额叶皮层活动模式的差异表明，先看到价格导致消费者的决策过程从"我喜欢它吗？"变为"它值这个价吗？"随后的行为学实验证明，先看到价格的情形提高了对产品功能价值的考虑，支持了这一新消费者理论。先看到价格也提高了消费者表达的支付意愿与购买决策之间的相关性，表明信息顺序的这一简单变化确实改变了估计价格的作用和总体决策过程。

（五）改善对消费者行为的预测

在决策模型中加入神经测量指标可以改善对营销相关行为的预测。例如，Knutson 等（2007）表明，决策前相关脑区的激活能够预测后续的选择。此后，运用神经科学方法，Berns 和 Moore（2012）使用一群独立被试群体对歌曲的神经反应数据来预测总体层面唱片销量的真实市场数据。Falk、Berkman 和 Lieberman（2012）使用观看戒烟热线各种推广活动的被试所产生的神经活动来预测戒烟热线的电话打入流量。在这些研究中，相比自我报告的指标，神经测量指标能更好地预测总体层面的数据。神经科学方法在现实世界中预测消费者选择的能力对营销决策具有重要意义。

五、神经营销学创新路径

当前，无论是国际还是国内，在神经营销学上都已经取得了一系列重要的发现。未来将考虑抓住研究范式创立的契机，从创新路径视角研究神经营销学，凝练出神经营销的理论与方法。

理论方面，神经营销学的一个理论创新路径在于如何基于消费者行为传统理论和新理论运用神经认识科学进行神经层面的科学定量解释，以往的消费者行为研究偏重于行为测度，对心理活动偏间接测量，运用神经科学的方法可以直接、科学地测量神经机制，从而进一步验证消费者行为理论（Plassmann et al.，

2015）；另一个理论创新路径是在神经认知科学工具的使用上，结合大数据分析及人工智能，使工具的使用更加准确、有效，目前这种趋势已经初露端倪，未来将会成为一个重要的研究方向（Lewinski, Uyl and Butler, 2014；Marci, 2008）。

实践方面，神经营销学实践研究应用已经比较丰富，厂商和市场研究机构通过神经认知科学技术识别有市场潜力的新品，通过概念、设计、测试、供应、支持、反馈到广告等市场营销流程从神经科学视角研究消费者行为，预测市场反应。这将有效提升营销的解释力和预测力等，也会推动企业的品牌化战略。各种大型消费企业如宝洁、联合利华、Delta 航空、通用汽车、Facebook、Google 等采用各种神经探测技术解读消费行为和发掘消费决策（Plassmann et al., 2007），这将逐步成为企业营销实践的新路径。但目前的神经营销学实践研究更偏重实践结果导向，对机理探究不够深入，未来可以加强机理探究深度，从而提高对营销实践指导的科学性、系统性。

第八章　神经科学推动的金融工程领域研究

一、引言

新古典主义经济学将人的大脑看作一个"黑箱"，提出"理性经济人"假设，并在此基础上建立理性选择模型，但却严重忽视了大脑的活动及心理因素对个体金融决策行为的影响。尽管主流金融学对诸多实际问题都做出了合理的解释，但是金融市场仍然存在诸多异象，对主流金融学理论提出了一定的挑战。20世纪80年代，行为金融学应运而生，以 Kahneman 和 Tversky（1979）的前景理论为代表，其借鉴大量心理学研究成果，用于个体金融决策行为的研究，指出人是有限理性的。然而行为金融只解释了人们是怎样进行投资决策的，却不能清楚说明人们为何如此行为及如此行为是怎样产生的。随着认知神经科学的技术和方法逐渐走进经济学、管理学等领域，并催生神经经济学、神经管理学等新兴交叉学科，金融领域也开始尝试从全新的视角研究金融决策的神经机制来探索金融行为背后的深层原因。Kuhnen 和 Knutson（2005）在 *Neuron* 杂志发表了有关金融风险决策的神经基础研究，这也是第一篇神经金融研究。神经金融学开始掀起金融学研究范式改变的波澜，逐渐进入研究者们的视线。

神经金融学是一门将金融学、神经科学、心理学相结合、交叉的新学科，作为神经经济学的一个新的分支，聚焦于金融市场相关问题研究，以揭示金融决策过程的微观生理基础。神经金融学并非站在传统金融学的对立面，相反它提供了记录某些在理性选择理论指导下不可观察的变量的可能性，一方面为传统金融理论所不能解释的异象提供生理学层面的解释，另一方面阐明金融市场参与者行为的生物学机制。神经金融学在行为金融学的基础上，深入挖掘大脑生理层面的客观数据，试图揭示大脑在做出复杂金融决策时的活动细节，以及大脑活动和个体金融决策之间的关系，由此建立一种更加准确与完善的现实决策模型。神经金融学正致力于建立现实金融市场和标准金融理论体系之间的桥梁，企图从基础的生理层面挖掘对决策有重要影响的生理学变量，继续补充完善传统金融学理论，为科学合理解释金融市场投资者行为提供更多的证据，为金融发展与监管提供新思路。

神经金融学近些年来发展迅速，众多学者投身于此领域，借助于交叉学科强大的创新能力，已经取得了不少成果，陆续在国际尖端杂志诸如 *Science*、*PNAS* 乃至金融领域顶级期刊 *Journal of Finance* 上发表文章。然而，人类行为的复杂性和异质性使神经金融学仍然需要漫长的努力去寻找、探索做出金融决策行为时大脑活动的内在机制和规律。

本章系统梳理了国际上神经金融领域目前的发展现状，特别回顾总结了近五年来神经金融系统的相关论文。本章第二部分概括了主要的认知神经科学工具与方法；第三部分总结了当前认知神经科学在金融领域的主要研究主题；第四部分归纳了神经金融四种主要研究范式；第五部分总结了神经金融研究的五大贡献；第六部分简述了当前国内的神经金融相关研究；第七部分得出本章结论，提出了神经金融领域的研究展望与当前研究局限性。

二、神经金融学研究工具

神经科学方面的设备和手段的迅速发展，大大激发了神经金融学研究者的兴趣，驱动其深入探究大脑内在机制及其与人们金融决策行为之间的关系。在神经金融学的发展中，技术的发展起到了重要作用，"新的工具定义了新的科学领域，并消除了旧有边界"。目前广泛应用于认知神经科学和心理学研究的研究工具主要可以分为三大类。

第一类成像技术主要是以脑细胞活动伴随的能量代谢的变化为基础，记录脑活动的磁感应变化。这一类的技术具有准确的空间分辨率，但是进行全脑扫描的速度较慢，时间分辨率较低，主要包括 MEG、PET、fMRI 和 fNIRS 技术。fMRI 技术是该类技术中最常用于神经金融相关研究的。神经细胞活化时会消耗氧气，而氧气要借助神经细胞附近的微血管以红血球中的血红素运送过来，故可通过 BOLD 来侦测脑中的反应区域。功能性核磁共振成像技术作为一种先进的研究手段也有一定的弊端，其不仅造影造价昂贵，仪器复杂，对被试的影响较大，而且检测过程中血液流动与神经区域被激活存在一定的时间滞后性。然而，其最大的优势是空间延展性强，能够记录整个大脑和各个细分层面的神经区域活动情况。fNIRS 技术是近年来新兴的一种非侵入式脑功能成像技术。fNIRS 进行脑功能成像的原理与 fMRI 相似，主要利用脑组织中的氧合血红蛋白和脱氧血红蛋白对 600 ~ 900nm 不同波长的近红外光吸收率的差异特性，来实时、直接检测大脑皮层的血液动力学活动，通过神经血管耦合规律反推大脑的神经活动情况。相对于 fMRI，fNIRS 的优点是造价较低、便携性好、无噪声和无创性。

第二类技术是记录脑电压在时间维度变化的测量技术，是对脑细胞生理活动的反映。这类技术有理想的时间分辨率，但是由于受到颅骨、头皮的阻抗影响，空间分辨率较第一类低，主要包括 EEG 和 ERP。EEG 是最早引入神经经济学研究的一种技术，通过平均叠加技术从头颅表面记录大脑诱发电位来反映认知过程中大脑的神经电生理改变。EEG 的优点是可以实时直接监视大脑神经的活动，且便于携带，方便实地检测，造价成本相对低廉，可以支持较大范围和规模的实验。然而，由于它只记录头皮两点的电位差，因而它只能探测到大脑表层的部分活动。

第三类技术称为神经调节技术，通过精确刺激靶点脑区或者神经系统区域的方法，改变靶点区域神经兴奋性，主要包括 tDCS 和 TMS。TMS 主要利用磁信号无衰减地透过颅骨而刺激到大脑神经，高频（＞1Hz）磁信号主要起兴奋的作用，低频（≤1Hz）磁信号则起抑制的作用。而 tDCS 是利用恒定、低强度直流电（1 ~ 2mA）调节大脑皮层神经元活动，阳极刺激通常能增强刺激部位神经元的兴奋性，阴极刺激则降低，伪刺激多作为一种对照刺激。

目前的神经金融学研究主要还是集中于上述三类主要技术工具，除此之外，还有诸如眼动、心动、心率、呼吸、皮电、血容量、荷尔蒙水平等辅助的技术设备，广泛应用于认知神经科学和心理学相关研究。

三、神经金融学的主要研究主题

神经科学方法在金融学的应用是充满创新性和突破性的。从目前的研究看，神经金融学的研究主题主要包括以下三个方面：①传统金融理论中金融决策的神经基础；②行为金融理论的神经机理检验；③情绪影响金融决策的神经基础。

（一）传统金融理论中金融决策的神经基础

1944 年，冯·诺依曼和摩根斯坦提出的期望效用理论建立了不确定条件下决策问题的分析范式，随后 1950 年马科维茨投资组合理论、有效市场理论等的诞生，共同刻画了传统金融体系背景下投资者的生动形象，拥有完全信息的理性投资者的决策准则是最大化（期望）效用。随着神经科学对经济学和金融学的不断渗透交叉，探寻投资者是否如传统金融理论假设一般进行金融决策的神经层面证据自然成为神经金融学的研究领域。

1. 期望效用

传统金融理论中的最大化期望效用是由（期望）收益、风险（收益的方差）和概率得出的。较早的神经金融学研究聚焦于人类大脑对于（期望）收益、风险（收益的方差）和概率是如何反应的。Preuschoff 等（2006）使用了一个简单的赌局任务，区分了金融决策中期望收益的数量和概率的神经基础差异。实验开始时将从桌上 10 张分别标有 1~10 数字的卡牌中抽取两张，在不知道两张卡牌上数字的情况下，被试需要下注 1 美元，选择"第二张牌数字更大"或是"第二张牌数字更小"，然后才被依次告知两张牌上的数字。如果被试猜对了，则可以获得 1 美元，否则就损失 1 美元。实验中的期望收益是期望收益数量和概率的线性函数，而风险则是收益的方差。fMRI 的结果发现了在被试进行风险和期望收益评估时皮层下多巴胺受体区域活动在时间和空间上的显著差别。有关期望收益的脑区主要是壳核和腹侧纹状体，且这些脑区的激活是即时的，而风险相关的脑区主要包括腹侧纹状体和丘脑下核，但脑区的激活却是延时的。Knutson 等（2003）运用货币激励延迟任务（Monetary Incentive Delay Task），发现腹侧纹状体与回报预期相关，而内侧前额叶皮质则与实现的回报结果密切相关。此后，其他的金融统计量如风险（收益的方差）和偏度（不对称的收益分布）也出现在神经金融的研究中。Wu 等（2011）发现，腹侧纹状体的活动与被试对收益偏度为正的赌局的偏好相关，而前脑岛的活动与被试对收益偏度为负的赌局的规避相关。

2. 不确定性（风险 vs. 模糊性）

现实中的金融行为经常涉及不确定条件下的决策问题，投资者要选择何时买卖哪只股票，但股票价格却不可预测，公司 CEO 要决定投资哪个项目，但项目的回报率却并不确定。Knight（1921）区分了两种不同类型的不确定性，即状态分布概率已知的"风险"和状态分布概率未知的"模糊性"。关于风险决策和模糊性决策的区别最早始于 Ellsberg（1961）的文章，Ellsberg 要求被试在明确知道概率的情境和不知道概率的情境两者之间进行选择，发现被试严格偏好于已知概率的决策问题。这一研究结果违背了 Savage 公理，否认了主观概率的存在性，被后人称为 Ellsberg 悖论。近些年来，神经科学领域的新兴技术的发展为不确定性下的金融决策行为的神经基础研究提供必要的手段，研究者们发现大脑中可能存在一个神经回路或者大脑的某一特定区域决定了不确定条件下人们的决策行为。Hsu 等（2005）建立了牌局赌局、常识赌局和信息知晓者对手赌局三个场景，利用 fMRI 研究风险决策和模糊决策下的脑成像的不同特征，发现"模糊性"条件下人们的决策行为和眶额叶皮质有关。他们的研究从行为学和神经科学的双重层面上表明风险决策和模糊性决策之间存在显著的不同。Huettel 等（2006）发现，被试的模糊性偏好也受到前额叶皮质区域的影响，值得一提的是，研究还发现这一区域与行为冲动性有关，为前额叶皮质为何会影响模糊性偏好提供了可能的解释机制。Knoch 等（2006）使用与 tDCS 相类似的 TMS 刺激右侧背外侧前额叶皮质，发现接受这一刺激的被试和没有接受刺激的被试相比，表现出显著的风险寻求的行为特征。Yang 等（2018）也使用 tDCS 对背外侧前额叶进行刺激，发现刺激可以通过改变被试的风险态度来影响其价格搜寻行为。

（二）行为金融理论的神经机理检验

传统金融理论背景下的神经实验研究结果再次确认了一个事实：即使投资者能够评估风险和收益、计算期望效用，他们的决策依然并非完全理性。行为金融理论的发展在一定程度上挑战了传统金融理论，并对传统金融理论不能解释的金融市场异象提出了合理的解释。在已有实证和实验证据检验相应行为金融理论的基础上，进一步从人们决策的基础生理层面解释非理性行为。

1. 前景理论

前景理论是指人们对结果的评价是相对于自身的一个参考点的，同时相同数量的损失带来的痛苦比相同数量的收益带来的快乐更多。De Martino 等（2009）的研究将参考点无关的价值计算的相关脑区与参考点依赖的价值计算的相关脑区分离开来。实验中使用了 fMRI 技术，买卖彩票任务结果表明眶额叶皮质和背外侧纹状体的活动随彩票期望价值的变化而变化，视为参考点无关的脑区，而腹侧纹状体的活动和彩票价格密切相关，视为参考点依赖的脑区。Hsu 等（2009）对人们进行风险决策时总是高估不可能事件发生的概率、低估几乎确定事件发生的概率这一现象的神经基础进行了实验研究。研究发现，对期望收益的纹状体的神经反应是概率的非线性函数，即人们在决策时高估了低概率而低估了高概率。

2. 短视损失厌恶

Shiv 等（2005）通过研究情绪障碍的投资者是否对短视损失厌恶更加敏感来检验短视损失厌恶的存在。实验结果表明，因杏仁核或者眶额叶皮质受损而存在情绪障碍的投资者相较于健康被试更愿意承担风险，投资也更加频繁，并获得更高的收益，此外他们在面对既往损失时也未表现出风险厌恶水平的增长。De Martino 等（2010）借助 fMRI 研究损失厌恶的神经基础，发现双侧和单侧杏仁核受损的被试在赌局实验中都不存在损失厌恶情况，由此证明杏仁核在人们损失厌恶现象中起到了重要作用。

3. 框架效应与处置效应

De Martino 等（2006）设计了收益框架和损失框架下的赌局实验，在收益框架下，确定收益的选项被描述为“你拥有……”，而在损失框架下，确定收益的选项被描述为“你损失……”。研究结果表明，被试对于框架是敏感的，当实验框架描述为收益时，被试是风险厌恶的，并更倾向于选择确定收益选项，反之被试变得风险寻求。相对应的 fMRI 数据分析发现，在收益框架下，杏仁核被显著激活了。Frydman 等（2014）检验了卖方处置效应的神经机制，其中处置效应是指投资者在处置股票时，倾向于卖出盈利的股票并继续持有损失的股票。作者发现当被试卖出盈利的股票时，腹侧纹状体的活动变强了。

4. 羊群行为

羊群行为原意是指牛、羊等动物成群行动的现象，后来被引申来描述人类社会现象，指与大多数人一样思考、感觉、行动，与大多数人保持一致，也称从众行为、群体行为。金融市场中羊群行为指投资者有意模仿、跟从他人进行决策，而忽略了自有信息的行为。Burke 等（2010）的实验中，被试可以观察到股票收益的均值方差数据及他人的买入股票决策，此后决定买入或拒绝买入该股票，发现仅在观察到的其他决策来自人的情况下，腹侧纹状体活动与被试羊群行为（跟随他人买入决策而买入）程度密切相关。Baddeley 等（2012）用相同的实验研究了被试发生羊群行为时的神经活动与个人特征之间的关系，结果表明个人特征的差异与被试发生羊群行为时杏仁核的活动之间存在强相关关系。此外，羊群行为的神经科学研究还出现在个人对个人借贷决策、投资收益估计中。

5. 金融泡沫

金融泡沫是指金融资产价格在经历连续上涨之后，市场价格高于实际价值的现象，具体的表现形式为资产价格偏离基本价值急剧上升，继而回落。金融泡沫一直是金融领域研究的热点，也备受神经金融领域的关注。De Martino 等（2013）设计了一个资产价格明显高于基础价值的泡沫市场，发现经由背外侧前额叶皮质处理的社会信号会影响腹内侧前额叶皮质对价值的计算，从而提高被试想要"跑赢"金融泡沫的倾向，进而赔钱。Ogawa 等（2014）在实验室环境中让被试交易两只没有泡沫的股票和一只存在泡沫的股票，研究泡沫过程中被试交易时的神经活动。实验发现，仅在股票价格大幅偏离基础价值时，运动前区皮质被激活，背外侧前额叶和顶叶小叶的联系也最为明显。

（三）情绪影响金融决策的神经基础

情绪会影响人们的金融决策行为，但由于情绪很难被定量测量，传统金融学实验研究难以将其纳入考虑范围。行为金融学一直将情绪作为影响人们决策的重要变量，尽管其借鉴了众多心理学研究的成果以期更合理地度量个人情绪，但是依旧停滞于情绪的主观衡量，缺乏个人客观数据的支撑。神经金融的研究工具可以将个人的生理、神经活动数据和个人的情绪状态紧密联系起来，以此作为情绪的定量测量方式，在很大程度上开拓了情绪相关的金融决策研究领域。

1. 后悔

后悔理论认为，当决策者发现其他可选择的结果优于自己选择的结果时，会产生后悔情绪。后悔往往会导致更加谨慎的选择，如果被试预期到某种决策会导致将来的后悔，他们就会避免选择这些选项以使自己的后悔最小化。神经科学研究证实了后悔情绪影响决策的理论假设，眶额叶皮层、背侧扣带前回、内侧前额叶及海马体前部等均会在被试体验到后悔情绪时被激活。Frydman 和 Camerer（2016）通过神经金融学实验检验了后悔情绪对个人投资者回购行为的影响，从后悔理论的角度解释了回购效应。回购效应（Repurchase Effect）是指相比于在股票卖出后价格下降时买回该股票，投资者更不可能在同一股票卖出后价格上涨时买回该股票。在实验中，股票的价格被设置为正自相关的，这就意味着，当投资者卖出股票后发现股票价格上涨了，由于股票价格的正自相关性，股票价格在未来依然会涨，理性投资者应该买回该股票。因此在这样的实验设计下，理性投资者应该拥有与回购效应相反的表现。然而实验结果表明，被试表现出比遵循理性决策情况下更强的回购效应。研究者使用 fMRI 记录下被试发现他们刚卖出的股票价格上涨时的大脑活动的数据，在大脑有关报酬机制的脑区中发现了后悔信号。被试后悔信号越强，其回购效应也越强。因此，研究者通过神经科学的方法定量衡量了投资者后悔情绪，并发现后悔显著影响投资者后续的交易行为。关于后悔的众多神经经济学研究从神经水平支持了后悔理论，使后悔理论有了更坚实的神经学基础，而不再仅仅是理论上的合理解释。

2. 焦虑

个人的焦虑情绪会影响到金融决策。一般而言，相比于低焦虑的人，一个高焦虑的人在做出决策时，往往会受到多方面因素的困扰，难以冷静、细致地聚焦问题，而易于做出低效率的决策。大量神经科学研究已经发现，焦虑情绪会深刻影响大脑的活动，甚至影响到整个大脑进行决策的最终过程。Barhami 等（2005）在电脑屏幕上分别向高焦虑和低焦虑的人展示包含有生气、害怕、悲伤、快乐等情绪及面无表情的面孔，并要求参与者集中注意力于这张面孔图案上，以最快的速度指出随机出现在面孔上下左右任意方位的目标形状。基于 ERP 波形的分析结果显示，高焦虑的人对面孔上出现的目标形状反应更慢，处于高焦虑中的人的身体反应机能并无大的改变，但其大脑活动更容易被面孔情绪特征所干扰，因而产生低效率的行为表现。Li 等（2015）对于焦虑症患者的临床研究发现，焦虑患者的前额皮质会变得异常活跃，活跃的前额皮层阻碍了人们去集中注意力，也影响了人们对自身表现进行评估的效率，由此给出了焦虑影响个人决策的生理学解释。在金融决策领域，焦虑的情绪下，投资者无法集中精力去思考投资策略，同时也无法很好地基于外部信息去及时调整自身的决策行为，从而影响其进行金融决策的效率与正确性。因此，从某种程度上来说，焦虑是金融投资者的敌人，克服焦虑是每个金融投资者必谙的要义。

四、神经金融学的研究范式

新的研究技术的出现必然带来研究范式的改变。神经金融学是一门新兴学科，可重复性高、可操作性强的科学研究范式对于其发展有着重要的影响。神经金融学的研究范式可分为以下四种类型：①经典任务实验的研究范式；②金融背景下实验的研究范式；③多任务多方法结合的研究范式；④特殊被试对比实验的研究范式。

（一）经典任务实验的研究范式

经济学和金融学的经典实验任务是简洁、高度抽象的，在以往成熟的范式基础上，辅之以神经科学工具，研究金融决策过程的生理活动和神经基础，是神经金融学研究的第一类主流范式。这一研究范式的优势在于经典任务经过重复检验，被学者广泛应用，可操作性强，然而不可否认其问题在于实验任务与金融实践中的问题之间存在一定的距离。实验环境是独立而纯净的，但金融问题实际上却是错综复杂的，如何在将复杂金融现实抽象化的同时，将实验任务与金融问题紧密联系在一起，是在运用经典任务实验的研究范式时需要仔细思考的问题。常见的经典任务实验有赌局实验（Gambling Task）、信任/投资博弈（Trust/Investment Game）和资本市场实验（Asset Market Experiment）。

赌局实验广泛应用于经济金融实验研究中，研究者常用赌局实验来测量个体决策中的风险/模糊性态度，彩票式赌局实验、气球充气式赌局实验和卡牌式赌局实验是赌局实验的常见形式。彩票式赌局实验最早由 Holt 和 Laury（2002）提出，用于个体风险态度衡量，被试需要在两个不同收益与概率的彩票中选择一个。Ye 等（2015）在研究风险收益与损失两种框架下决策神经活动的 tDCS 实验中就采用了彩票式赌局实验。Fecteau 等（2007a）则通过气球充气式赌局实验发现通过 tDCS 激活前额叶皮质区域可以降低被试的风险偏好。被试将泵推入随时可能爆炸的气球中，每次推入前决定继续推入泵还是停止。如果被试在气球爆炸前停止继续推入泵，则累计泵的价值记为其最终收益；如果气球在被试推入泵的过程中爆炸，则被试该轮收益为零。Hsu 等（2005）采用的是卡牌式赌局实验，被试首先需要选择是要固定收益还是参与赌局游戏，若被试选择参与赌局游戏，则其需要选择猜测计算机随机抽取的卡牌颜色，计算机屏幕上会显示两种颜色卡牌各自的数量（风险）或者总数量（模糊性），猜对颜色可以获得更高的收益，猜错则收益为零；否则收益为选择的固定收益。由此他们发现，模糊性条件下人们的决策行为和眶额叶皮质有关，风险条件下的行为则与背外侧前额叶皮质有关。

交易主体之间的信任关系是金融产品是否能实现资金在时间和风险上的重新配置的关键因素，也是金融市场健康有序发展的基础关系。信任/投资博弈一般有两名被试，被试1初始被赋予一定数量的金额，决策任务是选择将多少数额的资金投资给被试2，投资给被试2的资金将会产生投资收益，再由被试2决定返还多少数额给被试1。Krueger等（2007）通过fMRI记录信任实验过程中被试的大脑活动数据，发现有条件的信任，即互惠型的信任与大脑的旁扣带回皮层有关，而无条件的信任激活的是隔区。Van Honk等（2013）的fMRI实验发现，基底外侧杏仁核受损的被试在信任/投资实验中作为信任者/投资者的一方时比健康被试投资给陌生人的资金几乎多一倍，他们表现出更多的信任。Bellucci等（2017）对信任互惠（Trust in Reciprocity）的meta分析结果发现，仅进行一次的投资博弈中信任决策相关的脑区为涉及厌恶情绪的前脑岛，而多次重复进行的投资博弈中信任决策所激活的脑区则是收益预测相关的腹侧纹状体和强化学习相关的背外侧纹状体，作者认为需要多次互动才能建立合作的人际信任是通过强化学习机制判别对方是否可信来实现的。

资本市场实验是在实验室中构造一个类似于证券交易的实验环境，被试作为证券交易者买入或者卖出证券。Smith等（1998）最早设计了信息完全对称情况下的资本市场实验用于研究泡沫现象。Smith等（2014）研究了股票市场泡沫背后的行为与神经活动的相互作用。研究结果表明，伏隔核的活动与价格泡沫密切相关，且可以预测未来的股票价格变化。高收益的交易者在股票价格到达最高点前，在前扣带回皮质有早期预警信号，并巧合地在该信号处卖出，造成了泡沫的破裂。

（二）金融背景下实验的研究范式

向被试呈现问题情境，要求被试解决问题，在这个过程中，研究者通过对解决该问题所需信息的多少和问题呈现的方式、时间等变量的操控来测量被试解决问题的时间、对问题的重构程度和解决方案的独创性，从而研究被试在具体金融背景实验下的决策行为及其神经活动。这一类研究范式的最大优势在于使研究与现实金融问题紧密相关，可以较好地揭示金融相关现象与行为的内在认知机制。同时，这也使神经金融研究的实验设计较为困难，复杂的金融现实问题难以被全方位地刻画并融入简洁的认知神经实验设计中，研究结论的科学性、可信度及可重复性将会大大降低。从目前相关文献来看，这些劣势的存在使金融背景下的实验研究范式的相关文献比较缺乏。

Raggetti 等（2017）通过让被试在直接访问交易（Direct Access Trading，DAT）平台上进行股票买卖，研究年龄、专业经验、风险态度、股票交易规模和类型（买/卖）等因素对不同脑区的活动的影响。研究结果发现，风险厌恶的交易者相比于风险寻求的交易者交易量更低，主要的大脑相关区域为腹外侧前额叶皮质、背外侧前额叶皮质、后顶叶皮质、伏隔核和背侧纹状体。Genevsky 等（2017）借助功能性磁共振成像技术检验神经活动是否能预测几周后市场上众筹项目的收益。被试需要决定是否投资众筹项目，众筹项目的描述全部来自真实的互联网众筹网站。研究结果表明，伏隔核和内侧前额叶皮质的活动均可以预测被试是否选择投资众筹项目，但是只有伏隔核的活动可以预测几周后市场众筹项目的收益。

（三）多任务多方法结合的研究范式

多任务多方法结合的研究范式近些年来逐渐成为神经金融研究的新趋势。多任务多方法结合的实验设计不仅可以解决神经科学实验研究的简洁性要求与复杂金融研究问题之间的冲突，避免金融情景实验研究范式的可重复性、可靠性不足的劣势，而且可以丰富研究层次、提高研究结论科学性。

多任务多方法结合的研究范式下，研究者通常进行多项实验研究。一般先采用较大样本的行为实验铺垫，通过与金融研究问题贴切的较复杂的实验获得充足的行为数据，得出可靠、稳健的行为结论。随后，在另一项实验研究中应用认知神经科学的方法，进一步抽象和简化实验任务，有针对性地探究与研究问题、行为结论密切相关的认知神经机制，从而建立起行为与神经机制之间的联系。一些实验研究更为深入，则会在神经实验之后设计相应的实验进一步对研究结论进行验证和补充，提高研究结论的可信度。

Brunnlieb 等（2016）通过鼻内给被试精氨酸加压素（Arginine Vasopressin，

AVP）的方式，研究加压素水平对人们风险合作行为的影响及其神经机制。作者设计了两个实验，实验任务均为合作博弈，两个被试均面临两个选择，合作选择"雄鹿"和非合作选择"兔子"。选择"雄鹿"可能获得更高的收益，但若另一被试选择"兔子"则面临没有收益的风险；选择"兔子"可能获得较低的收益，但无论另一被试作何选择，都会拥有一定收益。实验①是行为实验，在实验任务30分钟前将40国际单位的AVP或者安慰剂喷入被试鼻内，然后被试进行合作博弈，研究AVP是否会提高被试的合作行为。实验②则进一步研究AVP会提高被试风险合作行为的神经机制，由fMRI记录被试在完成105个仅改变收益结构合作博弈决策时的脑部数据。研究结果发现，当被试做出风险合作选择时，AVP使DLPFC的BOLD信号下调，同时促进了左侧DLPFC与腹侧苍白球（Ventral Pallidum）的联系。

此外，多模态数据融合是当前神经科学研究的新热点，例如将fMRI和EEG相结合的研究范式打破了两种神经科学工具各自的局限性，能很好地起到互补作用，有助于更好地把握大脑活动的空间特征和时间特征，提高问题分析的科学性和准确性。Sun等（2015）通过同时记录被试进行实验时的fMRI和ERP数据，分析了人们在处理不诚实决策结果时的神经活动。实验任务建立在经典的信任/投资博弈之上，每一轮作为被信任者的被试将会先收到来自另一投资者的货币投资，其需要将一部分已经增值的投资返还给原来的投资者。同时被试也会收到来自原来投资者的一个收益分配比例的提议，其可以选择返还与提议一致的比例（诚实），也可以选择返还少于提议的比例（不诚实）。不诚实的选择在实验中被发现的概率是50%。如果被试不诚实的选择被发现，则该轮收益为零。实验中，被试将被告知投资者这一角色一半是真实的被试（如果实验屏幕出现的是人脸照片），而另一半是电脑（如果实验屏幕出现的是电脑照片）。被试看到每轮实验结果时的大脑活动数据将被fMRI和ERP工具记录。相较于诚实的选择，成功的不诚实选择引发了更强的腹侧纹状体和后扣带回活动，以及更小的反馈负波（FRN），表明成功的不诚实选择引发了正向的结果评估和注意力处理。而失败的不诚实选择带来的内侧眶额叶皮质活动和P3b成分在面对真人投资者和电脑投资者时显著不同，这一结果在一定程度上表明大脑对于社会决策结果的处理（投资者是被试）与风险决策结果的处理（投资者是电脑）的神经过程是不同的。

（四）特殊被试对比实验的研究范式

第四种研究范式的类型则采用认知神经科学对病人的研究，通过利用大脑某一具体区域存在功能障碍的病人在参与实验任务时出现的某些情绪产生困难或某些生理活动指标、决策行为相较于健康被试的不同来推断实验任务所需的决策过程，并用这些事实证据来支持或反对该脑区在特定决策过程中的重要作用。近年的研究已经发现多个大脑的功能性连接网络，各脑区需要精密协调合作才能实现一种认知活动，因此在健康被试的神经实验中，想要单纯研究某一脑区对被试金融决策行为的影响几乎是不可能的。这一研究范式最大的优势在于可以通过特殊被试与健康被试的行为和神经数据对比，准确、清晰地判断某一脑区在决策过程中的不可或缺的作用，最大的劣势在于招募某一脑区损伤或功能障碍的特殊被试的成本是高昂的。

Camille 等（2004）发现了眶额叶皮层在后悔情绪体验中的作用。他们设计了一种简单的转盘赌局实验，每个转盘由黑色和灰色两种颜色组成，涂色部分的大小代表两种颜色各自的概率，两种颜色各自代表着一定的金额。他们分别让健康被试和眶额叶皮层受损的病人选择两个具有不同风险概率的转盘中的一个。当被试选定其中一个转盘后，转盘上的箭头会开始旋转，箭头最终停留在哪个颜色，被试就可以获得该颜色对应的金额。同时，被试在每次转盘赌局实验中都要通过回答量表来报告自己的情绪。实验结果发现，当被试得知自己选择的转盘收益不如另外一个放弃的转盘的收益时，健康被试会体验到较为强烈的后悔情绪，而眶额叶皮层损伤的病人则不会产生后悔情绪，具体表现为皮肤电反应的缺失。由此可见，眶额叶皮层在后悔情绪中起到了重要的作用。

五、神经金融学对金融学的贡献

将认知神经科学的方法引入金融决策问题的研究，经过众多学者的努力探索后，取得了一定的成果，解决了之前的一些不足，找到了不完全理性的神经基础，对现存的一些金融问题做出了新的诠释和补充，补充和创新了现有金融学研究方法，推进了金融学各流派发展融合，并为金融监管提供了新思路，很好地推动了金融研究的发展。

（一）贡献一：探索不完全理性的神经基础

传统金融理论假设人是完全理性的，神经金融学继承和发展了行为金融的相关理论，认为人们在进行决策时往往是有限理性的，会受到来自外界环境和自身的各种因素的制约，并且在脑科学层面找到了不完全理性的神经活动规律的科学依据。大脑中存在两个处理信息的过程，会对"理性人假设"造成先天限制，即自动处理过程和情感处理过程。自动处理是人脑在有意识地思考之前进行的前期加工、筛选、过滤并传递给大脑高级认知区域或者直接通过神经系统回路进行处理的过程，特点是快速、无意识控制和不受逻辑格式影响。而情感处理是由于情绪调节系统在很大程度上影响了人们的决策行为，自然环境、社会环境和生理环境都会影响个人的情绪调节，从而使行为发生难以预期的调整。神经金融学的发展对于不完全理性的神经基础的探索进一步揭开了金融决策非理性行为的内在机理。

（二）贡献二：重新诠释和补充一些金融问题

神经金融学的发展对金融的一些问题进行了重新的诠释和补充，如不确定条件下的决策问题。传统金融学期望效用理论认为，风险和模糊性下决策者均会按照最大化期望效用的原则进行相应决策，然而人们却存在损失厌恶、模糊性厌恶等现象。尽管 Kahneman 提出的前景理论可以很好地解释这类现象，然而为何大多数人对损失比收益更加敏感，为何在同等期望收益情况下相较于风险更加厌恶模糊性，人们为何做出此类决策，深层原因依然是模糊的。神经金融学领域的研究者们尝试通过功能性磁共振成像等神经科学技术工具来分析这些决策过程的神经基础。如 De Martino 等（2010）发现，杏仁核的活动对损失厌恶行为有显著影响。Hsu 等（2005）发现，风险决策和模糊性决策分别与背外侧前额叶皮质和眶额叶皮质活动有关，分离的神经基础可能是人们在风险和模糊性条件下不同决策行为的深层原因。Yang 等（2017）采用赌局实验进一步研究不确定条件下决策的神经活动规律，发现通过 tDCS 对背外侧前额叶皮质进行右正左负刺激显著提高了被试的风险偏好，而 tDCS 对眶额叶皮质进行右正左负刺激显著降低了被试的模糊性偏好。由此可见，神经金融的研究进一步拓展了前景理论来解释人类的决策行为。

（三）贡献三：补充和创新金融学研究方法

数学模型、实证分析是主流金融学的研究方法，这些分析工具有助于深入分析错综复杂的金融行为和现象。然而数学工具的局限性是显然的，如数学模型在解决金融问题时，往往需要设定人的行为规律和选择集，给定相应的参数选择、可行性约束等，但单一、简单的模型无法满足所有的实际金融问题分析，而实证分析中的数据源于金融现实，噪声很大。

神经金融学建立了一种崭新的研究方式，将认知神经科学工具引入金融问题的研究中，通过实验测量和观察金融决策过程中的大脑活动，记录个体生理层面数据，将其与行为数据相结合，分析个体金融行为的内在机理。当前神经金融学借鉴了诸多神经科学的研究工具与方法，最为常用的就是功能性磁共振成像和事件相关电位。

（四）贡献四：发展和融合金融学主要流派

神经金融学的研究成果正在逐渐向人们揭示大脑神经系统如何在金融决策中做出反应，而这些神经反应又将如何影响金融决策行为。作为行为金融学和实验经济学在神经科学领域新的延伸，神经金融学聚焦于大脑各功能区域，通过探索金融决策背后的神经基础，深化了行为金融学的研究内容。实验经济学的发展方兴未艾，但依然停留在行为层面的分析，也并不关注实验的技术工具的使用，神经金融学使人们的风险选择、股票交易等的神经活动过程得以量化，在一定程度上拓展了实验经济学的研究领域。

尽管神经金融学与当前主流金融学在研究方法和研究内容上存在较大差异，但神经金融学作为多学科交叉的学科，具有很大的包容性，其研究出发点与主流金融学是一致的，共同致力于人类金融行为及其结果的分析、解释及成因探索，神经金融学与其他金融学主要流派形成良好的互补关系，共同建立一个更为严密的理论金融学体系。

（五）贡献五：为金融监管提供新思路

神经金融学的研究成果已经揭示人们对金融资产进行理性交易和非理性交易时，神经系统的激活部位有所不同；此外，神经系统的信号可以实现对实验室金融市场泡沫产生和价格崩盘的预警。随着 fNIRS 等神经科学设备的不断发展，在真实世界的金融市场中实时采集市场交易者脑电信号成为可能，市场中原来不可观测的、导致市场崩盘的恐慌情绪、焦虑情绪有可能成为可观测的变量。市场监管者则可以根据这些可观测变量来构建股市危机预警体系，设计和启动相关应急处理机制，提高金融市场的稳定性。

六、神经金融学在中国的发展现状

中国学者对神经金融的关注已有十余年。在初始阶段，研究者主要是介绍西方学者的研究成果。近年来，随着国内神经科学技术的发展和应用推广，一些研究者已经展开实质性的研究。叶航等（2015）和黄达强等（2017）探索了收益/损失框架下风险行为的神经基础。杨晓兰等（2017）提出了风险和模糊性情境下决策行为差异的神经证据。此后学者们也从神经科学的角度分析影响风险行为的因素。潘煜等（2018）在不同水平上检验了积极或消极的情绪体验与风险决策的相关关系。徐四华等（2018）则发现相比于虚拟的金钱激励，仅在使用真实的金钱激励时，风险行为相关的反馈负波的幅度大小与金钱激励的数量显著相关。除了风险决策相关研究外，部分研究也关注信任、公平等基本问题。马庆国等（2015）及王光荣等（2016）采用信任/投资博弈实验分别研究了被信任者的承诺对信任者/投资者行为影响的神经处理过程和眶额叶皮质活动对被信任者合作行为的影响。此外，杨晓兰等（2018）研究了个体在不确定环境下进行连续价格搜寻的行为，例如期权的行权行为，发现 tDCS 刺激可以通过改变被试的风险态度来影响其价格搜寻行为。由此可见，目前国内的神经金融相关研究主要还是关注于风险决策、信任等基本问题的研究，对与现实金融问题更为密切相关的投资者行为、证券市场现象等的研究较为缺乏。

七、神经金融学研究展望

作为建立在金融学、心理学和神经科学这三大学科基础之上的一门新兴交叉学科，神经金融学方兴未艾。目前，对于金融决策的研究正在逐步深入，从完全理性的传统经济学，到考虑个体心理和情绪等异质性因素的行为金融，再发展至生理层面，神经金融学有着广阔的发展前景。此外，诸多金融学研究主题缺乏相关的神经金融实验研究，未来有着巨大的发展空间。

神经金融学伴随着神经科学工具的发展迅速崛起，通过大脑的活动来解释、预测金融决策行为，成为金融决策理论研究的重要组成部分，对于进一步剖析金融决策的神经决定机制有一定的意义，同时也有助于完善现有的金融决策模型。相对于行为金融学，神经金融学的优势之一是可以为情绪等异质性且难以捕捉记录的因素提供神经证据。神经金融学研究既可以在一定程度上验证已有的金融学理论，同时也为建立新的更完善的金融学理论奠定了神经基础。神经金融学研究也有一定的实际应用价值，例如有助于治疗赌博上瘾、冲动购物等临床症状，也为在商业交往中建立良好合作关系及制定更有效的奖惩措施以提高人们的工作效率等发挥重要的指导作用。

第九章　神经会计学研究的现状与展望：从理论突破到方法创新

一、引　言

传统会计研究往往以"经济人"假设作为基础，在经济理论的指导下，通过实证研究验证理论假设。然而，随着研究的不断深入、商业活动的不断发展及信息复杂度的不断上升，越来越多的经济现象难以通过传统的经济理论或会计理论加以解释。有限理性理论、双加工及框架效应等理论的突破性发展，使行为学实验方法在会计研究领域逐渐发展。然而，行为学实验的主观性使研究结果可能存在偏差。在这种情况下，随着研究需求的提升，认知神经科学这一"硬科学"被引入会计领域的研究中，其直接收集认知神经活动这一客观数据，能够对个体决策活动有更加深入、科学的探究。

目前，神经会计学并没有严格的定义，而从神经会计学领域已有文献来看，神经会计学研究旨在基于认知神经科学的理论角度，采用认知神经科学的方法与技术，揭示会计实践的底层神经机制。神经会计学的术语最早由 Dickhaut 等（2010）正式提出，其研究主要探讨大脑的生理性进化与会计原则发展的一致性，率先从认知神经科学的角度探讨会计问题。尽管该文章没有展开认知神经科学实验而主要是认知神经科学结论在会计领域中的引用，但其新颖的角度为之后认知神经科学在会计学中的发展提供了重要的参考价值。目前，神经会计学主要采用

fMRI、EEG、ERP、眼动仪等认知神经科学研究方法，对会计研究（涵盖会计制度与监管、信息披露、绩效管理与投资决策等各个领域）中的判断及决策问题（Judgement & Decision - Making）进行深度研究，旨在揭开这些问题背后的"黑箱"，神经会计学在这一领域表现出传统实证研究方法及行为学实验方法难以替代的优势。

本章将对神经会计学在国际上的主要研究文献进行梳理，旨在对目前神经会计学的主要研究内容及采取的研究范式进行提炼和归纳，总结认知神经科学的引入对会计研究的贡献，并提出未来神经会计学的发展方向。

二、神经会计学研究的理论突破

神经会计学主要产生自研究者对人类会计实务中的认知活动机理的认识需求，在这其中，有限理性理论、注意的认知资源理论及认知活动的脑机制起到重要的理论引导作用，扩展了会计研究的研究视角和理论基础，并直接导致神经会计学的产生与发展。

（一）有限理性理论

传统经济学理论通常假设做出决策的个体为"经济人"，标志着该个体被视为完全理性的个体，然而现实中种种非理性现象的存在对该假设的可靠性不断产生冲击。为应对这种挑战，Simon（1955）将"有限理性"这一概念引入经济决策研究之中。在"有限理性"假设下，面对复杂环境和信息条件下的个体并非总是寻找决策中的最优解，而通常是以"满意"为主要标准。该假设突出了个体决策中的非理性的一面，使针对个体行为机制的研究的重要性逐渐凸显，促进了个体行为机制研究在经济和会计等领域的发展。

在此基础上的双加工理论可以视为对有限理性理论的进一步解释。在双加工理论中，个体的决策机制被两个系统所控制。其中，分析系统扮演负责传统的理性决策的角色，而直觉系统则主要负责自动化的快速思考，被视为非理性决策的产生原因。相较于有限理性假设，双加工理论更进一步地提供了认知活动的抽象机制与模型，为个体行为的研究提供了理论基础，也为会计领域的认知神经科学研究提供了分析方向。框架效应是双加工理论的主要表现之一，该效应意味着个体决策不仅受信息的影响，同时也受到信息表达形式的影响，为个体决策的有限理性假设提供了重要证据。与双加工理论密切相关的还包括启发式认知偏差的发现，该发现直接将非理性行为的几种特定表征总结为代表性启发法、可得性启发法及锚定效应。这些效应的发现为研究会计领域个体行为机制总结了几种典型的情景和分析框架，促进了包括认知神经科学在内的会计学实验研究方法的发展。

（二）注意的认知资源理论

Kahneman（1973）提出的注意的认知资源理论认为，个体进行信息的收集、加工与处理需要占用认知资源并且这种认知资源是有限的。正是因为注意的认知资源表现出有限性，因此个体无法对其面临的所有刺激和任务实施全面分析，而必须依赖如情绪、启发式及直觉等方式进行快速高效的决策与判断，从而最终表现出决策的有限理性特征。

注意的认知资源理论反映在信息收集层面主要表现为对信息有意识或无意识的选择性获取，从而为神经会计学中的眼动研究方法提供了重要的理论依据和分析基础。现代商业环境为利益相关者提供了丰富的信息，然而个体投资者有限的认知资源显然已无法完全覆盖这些信息，因此造成严重的信息过载。这种过载使个体投资者在决策过程中仅重视了其中一部分信息而忽视了另一部分信息，最终使其决策产生不良的偏差，影响了资本市场的资源配置效率。因此，基于眼动技术探讨不同类型的财务信息及非财务信息如何影响个体视觉注意力的分配和变动过程，进而如何影响个体获取信息的方式和效率及个体最终的决策效果已经成为神经会计学中的一个重要领域，而注意的认知资源理论则已成为该领域研究的基石。

（三）认知活动的脑机制

现代神经科学实验技术的发展为研究者进一步从大脑这一底层机制出发探讨认知活动提供了条件。认知神经科学的发展使不同脑区的基本作用被加以认识和总结，进而构建出解释个体知觉、语言、信息加工及判断推理等认知过程脑机制的系统性框架，为进一步解释会计领域的认知活动提供了基本条件和理论基础。

例如，针对大脑奖赏系统的认识在会计领域的激励机制设计、投资决策等方面的研究起到关键作用。通过设计不同情景，研究者可以直接深入被试的神经活动层面，获取被试在不同情景下被激励或做决策时的深层意识的客观数据，为研究者分析激励机制及投资决策的基本机理提供素材。而关于大脑公平系统及共情系统的认识，则能够帮助研究者避免量表的主观性，从神经层面更客观地确认个体的先天特质。通过将这些先天特质与其实验行为相联系，能够为探讨会计实务中的种种非理性现象与个体特质的相关关系提供证据。

三、神经会计学研究范式的创新

目前，会计领域的主流研究方法为实证研究方法，通过获取上市公司的财务数据和资本市场的市场反应数据建立实证模型对相关假设加以验证。然而，财务及市场数据往往是多方博弈和复杂系统下产生的群体行为结果，存在大量噪声数据。同时，此类数据中通常难以找到个体心理和行为的替代变量，使研究内容存在较大的局限性。行为学实验方法的引入突破了这些局限性，使研究者可以聚焦于个体的行为表现，探讨其行为的机制和后果。然而，作为表象的行为往往存在其不可靠的地方，被试在实验过程中的主观性可能使其做出与自己意识并不符合的行为以刻意满足实验目的。同时，随着行为学研究的持续深入，对行为背后的底层机理的认识需求也越发突出。由此，认知神经科学研究方法被引入会计学研究中。

目前，神经会计学领域的研究主要可以分为两种范式：一种是基于已知的认知神经科学研究成果，与会计领域的现象相互比对、分析，最终提出会计现象的认知神经基础假设。另一种则是在提出一定假设的基础上，区分不同类型的认知神经科学技术（fMRI、EEG、ERP及眼动等技术）开展认知神经科学实验，以获取直接的神经证据，对假设进行验证。图9-1所示为会计学研究范式的演进。

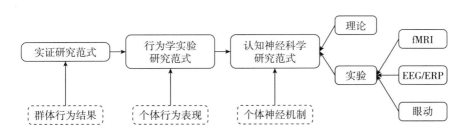

图9-1　会计学研究范式的演进

（一）基于认知神经科学研究成果的理论研究范式

早期的神经会计学研究主要运用认知神经科学的发现和证据探索人类会计的产生和其持久存在背后的根本原因，发现了会计原则与脑部生物演进的潜在一致性，由此构建了基于认知神经科学研究成果的理论研究范式。Dickhaut 等（2010）为探究会计原则出现和持久的原因，系统回顾了包括生物学、人类学及灵长类动物学在内的各类脑科学的研究结论，并将脑部的作用与会计领域的种种事实相联系。通过回顾这些现有研究成果，其从脑部的基本结构入手不断深入至会计领域，并从成本效益评估及量化与可靠性等角度多方面阐述各个会计原则与大脑决策的关系并提供相关的认知神经科学证据以得出结论，确认了会计记录收益信息的基本作用及会计原则的出现和持久的原因是其与脑部的生物学基础的一致性。该研究从理论分析的层面将认知神经科学的研究结论和发现拓展到了会计制度和会计原则的研究方面，为今后的神经会计学研究指引了基本方向并提供了重要启示。

（二）利用认知神经科学研究技术的实验研究范式

目前，更多的神经会计学研究选择采用认知神经科学技术，在实验室中模拟会计实务背景，开展认知神经科学实验，结合被试的行为学实验数据与认知神经数据展开分析，以此获得更加直接的证据验证研究假设。目前，大多数文献采用以下几种技术开展实验。

1. 基于 fMRI 技术的实验研究

fMRI 技术在认知神经实验中是一种较为成熟的非介入性技术，具有较高的空间分辨率。采用 fMRI 技术展开神经会计实验时，一般是令被试在模拟的特定实验背景下，完成特定会计任务，分析被试完成任务时的脑区活跃情况，根据脑区相应功能分析该会计任务的神经机制。

如 Farrell 等（2014）基于 fMRI 技术探讨了直觉系统（System 1）和理性系统（System 2）作用下不同的激励及情绪刺激情景对管理层决策产生影响的机制。通过实验设计，Farrell 令被试在一定的激励情景和情绪刺激情景下进行决策，在决策的同时通过 fMRI 技术获取被试进行决策时的神经数据，以直接对比其直觉系统与理性系统的活跃状况。基于 fMRI 实验结果，Farrell 发现被试的直觉系统在情绪刺激下表现得更加活跃。而在绩效激励机制中，被试在情绪刺激下的理性系统同样会表现得更加活跃。由于绩效激励机制激发了被试的理性系统，由此从神经机制层面说明绩效激励机制能够部分程度上使管理层规避做出不适宜的高代价的决策。

2. 基于 EEG、ERP 技术的实验研究

由于设备限制、价格昂贵等原因，fMRI 的神经实验和大规模行为实验往往无法同时进行。而 EEG 和 ERP 由于其设备灵巧、便携性高、实验环境要求较 fMRI 低，常常可以展开大规模实验。目前较多的研究选择采取 EEG 及 ERP 方式。神经会计学领域采用 EEG 及 ERP 展开研究主要存在两种模式：一种是在正式模拟会计情景前，通过 EEG 或 ERP 测量被试在一种简单情景（如浏览照片）下的特定神经反应强度，再结合模拟会计情景时被试的行为学数据进行分析；另一种是直接在模拟会计情景下，同时收集被试的 EEG 或 ERP 神经数据和行为数据。

前一种模式的典型研究是 Eskenazi 等（2016）基于 EEG 技术针对业务部门财务主管在管理层压力下呈报虚假财务报告的神经机制研究。研究者首先令被试观看一系列反映不同情绪的人类面部图片及非面部图片（作为脑电基准），通过 EEG 记录 μ 波波幅以测度其镜像神经功能，之后再让被试在不同模拟情景下选择是否提供虚假财务报告。最终发现，被试的镜像神经功能强度与其虚假呈报的可能性之间存在显著的正向关系，并且这种关系在管理层是由于个人因素而非公司因素要求业务部门财务主管出具虚假财务报告时更加显著。

更多的研究则采取后一种模式，即同时获取被试神经数据及行为学数据。Wang 等（2017）利用 ERP 技术收集被试进行投资决策时的神经数据，研究了投资者"羊群行为"与"反羊群行为"的神经机制，以及其行为对之后收益预期的影响。研究发现，对比消极投资结果与积极投资结果两种情况，相较于"羊群行为"，被试的"反羊群行为"引发了巨大的 FRN 与 P300 的波幅差异，说明被试在进行投资时动机更加强烈且对投资预期投入更多的注意力。

Rocha 等（2015）运用行为学实验配合 EEG 的方法记录被试在股票交易模拟实验中的投资行为及相应脑电数据，研究了投资决策中的性别差异。行为学结果显示，男性和女性在交易模拟中所做出的投资决策的最终收益并没有显著差别。然而 EEG 结果显示，男性与女性的投资决策的脑区活跃情况却出现明显差别。Rocha 在文献中细致分析了男性与女性各脑区的活跃差异并给出解释或假设，由此发现了男性与女性在进行投资决策时背后的神经机制差异。

3. 基于眼动技术的实验研究

眼动技术主要运用于注意力研究实验中，通过注视（Fixation）、眼跳（Saccades）、瞳孔直径（Pupil Diameter）等眼动分析指标，实验者可以了解被试信息获取方式，并进一步分析其加工信息的策略。

Sirois 等（2018）基于眼动技术研究了关键审计事项及其特征对投资者阅读年报及其附注时的注意力分配的影响。实验中被试被分为四组，每组分别首先阅读 HTML 格式的财务报告中的无关键审计事项段、一个关键审计事项段、三个关键审计事项段及三个关键审计事项段并包括审计应对程序的四类审计报告，之后被试能够自由选择阅读财务报告及其附注。在被试阅读审计报告、财务报表及附注的过程中，Sirois 利用眼动仪记录投资者的阅读次序及其对财务报告和各附注不同区域的关注程度。结合眼动数据和行为数据，研究发现关键审计事项存在引导效应及替代效应，同时发现包含不同关键审计事项数量的审计报告间的两种效应的强度存在差别。

四、神经会计学的领域探索

（一）会计制度与监管领域

近年来，神经会计学综合运用认知神经科学的理论、技术和范式在会计制度与会计监管领域展开了一系列研究，主要集中在会计制度、财务舞弊及持续经营判断等方面。

最早对会计制度的关注始于会计稳健性的研究，学者们发现会计稳健性的终极起源可能与神经机制有关。此后，研究者们开始大量运用认知神经科学的理论、技术和方法探索人类会计制度背后的底层神经机制。Dickhaut 等（2009）从进化心理学的角度总结了人类大脑为了促进对经济交易的评估是如何进化的。通过回顾相关的神经科学的证据，Dickhaut 等指出，"长期存在的会计原则与大脑行为有明显的相似之处"，由此提出了从大脑信息处理功能到现代会计原则的映射，认为由文化演变的会计原则的最终原因可能在于人类大脑是如何进化以评估交易机会的。翌年，Dickhaut 等（2010）从社会学方面着手，认为"基本的会计制度和会计准则的社会演变与人类大脑在评估社会和经济交易过程中的生物学进化相一致"，他们对会计原则的产生和演化与人类大脑为处理经济交易而产生的进化之间的一致性进行了理论分析，并引用认知神经科学的证据间接证明了会计原则和人类在经济交易中的决策之间的关系。从理论分析的层面，学者们将认知神经科学的研究结论和发现拓展到了会计制度和会计原则的研究方面，认为神经会计对于我们如何看待会计原则的产生及其持久性发展背后的最终力量有着重要的影响，从而开启了神经会计学研究的序幕。

财务舞弊问题一直是会计制度与监管领域的重要话题。Eskenazi 等（2016）采用 EEG 的方法基于人脑镜像神经元理论，研究了业务部门财务主管面对管理层的压力时提供虚假财务报告的神经机制。研究通过 EEG 记录被试通过人类面部观察任务时的 μ 波以测度其镜像神经功能，并让被试进行行为学实验记录其在不同情景（要求虚报的原因是管理层个人因素还是公司因素）下提供虚假财务报告的可能性。最终发现，镜像神经元的活跃程度与被试在一定压力下的虚假呈报倾向有显著的正向关系，并且这种正向关系在管理层是由于个人因素而非公司因素要求业务部门财务主管出具虚假财务报告时更加显著。这说明社会压力可以成为呈报虚假财务报告的前因，业务部门管理者对这种压力的屈服可以由情绪刺激导致的镜像神经系统的激活状况所预测，从而证实业务部门管理者的基础神经特征对其财务呈报行为具有重要影响，为会计领域的监管工作的开展提供了新的视角。

持续经营是会计基本假设之一，作为会计实务中的重要职业判断，部分文献对其展开了研究。Carvalho 等（2017）通过 EEG 的方法直接对审计师和会计人员工作过程中确认公司持续经营可能性时的神经活动进行了研究，旨在解释评估涉及持续经营决策的证据时大脑映射模式遵循审计师行为模式和会计人员判断的程度。基于信念修正理论，以 12 位审计师和 13 位会计人员作为研究样本，设计了一个随机对照实验研究。行为学实验表明，审计师和会计人员对持续经营持有类似判断，并且审计师对负面证据的敏感性更高。但神经实验研究表明，尽管判断结果类似，大脑处理模式却呈现显著组间差异，因为审计师与会计人员基于不同的推理模式来进行持续经营的估计。在决策过程中，审计师更多地采用算法化的推理模式，因此审计师之间表现出了同质的大脑处理模式并且消耗的认知资源较少，而会计人员在决策过程中经历了更大的认知冲突，并且会耗费更多的认知资源来动用量化的脑处理能力以进行有意识的推理。同时，对于这两个群体而言，最大化或最小化企业持续经营可能性的判断的发生通常伴随着识别个人和其社交群体关系的需求及动机相关的大脑区域的活跃，这表明审计师及会计人员在进行这些决策时会考量其判断的社会影响，从而导致某种程度上的"保守性"。

（二）会计信息披露领域

财务信息与非财务信息共同构成了利益相关者决策的基础，在信息披露样式越来越丰富的现代商业环境下，探究会计、审计及资本市场的各类信息披露对利益相关者的行为的影响及其神经机制已经成为神经会计学的一个重要研究领域。

例如，新审计报告中增添的"关键审计事项"部分为认知神经科学向审计信息披露领域渗透提供了新的动力。利用认知神经科学的方法研究"关键审计事项"等审计报告中较为灵活的呈报内容对审计报告使用者的影响可能会成为一个重要的研究方向。Sirois 等（2018）采用眼动仪实验的方法首先研究了审计报告中呈报关键审计事项后投资者阅读财务报告的行为会发生何种变化。研究通过设计实验控制了关键审计事项的存在、数量及格式，以研究不同情况下投资者对财务报告的注意力的变化。研究首先发现，投资者对关键审计事项部分的注意力要显著高于审计报告中的其他部分。同时发现，关键审计事项存在注意力引导效应，被试在审计报告中包含关键审计事项时会倾向于优先阅读关键审计事项相关的财务报表披露，并对其表现得更加关注。但是如果审计报告涉及多个关键审计事项，由于认知资源的限制，被试对每个关键审计事项相关披露的注意力都有所下降，对财务报表其余非相关部分的关注也会进一步下降。但研究没有发现披露格式对注意力的影响。

在战略制定方面，Chen 等（2016）使用眼动技术探究了管理层利用平衡计分卡进行绩效评估和战略决策的过程中披露形式、注意力与决策结果三者之间的关系。通过对被试阅读平衡计分卡材料时的注意力的分析，发现当采取战略图、叙述等方式披露信息时，被试会更多地注意战略连接的重要信息和指标。而当被试越关注于战略连接的部分时，其做出的决策越符合业务部门的战略目标，决策结果更优。

此外，还有学者从资本市场信息披露的角度展开研究。例如，Barton 等（2014）运用 fMRI 技术这一神经科学的研究工具对盈余信息的披露问题进行了研究。Barton 等将投资者对盈余信息的反应与人脑奖励机制结合探讨资本市场的价格问题。具体而言，实验要求被试对 60 家公司做出盈利预测，随后阅读公司的实际盈余信息并观察之后的股票价格变动，实验过程中 Barton 等通过 fMRI 记录下被试观察盈余信息和回报时的大脑成像。结果发现，投资者腹侧纹状体的反应强度随着其自身盈利预测与实际盈余消息之间误差的增大而增强，并且对于糟糕的盈余消息比良好的盈余消息反应更为显著。研究还发现，大脑反应的大小和风险调整后的股票回报率之间存在着很强的关联，即当实际盈余披露时，纹状体反应与股票价格波动和交易额呈正相关。该研究首次将会计盈余与投资者大脑奖励机制的生理反应建立了科学的联系，为探索资本市场信息披露与投资者反应的基础神经机制提供了启示。

（三）绩效管理领域

决策的根本是收益与风险的权衡，而负责收益判断的奖赏系统在认知神经科学领域一直广受关注。由于绩效管理与人脑奖赏系统直接相关，而后者已积累丰富的研究成果与实验范式，因此较多的神经会计学研究选择将研究内容放在绩效管理领域。

Farrell 等（2014）基于双加工理论，研究了不同的情绪刺激及不同激励机制下管理层决策的差别以及决策过程中直觉系统（System 1）与理性系统（System 2）的活跃强度差别。Farrell 等发现，相较于中性刺激，被试在情绪刺激下的直觉系统的活跃程度会增加。而在绩效激励模式中，相较于中性刺激，情绪刺激下被试的理性系统的活跃程度会增加。同时，在情绪刺激下采用绩效激励机制能够部分消除情绪对管理层决策的不利影响，说明绩效激励模式能够优化管理层处于情绪刺激状况下的投资决策。该研究首次在绩效管理领域中获取到认知神经层面的证据。

Farrell 等（2018）在此基础上进一步延续该研究，探讨不同方向的情绪刺激与不同激励机制的交互作用。实验中，Farrell 等通过照片与文本材料唤醒被试的不同情绪并令其进行投资决策，同时收集 fMRI 数据。结果显示，中颞叶、脑岛与内侧前额叶的活动在正向情绪下会增加而在负向情绪下则减少，同时消极情绪下采用绩效激励模式会使情绪调节系统活动更加剧烈，展现了不同方向的情绪及激励机制可能产生的差异。

此外，Strombach 等（2015）同样研究了绩效激励的基础神经机制。实验过程中，Strombach 等一方面根据行为学实验直接测量绩效表现，另一方面在实验过程中使用 fMRI 探索绩效表现下的潜在认知过程。该实验的神经学部分的研究结果显示，激励主要导致被试奖励相关（Reward - Relevant）的脑区发生变化，而并未引发任务相关（Task - Relevant）的脑区发生变化，由此发现了绩效激励影响绩效表现的基础神经机制。

（四）投资决策领域

神经会计学对投资决策领域的研究目前主要集中于对个体投资决策行为、跨期决策及资本市场特殊现象等方面。

投资决策行为一直以来都是会计研究中的重点领域，股票市场是中小投资者聚集的主要金融市场，对股票投资决策行为的神经机制的研究成为神经科学在金融投资领域中的主要研究方向。为了研究投资者进行股票投资时的脑区活动状况，Vieito 等（2015）利用 EEG 技术研究了投资者处于不同市场类型及进行不同交易行为时的脑区活动状况的差异。为研究以上问题，Vieito 等设计了 1 × 2 组间实验，让两组被试在不同状态下的模拟交易市场中展开交易行为，其中一组在稳定增长市场变化至高波动性市场的模拟环境中进行交易，另一组在高波动性市场变化至稳定增长市场的模拟环境中进行交易。研究发现，前一组被试在稳定增长环境中进行有限次数的决策后会开始使用特定模式的神经回路进行决策，说明被试理解了市场的增长趋势。而后一组，即从高波动性市场转入增长市场时，被试没有表现出与前一组相同的神经回路状况，说明他们没有理解任何趋势，而是使用了另一种不同的回路在同一交易框架下比较交易价格，这支持了不同学习经验引导不同的"基于规则"（Rule Based）和"基于实例"（Instance Based）的推理模式的假设。在比较买入、卖出、持有等交易行为时，研究发现，前一组使用相同的"基于规则"的推理模式来决定交易的行为。相比之下，第二组使用不同的"基于实例"的推理模式，表明他们在决定交易行为时进行了不同的比较。

双加工机制的发现使股票投资决策中的非理性行为逐渐成为研究热点，金融资本市场泡沫是投资者非理性行为的一个重要产物，因此部分文献采用认知神经科学技术对此现象成因展开细致分析。De Martino 等（2013）基于心智理论（ToM）利用行为建模方法和 fMRI 技术研究了投资者在模拟金融泡沫市场中进行投资决策的神经机制。研究发现，泡沫市场的价格上涨与腹内侧前额叶皮层中虚高的交易价值的神经表征（Neural Representation）有关，这导致被试更容易以高于基本价值的价格购买资产。同时发现，被试背内侧前额叶皮层区域——反映推测其他个体的精神状态的区域——参与更新腹内侧前额叶皮层的价值计算，从而进一步刺激了金融泡沫的形成。该结果表明，金融泡沫可能是因为投资者在快速增长的市场中不适宜地尝试预测其他投资者的意图造成的。Smith 等（2014）利用 fMRI 技术对这一问题进行了进一步的探究，发现伏隔核中的神经活跃程度的增加与未来较低的收益率和较高的崩盘可能性呈现相关性，说明伏隔核的活跃程度可以作为泡沫程度提供一个基于神经技术的衡量指标。此外，Delgado（2008）曾基于 fMRI 技术以资本市场的高报价行为为对象进行了研究，发现金融市场的竞价会使被试的纹状体区表现出一定程度的活跃，并且高报价强度与活跃程度呈现正相关，进而提出社会情景下的损失沉思（Loss Contemplation in a Social Context）可能中介了投资者的高报价行为。部分文献将神经金融学研究的重点放在投资者个人特征对其决策行为及神经机制的影响方面。Rocha 等（2015）基于 EEG 技术，通过模拟金融市场比较不同性别的投资者进行金融投资决策过程中的神经机制差异。研究表明，男性与女性在进行买入、卖出及持有股票三种不同决策时使用的脑区存在显著的差异。

风险决策与跨期决策是决策研究的两大主要领域，除了以上针对风险决策展开研究的文献之外，单独针对投资者跨期选择的认知神经科学研究也已经成为一个较为热门的研究课题。Kable 等（2010）利用 fMRI 技术对投资者跨期决策的神经机制进行了研究。在实验过程中，实验者利用 fMRI 收集被试在进行即期和延期选择过程中的神经数据。数据结果显示，被试脑区的腹侧纹状体、内侧前额叶皮层、后扣带回皮层在决策过程中表现出一定程度的活跃，并与即期收益和延期收益的主观价值相关，该结果与标准贴现行为模型（The Standard Behavioral Models of Discounting）和即期延期收益使用分离的神经系统估值的假设并不一致，而支持了其提出的跨期选择的行为—神经模型（ASAP）。Sellitto 等（2010）也通过进一步实验得到类似的结论。Crystal 等（2017）利用眼动技术对投资者进行跨期决策时的不对称贴现问题进行了研究，他们让被试在提前获取较低收益和延迟获取较高收益两个选项中进行选择，通过记录被试进行投资选择时的眼动指标并进行聚类分析之后，将投资者分为"对比式"和"整合式"两种类型。"对比式"倾向于依次对比提前和延迟的收益、提前和延迟的时间，再进行决策。而"整合式"倾向于先关注提前的收益和时间，再关注延迟的收益和时间，最后进行决策。实验结果表明，被试在使用"对比式"模式进行跨期决策时，表现得更有耐心，更倾向于选择延迟但收益高的选项。当强制被试进行"对比式"分析时，被试也会表现得更有耐心。

除了以上研究领域之外,部分研究者还针对金融市场中的特殊现象有针对性地展开研究。例如,Bruguier 等(2010)运用 fMRI 研究了金融市场交易员直觉(Trader Intuition)现象。在试验中,研究人员发现交易员脑区活跃状况在市场中存在知情交易者和不存在知情交易者时存在明显的差别,由此提供了金融市场中交易员直觉的一个神经证据。Frydman 等(2015)基于 fMRI 技术针对金融资本市场的同伴效应(Peer Effect)展开研究。实验结果显示,当向被试提供相同的市场信息时,若告知其他投资者的相关决策,其腹侧纹状体呈现活跃状态,可见,市场参与者投资决策中存在着同伴效应;同时,Frydman 等根据被试腹侧纹状体活跃程度与同伴财富变化的相关性将被试分为敏感组和不敏感组,发现敏感组的同伴效应更为显著。由此证明,金融市场同伴效应的神经基础为投资者的腹侧纹状体活动。

五、认知神经科学对会计研究的贡献

(一)扩展会计研究理论依据

传统会计学研究的理论依据主要是以新古典经济学为核心的主流经济理论,其中最经典的莫过于"理性人"假设,进而衍生出"有效资本市场"等一系列假设。然而近年来的一些行为学实验研究发现,人在决策过程中仅表现出有限理性,会采取框架效应等启发式来辅助决策,会采取心理账户缓解痛苦。这些发现使原有的理论体系逐渐崩塌。因此,会计研究的进一步发展急需基于行为学、心理学等领域的理论支持,以构建新的理论体系。

由此诞生了行为经济学、行为金融学及行为会计学等学科,并积累了丰硕的研究成果。然而,人类行为的背后是一系列的神经活动,认知神经科学的理论能够进一步揭示行为背后的机理,引用并基于认知神经科学展开研究能够扩展当前会计研究的理论源泉。

(二)创新会计研究数据来源

会计研究当前主流的研究方法是基于档案数据的实证研究方法,数据来源主要是各类财经数据库或研究者从企业披露的报告中自行收集统计的数据。这些二手数据往往存在着各类美化、修饰的现象，使会计研究结果失真。

而目前逐渐兴起的行为学实验研究方法，数据主要来源于被试在实验中根据量表问卷测出的数据。基于量表的数据，一方面，可能存在被试刻意满足实验目的的行为或者量表设计不规范最终导致测量结果失真等现象；另一方面，量表很难反映被试的潜意识，例如被试很难通过量表报告自己浏览网页、年报等材料时的注意力分布情况。

基于认知神经科学的研究方法能够避免档案数据及量表数据的以上弊端。认知神经科学研究能够直接收集被试在实验过程中的脑电、眼动等数据，既不依赖于被试的主观反馈，也不会出现二手数据遭到修饰等情况，创新了会计研究的数据来源。

（三）挖掘会计行为终极归因

现有的基于实证方法的会计研究往往着重于各类会计行为的经济后果的研究，而对会计行为产生的背后的主体——人的研究较少。率先提出神经会计学的Dickhaut等（2010）的研究即创新性地从人类大脑进化的角度阐释会计原则的出现和改进，并发现两者之间存在相关性和一致性。此外，Eskenazi等（2016）也基于"镜像神经元"理论和EEG研究方法，发现财务经理受社交压力产生舞弊行为的可能性与其共情心理的强弱（由被试阅读情绪照片时的 μ 波反映）呈现相关性，揭示了舞弊行为背后的神经原因。

（四）探究会计行为因果关系

传统会计研究方法只能提供相关性证据，却不能提供直接因果关系证据的局限，为会计信息如何在大脑中做出决策这一问题提供了直接证据，让我们更直接地了解在做出经济决策时大脑中发生了什么。

例如，会计盈余披露和股票价格之间的关系长期受研究者的关注，但是股票价格研究的一个局限性在于，它们提供了相关性的证据，但不能反映因果关系。Barton等（2014）将盈余消息的股票市场定价与奖励在大脑中的处理联系起来，Barton等的第一个观点是，大脑会把会计收益看作一种次要的"报酬"，在这种情况下，收益将被视为"好的"或"令人愉快的"，盈余消息将导致大脑区域的神经元活动，例如参与奖励处理的腹侧纹状体的活动。Barton等的第二个观点是，腹侧纹状体活动先于与市场结果相关的行为，因此与收益公告相关联的腹侧纹状体活动的程度，将与交易量等市场活动的措施呈正相关。此外，Barton 等进一步通过 fMRI 技术证实了盈余消息与腹侧纹状体的并发活动之间存在明显的关联，这与近 50 年来的实证研究的理论假设和相关性结果相一致，并揭示了盈余消息与股票价格之间的因果关系。

六、未来发展方向

（一）会计制度发展与认知模式的协调性

作为神经会计学术语提出者的 Dickhaut 等（2010）在其论文中主要探讨的一大命题即是当前会计原则形成的神经学原因。作为会计制度基础的会计原则，其形成及发展终究依赖并应符合于人脑特有的认知模式。因此，针对会计制度的进一步发展的神经学基础展开的研究可能成为神经会计学未来一个重要研究命题。

（二）会计与审计实务中的神经机制

会计实务中的财务舞弊、战略制定和绩效管理，以及审计中的风险评估、风险应对和持续性经营假设判断等问题广受关注，认知神经科学能够为这些领域的进一步深入提供新的视角。例如，通过神经活动的差异可以对比不同个体做出决策判断时所使用的思考模式的差异，或通过神经系统的活跃性判断个体某类先天特质的强度并将其和会计与审计中所做的各类职业判断联系，这种深入神经机制基础的探究可以帮助了解会计与审计人员做出不同决策行为的原因，甚至基于此预测其在不同社会情境下可能的行为，促进会计与审计领域的人才培养机制和监管机制的建设。

（三）金融投资决策的神经机制

投资者在进行投资决策时所表现的行为为神经经济学研究提供了诸多研究素材。行为金融学的发展已经证明，个体在其决策过程中仅表现出"有限理性"，会出现框架效应、启发式偏差等非理性行为。那么，这些现象背后的神经机制，以及基于这些神经机制产生的资本市场异象有待于通过认知神经科学的方法进行深入探究与解释。例如，通过认知神经科学研究方法可以直接获取个体对损失和波动的敏感性及对延迟收益的接受程度等，将神经证据与个体具体的投资决策相联系，将有助于解释资本市场中的各类非理性现象。

（四）非财务信息披露影响个体行为的神经机制

个体的认知资源是有限的，为了在这种有限资源的限制下使信息更好地发挥作用，研究各类信息披露对个体的年报阅读和投资决策等行为产生的影响就必不可少。特别针对目前会计研究领域中出现的语言转向和视觉转向，认知神经科学可以在此研究领域中发挥其优势，探究不同类型语言及视觉等非财务信息对个体行为产生影响的内在神经机制。这些研究对实现政府及监管部门合理制定信息披露标准和相关法规政策、优化投资者对年报信息的加工和处理模式、有效提升公司的信息传递质量等目标具有重要的借鉴意义。

第十章　神经科学推动管理学发展的总结

在本书的前九章中，我们比较系统地梳理了目前国内外神经科学推动管理学的研究发展新趋势，概述了管理学研究中可能涉及的神经科学常用技术的应用原理，然后逐一介绍了神经科学在工业工程、信息系统、商业伦理、风险决策、市场营销、金融学及财务会计等领域的应用及其为管理学的研究和实践带来的改变，提出了神经科学推动管理学研究发展的重要方向、主要任务和相关产业发展思路。从神经科学在管理学这些重要分支领域中的应用和研究现状来看，我们欣喜地看到，神经科学确实对国内外的管理学研究起到了助推的作用，对已取得的成绩概括如下：

一、神经科学推动管理学发展的研究现状

（一）神经科学推动工业工程研究现状

随着工业工程领域的不断发展与成熟，管理学界对人与系统的交互关系也有了更为深刻的认识，人与系统的关系已经逐渐从人适应系统向人与系统和谐交互发展。鉴于人与系统的关系发生了新变化，管理学家需要对人的行为及行为背后的原因有深入的了解与认识。神经科学从人的大脑活动与生理信号中获得人行为背后的神经机理，弥补了传统工业工程研究方法的不足，并从基础研究、理论研究及应用层面全方位推动工业工程领域的进步。具体来说，神经科学丰富了研究

者对操作者在真实环境下的认知活动与行为表现的观察，使研究者对操作者在真实情境中所涉及的感知、注意、记忆及决策等认知活动背后的原因有了更深的了解，为生产过程的相关环节提供了改进依据。本书介绍了工业工程发展的新趋势、面临的新要求和新挑战，并分别从基础和理论研究及应用层面梳理了神经科学如何助力工业工程领域的研究发展。

（二）神经科学推动信息系统研究现状

神经信息系统是认知神经科学理论、技术和方法在信息系统领域的应用，从全新的方法论视角研究和解决信息系统中的相关问题。神经信息系统的研究主要集中在系统设计与优化、信息服务与决策、社会网络与互动三大领域，主要的研究范式可分为情景实验的研究范式、心理学及决策科学经典任务应用的研究范式、多任务多方法结合三类。神经信息系统研究方法有效弥补了传统信息系统研究存在的不足，减少了应答偏误，实现了用户心理过程的准确测量并探索了用户决策的神经机制，发展和深化了信息系统的研究手段和理论基础。神经信息系统研究在补充和丰富现有理论的基础上，通过探索和发现传统信息系统领域中尚未解决及存在争议的问题，揭示用户信息决策的机制，打开"黑箱"，推动信息系统科学研究向"更客观，更深入"的方向发展。当前，数字经济蓬勃发展，神经信息系统方向的发展为从事信息系统研究的学者提出了新的历史使命，创造了新的历史机遇。

（三）神经科学推动商业伦理研究现状

神经伦理学是采用认知神经科学理论方法和技术手段来研究道德和伦理问题的一门新的交叉学科，目的是对个体进行道德判断和道德决策行为时的神经机制进行探索。商业伦理（Business Ethics）研究近年来在管理科学中日益受到重视，对商业伦理行为的认知神经机制研究成为神经伦理学的重要分支。这一新兴领域突破了传统研究手段仅考察行为现象的局限，在结合 ERP/fMRI 等认知神经科学技术手段的基础上，深入探讨管理者及从业者在商业行为中进行道德判断和道德决策时的大脑活动机制，从而帮助我们从本质上理解个体的内在行为规律与动机及个体差异，有助于帮助企业制定更完善合理的从业规范和行为准则。例如，宾夕法尼亚大学沃顿商学院 Diana Roberson 教授与医学院神经影像中心的 Hengyi Rao 教授团队合作开展的一系列对 MBA 学生的脑成像研究已经发现，个体的道德发展水平和道德一致性水平与决策相关的脑区尤其是奖赏网络的结构及功能活动存在显著相关。本书系统梳理了认知神经科学在商业伦理研究中的应用和研究成果，结合我国商业伦理的研究现状，提出该领域未来在我国的主要研究方向和发展趋势，以及如何运用认知神经科学的技术手段更好地回答学界与业界共同关注的商业伦理问题。

（四）神经科学推动管理决策研究现状

管理决策研究一直是管理学的核心方向，而风险决策又是管理决策中的重中之重。本书系统分析了神经科学的研究成果和研究技术给未来管理决策带来的深刻变革，深入探讨将神经科学的技术运用于管理决策特别是风险决策研究过程中面临的主要问题和瓶颈短板，并在总结目前研究结论和实际应用的基础上，提出推动我国管理决策研究的新思路和新途径。具体来说，神经科学在风险决策领域进行了一系列重要的学术探索，揭示了奖赏效价、奖赏幅度、概率、延迟、风险性的神经机制，提出了包括爱荷华赌博任务、延迟折扣任务、仿真气球冒险任务在内的一系列风险决策的神经科学研究范式，进一步揭示和完善了风险决策领域的诸多假设，对传统决策领域的若干问题进行了重新诠释和补充，对传统的风险决策研究方法进行了补充和创新，对主要的风险决策流派进行了发展和融合。

（五）神经科学推动市场营销研究现状

神经营销学是近年来在神经科学技术飞速发展的大背景下衍生出来的一个新概念和新兴交叉学科，是指运用神经科学方法来研究消费者行为，探究消费者决策的神经层面活动机理，寻找消费者行为背后的本质原因和推动力，从而产生恰当的营销策略。目前，神经科学技术已开始运用到用户体验、购物体验和产品研究等营销的多个领域。本书系统梳理了神经营销学在消费者认知、情绪的神经机制方面做出的重要学术探索，总结了包括营销情景实验任务、多任务多方法相结合在内的研究范式。通过梳理我们发现，神经营销学领域开展的一系列探索性研究识别了营销活动相关行为的神经相关性，甄别了决策信息加工的竞争性理论，确认了决策背后机制的现有理论，识别了消费者决策的新过程，改善了对消费者行为的预测，为营销学研究做出了重要贡献。

（六）神经科学推动金融工程研究现状

传统的金融理论将人的大脑看作一个"黑箱"，提出"投资者完全理性"假设，并在此基础上建立资产定价模型，忽视了大脑的活动及心理对个体金融决策行为的影响。尽管主流金融学对诸多实际问题都做出了合理的解释，但是金融市场仍然存在诸多异象。神经金融学作为一门金融学和神经科学交叉的新兴学科，通过深入地研究大脑活动，揭示大脑在做出复杂金融决策时的细节，以及大脑活动和个体金融决策之间的关系，由此打开金融决策的"黑箱"。近年来，神经金融学伴随着神经科学工具的发展迅速崛起，通过大脑的活动来解释、预测金融决策行为，对于完善现有的金融决策模型有着重要的意义。例如，加州理工大学的Camerer 教授使用 fMRI 记录下投资者在股票投资决策过程中的大脑活动，发现了脑区中的后悔信号与非理性决策之间的关系。本书在现有的相关研究基础上，结合我国金融市场存在信息不对称、中小投资者众多的特点，考察个体在特定背景下进行金融决策的神经机制，找出个体做出非理性决策并且导致金融市场波动的根源，为金融产品设计、金融市场监管提供科学的依据。

（七）神经科学推动财务会计研究

神经会计学是认知神经科学与会计学的结合，将认知神经科学的理论运用于会计领域中，并通过认知神经科学的研究方法揭示会计活动中个体行为背后的神经机制，弥补了传统会计学研究对参与会计活动的个体研究较少的不足，为会计学研究的进一步发展提供了崭新的视角和方式。目前，神经会计学已在财务会计、管理会计、审计和财务金融领域获得丰富的研究成果，并形成了一定的研究范式。这些已有研究为神经会计学的进一步发展积累了宝贵的经验，扩展了会计研究的理论依据，创新了会计研究的数据来源，挖掘了会计行为的终极动因，探究了会计行为的因果关系。本书系统梳理了这些已有文献并提炼出其研究范式，在此基础上总结了神经会计学未来可能的发展方向，即探索会计制度与认知模式的协调性、会计处理实务中的神经机制、资本市场投资决策中的神经机制及信息披露形式与决策行为之间的关系。

二、神经科学推动管理学发展的研究展望

在总结神经科学在推动管理学研究方面已经取得的成绩基础上，我们必须指

出，当前神经科学在与管理学的交叉融合中仍存在许多不足，但这也为神经科学推动管理学研究的未来指明了方向。我们认为，神经科学推动管理学研究，未来可以在如下几个方向重点突破，从而为管理学研究打开一片新的天空：

（一） 神经科学在组织行为领域的深入探索

组织神经科学（Organizational Neuroscience）是在管理学的大框架内，由组织行为学和神经科学进行交叉融合形成的一个新兴的前沿交叉领域。受到脑成像等多种认知神经科学技术进步的驱动，组织神经科学致力探索与组织情景中的社会认知现象相关的神经机制及其认知功能。社会神经科学（Social Neuroscience），即社会心理学与神经科学的交叉融合，是组织神经科学的基础。组织神经科学在社会神经科学基础上，在管理情景中更为深入地探究个体因素（个体差异、内部心理过程）及外部因素（环境因素、组织情景）对于组织行为的影响。从事组织神经科学前沿学术探索的学者们认为，了解组织行为背后的认知神经科学机制能够帮助我们了解组织情景中特定行为发生的原因，从而帮助管理者在管理实践中更好地引导雇员的行为。尽管组织行为是管理学研究的重要领域，组织行为学的研究者也对于认知神经科学工具的引入和应用充满了兴趣，但相比管理学的其他研究领域，组织神经科学领域的学术进展一直相对缓慢，一个重要的原因是当前认知神经科学在测度群体或团队层面的认知神经科学指标上仍存在很大瓶颈。我们期待认知神经科学能够早日在技术方法上突破这一瓶颈，从而助推组织行为领域的研究进展。

（二） 真实管理环境中认知神经指标的检测

神经科学推动管理学研究的一个重要趋势是在真实管理环境中的应用。在这方面研究者已经取得了一定的进展，例如许多电生理或成像技术被应用在操作者的工作过程中，用来记录操作者的大脑活动。事实上，即使是在控制严格的实验室环境下，电生理和脑成像等技术测量的信号中也充斥着大量的噪声和伪迹，如何去伪存真是考验研究者的一大难题。这需要研究者进一步开发去除伪迹的方法，同时也提示我们要理解当前神经科学技术本身的局限性，谨慎解释和利用神经科学的有关数据，避免过度应用或者高估神经科学数据在真实管理环境中的实践价值。在目前的神经科学技术发展水平下，要在实际管理环境中测度并且应用认知神经科学指标，仍任重而道远。

（三）神经科学研究结果解释的进一步规范

目前，神经科学助推管理学研究的结果解释缺乏严格的规范，如何科学且合理地对其进行解释仍是这一领域目前面临的重要障碍。尽管已有大量的相关文献发表，但很多研究结果仍有待后续实验的重复验证。此外，神经科学研究对实验环境和实验操作技术要求较高，环境的影响及实验操作的细节都有可能会影响实验的结果。由于开展认知神经科学研究的成本较高，目前主流的认知神经科学的实验招募的被试样本量均较小，可能导致结果存在一定的偶然性。

总而言之，迄今为止，多数愿意尝试神经科学和管理学交叉领域的学者和研究者们大都是从自身的研究兴趣出发，应用认知神经科学的技术和方法研究管理学领域若干具体问题。一方面，这些研究缺乏系统性；另一方面，尽管对人们的管理行为背后的神经学原理进行了探究，但对如何利用这些原理来预测和指导人们的管理行为缺乏足够思考。正如本书之前概述的，目前神经科学助推管理学的各分支领域开展的研究，大多还是侧重于大脑功能方面的研究，研究成果也主要发表于神经科学期刊，多学科融合的深度明显不足。运用神经科学的理论方法与技术手段，研究管理学的问题及其内在机制，发现新的管理规律，提出新的管理理论，是神经科学推动管理学研究的未来方向和长远目标，但这个目标的实现及神经科学推动管理学研究进一步科学化的理论框架的建立和完善仍然有待我们的长久努力。

参考文献

［1］柏树令．系统解剖学［M］．北京：人民卫生出版社，2006.

［2］陈婕．中国商业伦理的当代建构［D］．复旦大学硕士学位论文，2010.

［3］陈卫国．中国经济发展中的商业伦理问题［J］．管理现代化，2010（3）：53－55.

［4］冯晨昱．中美商业伦理教学效果的比较研究［J］．内蒙古师范大学学报（教育科学版），2016（1）：38.

［5］韩建平．中国企业国际化的商业伦理建设研究［D］．广东外语外贸大学硕士学位论文，2016.

［6］贺明明，王铁男，肖璇．社会资本对跨组织信息系统吸收影响机理研究［J］．管理科学学报，2014，17（5）：66－83.

［7］李柏林，吴华敏，周璐．浅析工业工程发展现状和未来发展趋势［J］．科技展望，2016（11）：2.

［8］李威巍．我国商业伦理构建途径解析［J］．时代报告（学术版），2012（03X）：63－64.

［9］刘根荣．中国传统诚信商业伦理观的内涵及其发展［J］．中国经济问题，2006（3）：54－59.

［10］刘瑞华，田雅娟．企业家道德约束的弱化与商业伦理中的诚信缺失［J］．行政论坛，2005（3）：75－76.

［11］刘艳．从道德角度论我国高等院校商业伦理教育的必要性［J］．高教探索，2016（S1）：15－16.

［12］刘颖斐，郑丹妮．伦理道德发展影响会计信息质量的行为学研究探讨

［J］．经济评论，2016（2）：151－160.

［13］马庆国，付辉建，卞军．神经工业工程：工业工程发展的新阶段［J］．管理世界，2012（6）：163－168，179.

［14］马庆国，王小毅．从神经经济学和神经营销学到神经管理学［J］．管理工程学报，2006，20（3）：129－132.

［15］马庆国，王小毅．认知神经科学，神经经济学与神经管理学［J］．管理世界，2006（10）：139－149.

［16］潘煜，万岩，陈国青，胡清，黄丽华，王刊良，王求真，王伟军，饶恒毅．神经信息系统研究：现状与展望［J］．管理科学学报，2018（5）：1－21.

［17］戚安邦，姜卉．论我国MBA商业伦理教育目标体系的构建［J］．现代大学教育，2006（6）：65－69.

［18］戚安邦，姜卉．我国MBA商业伦理教育普及性分析及对策研究［J］．学位与研究生教育，2007（10）：8－12.

［19］戚安邦，徐国振，姜卉，李静．我国MBA商业伦理和职业道德教育内容的实证研究［J］．内蒙古师范大学学报（教育科学版），2007，20（3）：59－62.

［20］沈思澄，吴桂珍．儒道思想与现代商业伦理［J］．继续教育研究，2012（10）：127－128.

［21］盛峰，徐菁．神经营销：解密消费者的大脑［J］．营销科学学报，2013，9（1）：1－17.

［22］谭德礼．现代商业伦理与构建和谐社会［J］．中国特色社会主义研究，2010（2）：108－110.

［23］汪蕾，雷晨，林志萍．金融决策的神经学基础［J］．管理世界，2010（3）：174－175.

［24］吴俊，韩文民．神经人因实验在工业工程教学中的探索与实践［J］．实验室研究与探索，2015（3）：172－176.

［25］伍华佳．儒家伦理与中国商业伦理的重构［J］．社会科学，2012（3）：50－57.

［26］邢立娜．对MBA研究生商业伦理道德教育的研究［J］．国家教育行政学院学报，2009（5）：76－78.

［27］徐国利. 朱子伦理思想与明清徽州商业伦理观的转换和建构［J］. 安徽史学，2011（5）：92 – 102.

［28］杨斌，姜朋，钱小军. MBA 商业伦理教育中誓言写作的实效评价［J］. 清华大学教育研究，2014（5）：61 – 69.

［29］曾德麟，欧阳桃花，周宁等. 基于信息处理的复杂产品制造敏捷性研究：以沈飞公司为案例［J］. 管理科学学报，2017，20（6）：1 – 17.

［30］周祖城，张四龙，冯天丽. 中国本土企业道德及其管理现状——一项对东，中，西部212 家企业的问卷调查［J］. 统计与信息论坛，2017，32（7）：115 – 121.

［31］朱树婷，仲伟俊，梅姝娥. 企业间信息系统治理的价值创造研究［J］. 管理科学学报，2016，19（7）：60 – 77.

［32］Abbasi A. , Sarker S. , Chiang R. H. L. Big Data Research in Information Systems：Toward an Inclusive Research Agenda［J］. Journal of the Association for Information Systems, 2016, 17（2）：2 – 32.

［33］Adam Marc, Krämer Jan, Weinhardt Christof. Excitement Up! Price Down! Measuring Emotions in Dutch Auctions［J］. International Journal of Electronic Commerce, 2012（17）：7 – 39.

［34］Adolphs R. , D. Tranel, A. R. Damasio. The Human Amygdala in Social Judgment［J］. Nature, 1998, 393（6684）：470 – 474.

［35］Adolphs R. , et al. Cortical Systems for the Recognition of Emotion in Facial Expressions［J］. Journal of Neuroscience, 1996, 16（23）：7678 – 7687.

［36］Aharon I. , Etcoff N. , Ariely D. , Chabris C. F. , O'Connor E. , Breiter H. C. Beautiful Faces Have Variable Reward Value：fMRI and Behavioral Evidence［J］. Neuron, 2001, 32（3）：537 – 551.

［37］Ainslie G. Monotonous Tasks Require Self – control Because They Interfere with Endogenous Reward［J］. Behav Brain Sci, 2013, 36（6）：679 – 680.

［38］Ajzen I. The Theory of Planned Behavior［J］. Organizational Behavior and Human Decision Processes, 1991, 50（2）：179 – 211.

［39］Anderson B. B. , Jenkins J. L. , Vance A. , Kirwan C. B. , Eargle D. Your Memory Is Working Against You：How Eye Tracking and Memory Explain Habituation to Security Warnings［J］. Decision Support Systems, 2016（92）：3 – 13.

［40］ Anderson B. B. , Vance A. , Kirwan C. B. , Eargle D. , Jenkins J. L. How Users Perceive and Respond to Security Messages: A Neurois Research Agenda and Empirical Study ［J］. European Journal of Information Systems, 2016, 25 (4): 364 – 390.

［41］ Anderson S. W. , Bechara A. , Damasio H. , Tranel D. , Damasio A. R. Impairment of Social and Moral Behavior Related to Early Damage in Human Prefrontal Cortex ［J］. Nature Neuroscience, 1999, 2 (11): 1032.

［42］ Anderson S. W. , Damasio H. , Tranel D. , Damasio A. R. Long – term Sequelae of Prefrontal Cortex Damage Acquired in Early Childhood ［J］. Developmental Neuropsychology, 2000, 18 (3): 281 –296.

［43］ Ansari D. , Coch D. Bridges Over Troubled Waters: Education and Cognitive Neuroscience ［J］. Trends in Cognitive Sciences, 2006, 10 (4): 146 –151.

［44］ Apicella P. , Ljungberg T. , Scarnati E. , et al. Responses to Reward in Monkey Dorsal and Ventral Striatum ［J］. Exp Brain Res, 1991, 85 (3): 491 – 500.

［45］ Apicella P. , Ravel S. , Deffains M. , et al. The Role of Striatal Tonically Active Neurons in Reward Prediction Error Signaling during Instrumental Task Performance ［J］. J Neurosci, 2011, 31 (4): 1507 –1515.

［46］ Ariely D. , Berns G. S. Neuromarketing: The Hope and Hype of Neuroimaging in Business ［J］. Nature Reviews Neuroscience, 2010, 11 (4): 284.

［47］ Ayaz H. , et al. , Optical Brain Monitoring for Operator Training and Mental Workload Assessment ［J］. Neuroimage, 2012, 59 (1): 36 –47.

［48］ Ayaz H. , et al. Continuous Monitoring of Brain Dynamics with Functional Near Infrared Spectroscopy as a Tool for Neuroergonomic Research: Empirical Examples and a Technological Development ［J］. Frontiers in Human Neuroscience, 2013 (7) .

［49］ A. Filler. Magnetic Resonance Neurography and Diffusion Tensor Imaging ［J］. Neurosurgery, 2009, 65 (S4): A29 –A43.

［50］ A. Filler. The History, Development and Impact of Computed Imaging in Neurological Diagnosis and Neurosurgery: CT, MRI, and DTI ［J］. Nat. Preced. , Jul. 2009.

［51］ Baddeley M. , Burke C. , Schultz W. , Tobler P. Herding in Financial Behaviour: A Behavioural and Neuroeconomic Analysis of Individual Differences ［EB/OL］. http: //doi. org/10. 17863/CAM/1041.

［52］ Bailey D. L. , Taonsend D. W. , Valk P. E. Bailey. Positron – Emission Tomography: Basic Sciences ［M］. Secaucus, NJ: Springer – Verlag, 2005.

［53］ Ballard K. , Knutson B. Dissociable Neural Representations of Future Reward Magnitude and Delay During Temporal Discounting ［J］. Neuroimage, 2009, 45 (1): 143 – 150.

［54］ Barhaim Y. , Lamy D. , Glickman S. Attentional Bias in Anxiety: A Behavioral and ERP Study ［J］. Brain and Cognition, 2005, 59 (1): 11 – 22.

［55］ Bartels R . A Model for Ethics in Marketing ［J］. The Journal of Marketing, 1967: 20 – 26.

［56］ Barton J. , Berns G. S. , Brooks A. M. The Neuroscience Behind the Stock Market's Reaction to Corporate Earnings News ［J］. The Accounting Review, 2014, 89 (6): 1945 – 1977.

［57］ Bartzokis G. , Beckson M. , Lu P. H. , et al. Age – related Brain Volume Reductions in Amphetamine and Cocaine Addicts and Normal Controls: Implications for Addiction Research ［J］. Psychiatry Res, 2000, 98 (2): 93 – 102.

［58］ Baxter M. G. , Murray E. A. The Amygdala and Reward ［J］. Nat Rev Neurosci, 2002, 3 (7): 563 – 573.

［59］ Beattie V. Accounting Narratives and the Narrative Turn in Accounting Research: Issues, Theory, Methodology, Methods and a Research Framework ［J］. The British Accounting Review, 2014, 46 (2): 111 – 134.

［60］ Bechara A. , D. Tranel, H. Damasio. Characterization of the Decision – making Deficit of Patients with Ventromedial Prefrontal Cortex Lesions ［J］. Brain, 2000 (123): 2189 – 2202.

［61］ Bechara A. , et al. Insensitivity to Future Consequences Following Damage to Human Prefrontal Cortex ［J］. Cognition, 1994, 50 (1 – 3): 7 – 15.

［62］ Bechara A. Risky Business: Emotion, Decision – making, and Addiction ［J］. J Gambl Stud, 2003, 19 (1): 23 – 51.

［63］ Bechara. A. , et al. Failure to Respond Autonomically to Anticipated Future

Outcomes Following Damage to Prefrontal Cortex [J] . Cereb Cortex, 1996, 6 (2):
215 –225.

[64] Bell D. E. Risk Premiums for Decision Regret [J] . Management Science,
1983, 29 (10): 1156 –1166.

[65] Bellucci G. , Chernyak S. V. , Goodyear K. , Eickhoff S. B. , Krueger
F. Neural Signatures of Trust in Reciprocity: A Coordinate Based Meta Analysis [J] .
Human Brain Mapping, 2017, 38 (3): 1233 –1248.

[66] Benbasat I. , Gefen D. , Pavlou P. A. Introduction to the Special Issue on
Novel Perspectives on Trust in Information Systems [J] . MIS Quarterly, 2010, 34
(2): 367 –371.

[67] Bermudez M. A. , Schultz W. Reward Magnitude Coding in Primate Amyg-
dala Neurons [J] . J Neurophysiol, 2010, 104 (6): 3424 –3432.

[68] Berns G. S. , Bell E. Striatal Topography of Probability and Magnitude Infor-
mation for Decisions under Uncertainty [J] . Neuroimage, 2012, 59 (4): 3166 –
3172.

[69] Bian. J. , et al. The Study on Neuro – IE Management Software in Manufac-
turing Enterprises: The Application of Video Analysis Technology [J] . Physics Proce-
dia, 2012 (33): 1608 –1613.

[70] Birch G. E. , S. G. Mason, J. F. Borisoff. Current Trends in Brain – comput-
er Interface Research at the Neil Squire Foundation [J] . IEEE Trans Neural Syst Re-
habil Eng, 2003, 11 (2): 123 –126.

[71] Biswal B. , Yetkin F. Z. , Haughton V. M. , Hyde J. S. Functional Connec-
tivity in the Motor Cortex of Resting Human Brain Using Echo – planar Mri [J] . Mag-
netic Resonance in Medicine, 1995, 34 (4): 537.

[72] Blood Anne J. , Robert J. Zatorre, Patrick Bermudez, Alan C. Evans. E-
motional Responses to Pleasant and Unpleasant Music Correlate with Activity in Paralim-
bic Brain Regions [J] . Nature Neuroscience, 1999, 2 (1): 382 –387.

[73] Boatright Bowie N. E. A Pluralist Theory of Organizational Ethics [J] . JS-
TOR, 1999.

[74] Bowie N. E. How Empirical Research in Human Cognition Does and Does
Not Affect Philosophical Ethics [J] . Journal of Business Ethics, 2009, 88 (4):

635 – 643.

［75］Britton J. C. , Phan K. L. , Taylor S. F. , Welsh R. C. , Berridge K. C. , Liberzon I. Neural Correlates of Social and Nonsocial Emotions: An fMRI Study ［J］. Neuroimage, 2006, 31（1）: 397 – 409.

［76］Brooks A. M. , Pammi V. S. , Noussair C. , et al. From Bad to Worse: Striatal Coding of the Relative Value of Painful Decisions ［J］. Front Neurosci, 2010（4）: 176.

［77］Brown M. E. , Treviño L. K. Ethical Leadership: A Review and Future Directions ［J］. The Leadership Quarterly, 2006, 17（6）: 595 – 616.

［78］Bruguier A. J. , Quartz S. R. , Bossaerts P. Exploring the Nature of "trader intuition" ［J］. The Journal of Finance, 2010, 65（5）: 1703 – 1723.

［79］Brunnlieb C. , Nave G. , Camerer C. F. , Schosser S. , Vogt B. , Thomas F. Münte, et al. Vasopressin Increases Human Risky Cooperative Behavior ［J］. Proceedings of the National Academy of Sciences of the United States of America, 2016, 113（8）: 2051.

［80］Burke C. J. , Tobler P. N. , Schultz W. , Baddeley M. Striatal BOLD Response Reflects the Impact of Herd Information on Financial Decisions ［J］. Frontiers in Human Neuroscience, 2010（4）: 48.

［81］Bzdok D. , Schilbach L. , Vogeley K. , Schneider K. , Laird A. R. , Langner R. , Eickhoff S. B. Parsing the Neural Correlates of Moral Cognition: ALE Meta – analysis on Morality, Theory of Mind, and Empathy ［J］. Brain Structure and Function, 2012, 217（4）: 783 – 796.

［82］B. J. Baars, N. M. Gage. 认知、脑与意识: 认知神经科学导论 ［M］. 北京: 科学出版社, 2008.

［83］Camerer C. F. , Loewenstein G. , Prelec D. Neuroeconomics: How Neuroscience Can Inform Economics ［J］. Journal of Economic Literature, 2005, 43（1）: 9 – 64.

［84］Camerer C. F. Neuroeconomics: Using Neuroscience to Make Economic Predictions ［J］. The Economic Journal, 2007, 117（519）: C26 – C42.

［85］Camille N. , Coricelli G. , Sallet J. , Pradatdiehl P. , Duhamel J. , Sirigu A. The Involvement of the Orbitofrontal Cortex in the Experience of Regret ［J］. Science, 2004, 304 (5674): 1167 - 1170.

[86] Canli T., Sivers H., Whitfield S. L., Gotlib I. H., Gabrieli J. D. Amygdala Response to Happy Faces as a function of Extraversion [J]. Science, 2002, 296 (5576): 2191.

[87] Carroll A. B. Managerial Ethics a Post - Watergate View [J]. Business Horizons, 1975, 18 (2): 75 - 80.

[88] Carvalho Júnior C. V. D. O., Cornacchione E., Rocha A. F. D., et al. Cognitive Brain Mapping of Auditors and Accountants in Going Concern Judgments [J]. Revista Contabilidade & Finanças, 2017, 28 (73): 132 - 147.

[89] Casacchia M., Mazza M., Catalucci A., Pollice R., Gallucci M., Roncone R. P02 - 10 Abnormal Emotional Responses to Pleasant and Unpleasant Visual Stimuli in First Episode Schizophrenia: fMRI Investigation [J]. European Psychiatry, 2009, 24 (3): S700.

[90] Cascio C. N., O'Donnell M. B., Bayer J., Tinney Jr, Francis J., Falk E. B. Neural Correlates of Susceptibility to Group Opinions in Online Word - of - mouth Recommendations [J]. Journal of Marketing Research, 2015, 52 (4): 559 - 575.

[91] Casebeer W. D., Churchland P. S. The Neural Mechanisms of Moral Cognition: A Multiple - aspect Approach to Moral Judgment and Decision - making [J]. Biology and Philosophy, 2003, 18 (1): 169 - 194.

[92] Chan H. Y., Boksem M., Smidts A. Neural Profiling of Brands: Mapping Brand Image in Consumers' Brains with Visual Templates [J]. Journal of Marketing Research, 2018, 55 (4): 600 - 615.

[93] Chandon P., Hutchinson J. W., Bradlow E. T., Young S. H. Does in - Store Marketing Work? Effects of the Number and Position of Shelf Facings on Brand Attention and Evaluation at the Point of Purchase [J]. Journal of Marketing, 2009, 73 (6): 1 - 17.

[94] Chen F., Krajbich I. Biased Sequential Sampling Underlies the Effects of Time Pressure and Delay in Social Decision Making [J]. Nature Communications, 2018, 9 (1): 3557.

[95] Chen M., Ma Q., Li M., Dai S., Wang X., Shu L. The Neural and Psychological Basis of Herding in Purchasing Books Online: An Event - Related Poten-

tial Study [J]. CyberPsychology, Behavior & Social Networking, 2010a, 13 (3): 321 –328.

[96] Chen M., Ma Q., Li M., Lai H., Wang X., Shu L. Cognitive and E-motional Conflicts of Counter – conformity Choice in Purchasing Books Online: An Event – related Potentials Study [J]. Biological Psychology, 2010b, 85 (3): 437 – 445.

[97] Chen P., Qiu J., Li H., Zhang Q. Spatiotemporal Cortical Activation Underlying Dilemma Decision – making: An Event – related Potential Study [J]. Biological Psychology, 2009, 82 (2): 111 –115.

[98] Chen Y., Jermias J., Panggabean T. The Role of Visual Attention in the Managerial Judgment of Balanced Scorecard Performance Evaluation: Insights from Using an Eye – Tracking Device [J]. Journal of Accounting Research, 2016, 54 (1): 113 –146.

[99] Chen Y. P., Nelson L. D., Hsu M. From "Where" to "What": Distributed Representations of Brand Associations in the Human Brain [J]. Journal of Marketing Research, 2015, 52 (4): 453 –466.

[100] Chib V. S., Rangel A., Shimojo S., O' Doherty J. P. Evidence for a Common Representation of Decision Values for Dissimilar Goods in Human Ventromedial Prefrontal Cortex [J]. Journal of Neuroscience, 2009, 29 (39): 12315 –12320.

[101] Choi T. M., Cheng T. C. E., Zhao X. Multi – Methodological Research in Operations Management [J]. Production and Operations Management, 2016, 25 (3): 379 –389.

[102] Chorvat T., McCabe K. The Brain and the Law [J]. Philosophical Transactions of the Royal Society B: Biological Sciences, 2004, 359 (1451): 1727.

[103] Christie P. M. J., Kwon I. –W. G., Stoeberl P. A., Baumhart R. A Cross – cultural Comparison of Ethical Attitudes of Business Managers: India Korea and the United States [J]. Journal of Business Ethics, 2003, 46 (3): 263 –287.

[104] Clikeman P. M., Henning S. L. The Socialization of Undergraduate Accounting Students [J]. Issues in Accounting Education, 2015 (1): 1 –17.

[105] Coricelli G., Critchley H. D., Joffile M., et al. Regret and Its Avodance: A Neuroimaging Study of Choice Behavior [J]. Nat Neurosci, 2005, 8

（9）：1255 - 1262.

［106］Couwenberg L. E. , Boksem M. A. , Dietvorst R. C. , Worm L. , Verbeke W. J. , Smidts A. Neural Responses to Functional and Experiential Ad Appeals: Explaining Ad Effectiveness ［J］. International Journal of Research in Marketing, 2017, 34 （2）: 355 - 366.

［107］Critchley H. D. , Rolls E. T. Hunger and Satiety Modify the Responses of Olfactory and Visual Neurons in the Primate Orbitofrontal Cortex ［J］. J Neurophysiol, 1996, 75 （4）: 1673 - 1686.

［108］Cromwell H. C. , Schultz W. Effects of Expectations for Different Reward Magnitudes on Neuronal Activity in Primate Striatum ［J］. J Neurophysiol, 2003, 89 （5）: 2823 - 2838.

［109］Cueva C. , Roberts R. E. , Spencer T. , Rani N. , Tempest M. , Tobler P. N. , et al. Cortisol and Testosterone Increase Financial Risk Taking and May Destabilize Markets ［J］. Scientific Reports, 2015 （5）: 11206.

［110］Cushman F. Action, Outcome, and Value: A Dual - system Framework for Morality ［J］. Personality and Social Psychology Review, 2013, 17 （3）: 273 - 292.

［111］d Casebeer W. Neurobiology Supports Virtue Theory on the Role of Heuristics in Moral Cognition ［J］. Behavioral and Brain Sciences, 2005, 28 （4）: 547.

［112］Damasio A. R. Descartes'Error: Emotion, Reason and the Human Brain ［J］. Bulletin of the American Meteorological Society, 2002, 83 （5）: 742.

［113］Damoiseaux J. S. , Rombouts S. A. R. B. , Barkhof - F. , Scheltens P. , Stam C. J. , Smith S. M. , et al. Consistent Resting - state Networks across Healthy Subjects ［J］. Proc Natl Acad Sci U. S. A, 2006, 103 （37）: 13848.

［114］Davidson R. J. , Ekman P. , Saron C. D. , Senulis J. A. , Friesen W. V. Approach - withdrawal and Cerebral Asymmetry: Emotional Expression and Brain Physiology ［J］. International Journal of Personality and Social Psychology, 1990, 58 （2）: 330 - 341.

［115］Davison J. Visualising Accounting: An Interdisciplinary Review and Synthesis ［J］. Accounting and Business Research, 2015, 45 （2）: 121 - 165.

［116］De George R. T. Business Ethics and the Information Age ［J］. Business and Society Review, 1999, 104 (3): 261 –278.

[117] De Guinea A. O. , Titah R. , Léger P. M. Explicit and Implicit Antecedents of Users' Behavioral Beliefs in Information Systems: A Neuropsychological Investigation [J] . Journal of Management Information Systems, 2014, 30 (4): 179 –210.

[118] De Martino B. , Camerer C. F. , Adolphs R. , Purves D. Amygdala Damage Eliminates Monetary Loss Aversion [J] . Proceedings of the National Academy of Sciences of the United States of America, 2010, 107 (8): 3788 –3792.

[119] De Martino B. , Fleming S. M. , Garrett N. , et al. Confidence in Value –based Choice [J] . Nature Neuroscience, 2013, 16 (1): 105.

[120] De Martino B. , Kumaran D. , Holt B. , Dolan R. J. The Neurobiology of Reference – Dependent Value Computation [J] . The Journal of Neuroscience, 2009, 29 (12): 3833 –3842.

[121] De Martino B. , Kumaran D. , Seymour B. , Dolan R. J. Frames, Biases, and Rational Decision – making in the Human Brain [J] . Science, 2006, 313 (5787): 684 –687.

[122] De Martino B. , O'Doherty J. P. , Ray D. , Bossaerts P. , Camerer C. In the Mind of the Market: Theory of Mind Biases Value Computation during Financial Bubbles [J] . Neuron, 2013, 79 (6): 1222 –1231.

[123] Delazer M. , Sinz H. , Zamarian L. , et al. Decision Making under Risk and under Ambiguity in Parkinson's Disease [J] . Neuropsychologia, 2009, 47 (8 – 9): 1901 –1908.

[124] Delgado M. R. , Schotter A. , Ozbay E. Y. , et al. Understanding Overbidding: Using the Neural Circuitry of Reward to Design Economic Auctions [J] . Science, 2008, 321 (5897): 1849 –1852.

[125] Dennis A. R. Information Exchange and Use in Group Decision Making: You Can Lead a Group to Information, But You Can't Make It Think [J] . MIS Quarterly, 1996, 20 (4): 433 –457.

[126] Deppe M. , Schwindt W. , Kugel H. , Plassmann H. , Kenning P. Nonlinear Responses within the Medial Prefrontal Cortex Reveal When Specific Implicit Information Influences Economic Decision Making [J] . Journal of Neuroimaging, 2015 (15): 171 –182.

[127] Deppe M. , Schwindt W. , Pieper A. , Kugel H. , Plassmann H. , Kenning P. , Deppe K. , Ringelstein E. B. Anterior Cingulate Reflects Susceptibility to Framing during Attractiveness Evaluation [J] . Neuroreport, 2007 (18): 1119 – 1123.

[128] Desplaces D. E. , Melchar, D. E. , Beauvais L. L. , Bosco S. M. The Impact of Business Education on Moral Judgment Competence: An Empirical Study [J] . Journal of Business Ethics, 2007, 74 (1): 73 – 87.

[129] Dickhaut J. , Basu S. , Mccabe K. , et al. Neuroaccounting: Consilience between the Biologically Evolved Brain and Culturally Evolved Accounting Principles [J]. Accounting Horizons, 2010, 24 (2): 221 – 255.

[130] Dickhaut J. W. , Basu S. , Mccabe K. A. , et al. Neuro Accounting, Part I: The Primate Brain and Reciprocal Exchange [J] . SSRN Electronic Journal, 2009.

[131] Dierolf A. M. , et al. Influence of Acute Stress on Response Inhibition in Healthy Men: An ERP Study [J] . Psychophysiology, 2017, 54 (5): 684 – 695.

[132] Dijksterhuis A. , Aarts H. Goals, Attention, and (un) Consciousness [J] . Annual Review of Psychology, 2010 (61): 467 – 490.

[133] Dimoka A. , Banker R. D. , Davis F. D. , Dennis A. R. , Gefen D. , Benbasat I. , Gupta Alok, Ischebeck A. , Kenning P. H. , Pavlou P. A. , Muller P. G. , Riedl R. , vom Brocke J. , Weber B. On the Use of Neurophysiological Tools in is Research: Developing a Research Agenda for Neurois [J] . MIS Quarterly, 2012, 36 (3): 679 – 702.

[134] Dimoka A. How to Conduct a functional Magnetic Resonance (fMRI) Study in Social Science Research? [J] . MIS Quarterly, 2012, 36 (3): 811 – 840.

[135] Dimoka A. What Does the Brain Tell Us about Trust and Distrust? Evidence from a Functional Neuroimaging Study [J] . MIS Quarterly, 2010, 34 (2): 373 – 396.

[136] Dom G. , D'Haene P. , Hulstijn W. , et al. Impulsivity in Abstinent Early – and Late – onset Alcoholics: Differences in Self – report Measures and a Discounting Task [J] . Addiction, 2006, 101 (1): 50 – 59.

[137] Donaldson T. , Dunfee T. W. Ties That Bind: A Social Contracts Approach to Business Ethics [J] . JSTOR, 1999.

［138］ Donaldson T. , Dunfee T. W. Toward a Unified Conception of Business Ethics: Integrative Social Contracts Theory ［J］. Academy of Management Review, 1994, 19 (2): 252 - 284.

［139］ Dreher J. C. , Kohn P. , Berman K. F. Neural Coding of Distinct Statistical Properties of Reward Information in Humans ［J］. Cereb Cortex, 2006, 16 (4): 561 - 573.

［140］ Dunn P. , Shome A. , Dunn P. Canadian Business Students Linked References Are Available on JSTOR for This Article: Cultural Crossvergence and Social Desirability Bias: Ethical Evaluations by Chinese and Canadian Business Students, 2017, 85 (4): 527 - 543.

［141］ Durgin F. H. , Doyle E. , Egan L. Upper - left Gaze Bias Reveals Competing Search Strategies in a Reverse Stroop Task ［J］. Acta Psychologica, 2008, 127 (2): 428 - 448.

［142］ Dymond S. , Bailey R. , Willner P. , et al. Symbol Labelling Improves Advantageous Decision - making on the Iowa Gambling Task in People with Intellectual Disabilities ［J］. Res Dev Disabil, 2010, 31 (2): 536 - 544.

［143］ Edmunds A. , Morris A. The Problem of Information Overload in Business Organisations: A Review of the Literature ［J］. International Journal of Information Management, 2000, 20 (1): 17 - 28.

［144］ Efron R. , Yund E. W. Spatial Nonuniformities in Visual Search ［J］. Brain and Cognition, 1996, 31 (3): 331 - 368.

［145］ Eisenberger N. I. , Lieberman M. D. , Williams K. D. Does Rejection Hurt? An fMRI Study of Social Exclusion ［J］. Science, 2003, 302 (5643): 290 - 292.

［146］ Elliott R. , Baker S. C. , Rogers R. D. , O'Leary D. A. , Paykel E. S. , Frith C. D. , Dolan R. J. , Sahakian B. J. Prefrontal Dysfunction in Depressed Patients Performing a Complex Planning Task: A Study Using Positron Emission Tomography ［J］. Psychological Medicine, 1997, 27 (4): 931 - 942.

［147］ Elliott R. , Dolan R. J. , Frith C. D. Dissociable Functions in the Medial and Lateral Orbitofrontal Cortex: Evidence from Human Neuroimaging Studies ［J］. Cereb Cortex, 2000, 10 (3): 308 - 317.

[148] Ellsberg D. Risk, Ambiguity, and the Savage Axioms [J]. Quarterly Journalof Economics, 1961 (75): 643 – 669.

[149] Erk S., Spitzer M., Wunderlich A. P., Galley L., Walter H. Cultural Objects Modulate Reward Circuitry [J]. Neuroreport, 2002 (13): 2499 – 2503.

[150] Eskenazi P. I., Hartmann F. G., Rietdijk W. J. Why Controllers Compromise on Their Fiduciary Duties: EEG Evidence on the Role of the Human Mirror Neuron System [J]. Accounting, Organizations and Society, 2016 (50): 41 – 50.

[151] Euteneuer F., Schaefer F., Stuermer R., Engelmann J. B., Tamir D. Individual Differences in Risk Preference Predict Neural Responses during Financial Decision – making [J]. Brain Res, 2009 (1290): 28 – 51.

[152] Evans J. S. B. T. In Two Minds: Dual – process Accounts of Reasoning [J]. Trends in Cognitive Sciences, 2003, 7 (10): 0 – 459.

[153] E. Kandel, J. Schwartz. Principles of Neural Science, Fifth Edition, Compressed pdf [M]. McGraw – Hill Education, 2013.

[154] Fairhurst M. T., Janata P., Keller P. E. Leading the Follower: An fMRI Investigation of Dynamic Cooperativity and Leader – follower Strategies in Synchronization with an Adaptive Virtual Partner [J]. Neuroimage, 2014 (84): 688 – 697.

[155] Fang Z., Jung W. H., Korczykowski M., Luo L., Prehn K., Xu S. … Rao H. Post – conventional Moral Reasoning is Associated with Increased Ventral Striatal Activity at Rest and During Task [J]. Scientific Reports, 2017, 7 (1): 1 – 11.

[156] Farrell A. M., Goh J. O., White B. J. Financial Incentives Differentially Regulate Neural Processing of Positive and Negative Emotions during Value – Based Decision – Making [J]. Frontiers in Human Neuroscience, 2018 (12): 58.

[157] Farrell A. M., Goh J. O., White B. J. The Effect of Performance – based Incentive Contracts on System 1 and System 2 Processing in Affective Decision Contexts: fMRI and Behavioral Evidence [J]. The Accounting Review, 2014, 89 (6): 1979 – 2010.

[158] Fazel – Rezai R., et al. P300 Brain Computer Interface: Current Challenges and Emerging Trends [J]. Front Neuroeng, 2012 (5): 14.

[159] Fecteau S., Knoch D., Fregni F., Sultani N., Boggio P. S., Pascual-leone A. Diminishing Risk – Taking Behavior by Modulating Activity in the Prefrontal

Cortex: A Direct Current Stimulation Study [J] . The Journal of Neuroscience, 2007, 27 (46): 12500 – 12505.

[160] Fecteau S. , Pascualleone A. , Zald D. H. , Liguori P. , Theoret H. , Boggio P. S. , Fregni F. Activation of Prefrontal Cortex by Transcranial Direct Current Stimulation Reduces Appetite for Risk during Ambiguous Decision Making [J] . The Journal of Neuroscience, 2007, 27 (23): 6212 – 6218.

[161] Ferstl E. C. , Rinck M. , von Cramon D. Y. Emotional and Temporal Aspects of Situation Model Processing during Text Comprehension: An Event – related fMRI Study [J] . Journal of Cognitive Neuroscience, 2005, 17 (5): 724 – 739.

[162] Finucane M. L. , Alhakami A. , Slovic P. , Johnson S. M. The Affect Heuristic in Judgments of Risks and Benefits [J] . Journal of Behavioral Decision Making, 2000, 13 (1): 1 – 17.

[163] Fiorillo C. D. , Tobler P. N. , Schultz W. Discrete Coding of Reward Probability and Uncertainty by Dopamine Neurons [J] . Science, 2003, 299 (5614): 1898 – 1902.

[164] Fleming J. E. Authorities in Business Ethics [J] . Journal of Business Ethics, 1987, 6 (3): 213 – 217.

[165] Forte A. Business Ethics: A Study of The Moral Reasoning of Selected Business Managers and The Influence of Organizational Ethical Climate [J] . Journal of Business Ethics, 2004, 51 (2): 167 – 173.

[166] Fox M. D. , Snyder A. Z. , Vincent J. L. , Corbetta M. , Essen D. C. V. , Raichle M. E. The Human Brain is Intrinsically Organized into Dynamic, Anticorrelated Functional Networks [J] . Proceedings of the National Academy of Sciences of the United States of America, 2005, 102 (27): 9673 – 9678.

[167] Frankmann J. P. , J. A. Adams. Theories of Vigilance [J] . Psychological Bulletin, 1962, 59 (4): 257 – 272.

[168] Frederick W. C. The Evolutionary Firm and Its Moral (dis) Contents [J] . The Ruffin Series of the Society for Business Ethics, 2004 (4): 145 – 176.

[169] Freeman F. G. , et al. Evaluation of an Adaptive Automation System Using Three EEG Indices with a Visual Tracking Task [J] . Biol Psychol, 1999, 50 (1): 61 – 76.

[170] Frith, C. D. , Singer T. The Role of Social Cognition in Decision Making [J] . Philosophical Transactions of the Royal Society of London B: Biological Sciences, 2008, 363 (1511): 3875 – 3886.

[171] Frydman C. , Arberris, Camerer, Bossaerts P. , Rangel. Using Neural Data to Test a Theory of Investor Behavior: An Application to Realization Utility [J] . The Journal of Finance, 2014 (69): 907 – 946.

[172] Frydman C. , Camerer C. Neural Evidence of Regret and Its Implications for Investor Behavior [J] . The Review of Financial Studies, 2016, 29 (11): 3108 – 3139.

[173] Frydman C. What Drives Peer Effects in Financial Decision – making? Neural and Behavioral Evidence [R] . Working Paper, University of South California, 2015.

[174] Gallese V. The Shared Manifold Hypothesis – From Mirror Neurons to Empathy [J] . Journal of Consciousness Studies, 2001, 8 (5 – 6): 33 – 50.

[175] Gao X. , Yu H. , Sáez I. , Blue P. R. , Zhu L. , Hsu M. , Zhou X. Distinguishing Neural Correlates of Context – dependent Advantageous and Disadvantageous – inequity Aversion [J] . Proceedings of the National Academy of Sciences, 2018, 115 (33): 7680 – 7689.

[176] Gazzaniga M. S. The Ethical Brain: The Sience of Our Moral Dilemmas [M] . Harper Perennial, 2006.

[177] Genevsky A. , Yoon C. , Knutson B. When Brain Beats Behavior: Neuroforecasting Crowdfunding Outcomes [J] . Journal of Neuroscience, 1633.

[178] Glimcher P. W. , Fehr E. Neuroeconomics: Decision Making and the Brain [M] . Academic Press, 2013.

[179] Glimcher P. W. , Rustichini A. Neuroeconomics: The Consilience of Brain and Decision [J] . Science, 2004, 306 (5695): 447 – 452.

[180] Gold J. I. , Shadlen M. N. The Neural Basis of Decision Making [J] . Annu Rev Neurosci, 2007 (30): 535 – 574.

[181] Goodpaster K. E. Ethics in Management (Vol. 1) . Division of Research [M] . Harvard Business School, 1984.

[182] Gospic K. , et al. Limbic Justice – Amygdala Involvement in Immediate

Rejection in the Ultimatum Game [J]. Plos Biology, 2011, 9 (5).

[183] Gottfried J. A., O'Doherty J., Dolan R. J. Encoding Predictive Reward Value in Human Amygdala and Orbitofrontal Cortex [J]. Science, 2003, 301 (5636): 1104 – 1107.

[184] Green L., Fristoe N., Myerson J. Temporal Discounting and Preference Reversals in Choice between Delayed Outcomes [J]. Psychon Bull Rev, 1994, 1 (3): 383 – 389.

[185] Greene J. D., Nystrom L. E., Engell A. D., Darley J. M., Cohen J. D. The Neural Bases of Cognitive Conflict and Control in Moral Judgment [J]. Neuron, 2004, 44 (2): 389 – 400.

[186] Greenwald A. G., Banaji M. R. Implicit Social Cognition: Attitudes, Self – esteem, and Stereotypes [J]. Psychological Review, 1995, 102 (1): 4.

[187] Gregor S., Lin A. C. H., Gedeon T., Riaz A., Zhu D. Neuroscience and a Nomological Network for the Understanding and Assessment of Emotions in Information Systems Research [J]. Journal of Management Information Systems, 2014, 30 (4): 13 – 48.

[188] G. Finkelstein, Emil du Bois – Reymond. Neuroscience, Self, and Society in Nineteenth – Century Germany [M]. Cambridge, London: The MIT Press, 2013.

[189] Haidt J. The Emotional Dog and Its Rational Tail: A Social Intuitionist Approach to Moral Judgment [J]. Psychological Review, 2001, 108 (4): 814.

[190] Hamelin N., El Moujahid O., Thaichon P. Emotion and Advertising Effectiveness: A Novel Facial Expression Analysis Approach [J]. Journal of Retailing and Consumer Services, 2017 (36): 103 – 111.

[191] Hampton A. N., P. Bossaerts, J. P. O'Doherty. The Role of the Ventromedial Prefrontal Cortex in Abstract State – based Inference during Decision Making in Humans [J]. Journal of Neuroscience, 2006, 26 (32): 8360 – 8367.

[192] Hannah S. T., Avolio B. J., Walumbwa F. O. Addendum to Relationships between Authentic Leadership, Moral Courage, and Ethical and Pro – social Behaviors [J]. Business Ethics Quarterly, 2014, 24 (2): 277 – 279.

[193] Haracz J. L., Acland D. J. Neuroeconomics of Asset – price Bubbles: To-

ward the Prediction and Prevention of Major Bubbles [R] . Online Working Paper, 2015.

[194] Hare T. A. , Camerer C. F. , Knoepfle D. T. , Rangel A. Value Computations in Ventral Medial Prefrontal Cortex during Charitable Decision Making Incorporate Input from Regions Involved in Social Cognition [J] . Journal of Neuroscience, 2010, 30 (2): 583 – 590.

[195] Harle K. M. , A. G. Sanfey. Incidental Sadness Biases Social Economic Decisions in the Ultimatum Game [J] . Emotion, 2007, 7 (4): 876 – 881.

[196] Hauser M. D. The Liver and The Moral Organ [J] . Social Cognitive and Affective Neuroscience, 2006, 1 (3): 214 – 220.

[197] Hedgcock W. M. , Vohs K. D. , Rao A. R. Reducing Self Control Depletion Effects through Enhanced Sensitivity to Implementation: Evidence from fMRI and Behavioral Studies [J] . Journal of Consumer Psychology, 2012, 22 (4): 486 – 495.

[198] Helfinstein S. M. , Schonberg T. , Congdon E. , et al. Predicting Risky Choices from Brain Activity Patterns [J] . Proc Natl Acad Sci USA, 2014, 111 (7): 2470 – 2475.

[199] Helton W. S. , et al. The Abbreviated Vigilance Task and Cerebral Hemodynamics [J] . J Clin Exp Neuropsychol, 2007, 29 (5): 545 – 552.

[200] Hevner A. R. , March S. T. , Park J. , Ram S. Design Science in Information Systems Research [J] . MIS Quarterly, 2004, 28 (1): 75 – 105.

[201] Hitchcock E. M. , et al. Automation Cueing Modulates Cerebral Blood Flow and Vigilance in a Simulated Air Traffic Control Task [J] . Theoretical Issues in Ergonomics Science, 2003, 4 (1 – 2): 89 – 112.

[202] Holt C. A. , Laury S. K. Risk Aversion and Incentive Effects [J] . The American Economic Review, 2002, 92 (5): 1644 – 1655.

[203] Honk J. V. , Will G. J. , Terburg D. , Raub W. , Eisenegger C. , Buskens V. Erratum: Effects of Testosterone Administration on Strategic Gambling in Poker Play [J] . Scientific Reports, 2016, 6 (3): 18096.

[204] Hoon W. , Prehn K. , Fang Z. , Korczykowski M. , Kable J. W. , Rao H. , Robertson D. C. NeuroImage Moral Competence and Brain Connectivity: A Resting – state

fMRI Study [J]. NeuroImage, 2016 (141): 408 – 415.

[205] Horat S. K, et al. Assessment of Mental Workload: A New Electrophysiological Method Based on Intra – block Averaging of ERP Amplitudes [J]. Neuropsychologia, 2016 (82): 11 – 17.

[206] Hsu M., Bhatt M., Adolphs R., Tranel D., Camerer C. F. Neural Systems Responding to Degrees of Uncertainty in Human Decision – Making [J]. Science, 2005 (310): 1680 – 1683.

[207] Hsu M., Krajbich I., Zhao C., Camerer C. F. Neural Response to Reward Anticipation under Risk is Nonlinear in Probabilities [J]. Journal of Neuroscience, 2009, 29 (7): 2231 – 2237.

[208] Hu Q., West R., Smarandescu L. The Role of Self – control in Information Security Violations: Insights from a Cognitive Neuroscience Perspective [J]. Journal of Management Information Systems, 2015, 31 (4): 6 – 48.

[209] Huang D., Chen S., Wang S., Shi J., Ye H., Luo J., Zheng H. Activation of the DLPFC Reveals an Asymmetric Effect in Risky Decision Making: Evidence from a tDCS Study [J]. Frontiers in Psychology, 2017 (8): 38.

[210] Huang S. C., Bias R. G., Schnyer D. How Are Icons Processed by the Brain? Neuroimaging Measures of Four Types of Visual Stimuli Used in Information Systems [J]. Journal of the Association for Information Science & Technology, 2015, 66 (4): 702 – 720.

[211] Huettel S. A., Stowe C. J., Gordon E. M., et al. Neural Signatures of Economic Preferences for Risk and Ambiguity [J]. Neuron, 2006, 49 (5): 765 – 775.

[212] Huettel S. A., Stowe C. J., Gordon E. M., Warner B. T., Platt M. L. Neural Signatures of Economic Preferences for Risk and Ambiguity [J]. Neuron, 2006 (49): 765 – 775.

[213] Hyun Y. J., Park B., Lee S., Park S., Kim M. Y. A Neuro – Scientific Analysis of Affect and Cognition in Consumer Response to the Marketing Stimulus – EEG Analysis of the Relationship between Prefrontal Hemispheric Lateralization and Occipital Alpha Blocking in Ad Exposure [R]. Working Paper, 2018.

[214] Ioannides A. A., Liu L., Theofilou D., Dammers J., Burne T., Amb-

ler T. Rose S. P. R. Real Time Processing of Affective and Cognitive Stimuli in the Human Brain Extracted from MEG Signals [J]. Brain Topography, 2000 (13): 11 – 19.

[215] Janoff – Bulman R., Sheikh S., Hepp S. Proscriptive versus Prescriptive Morality: Two Faces of Moral Regulation [J]. Journal of Personality and Social Psychology, 2009, 96 (3): 521.

[216] Jenkins J. L., Anderson B. B., Vance A., Kirwan C. B., Eargle D. More Harm than Good? How Messages That Interrupt Can Make Us Vulnerable [J]. Information Systems Research, 2016, 27 (4): 880 – 896.

[217] Jiang C., et al. Acute Psychological Stress Disrupts Attentional Bias to Threat – Related Stimuli [J]. Sci Rep, 2017, 7 (1): 1 – 11.

[218] Jiang C., P. P. Rau. The Detrimental Effect of Acute Stress on Response Inhibition When Exposed to Acute Stress: An Event – related Potential Analysis [J]. Neuroreport, 2017, 28 (14): 922 – 928.

[219] Jiang, C., P. P. Rau. Working Memory Performance Impaired after Exposure to Acute Social Stress: The Evidence Comes from ERPs [J]. Neurosci Lett, 2017 (658): 137 – 141.

[220] Johnson R. R., Berka C., Waldman D., Balthazard P., Pless N., Maak T. Neurophysiological Predictors of Team Performance [R]. In International Conference on Augmented Cognition, 2013.

[221] Johnson S. C., Baxter L. C., Wilder L. S., Pipe J. G., Heiserman J. E., Prigatano G. P. Neural Correlates of Self – reflection [J]. Brain, 2002, 125 (8): 1808 – 1814.

[222] Johnston J., M. Rearick, S. Slobounov. Movement – related Cortical Potentials Associated with Progressive Muscle Fatigue in a Grasping Task [J]. Clin Neurophysiol, 2001, 112 (1): 68 – 77.

[223] Jung W. H., Prehn K., Fang Z., et al. Moral Competence and Brain Connectivity: A Resting – state fMRI Study [J]. NeuroImage, 2016: S1053811916303524.

[224] Junghöfer M., Kissler J., Schupp H. T., Putsche C., Elling L., Dobel C. A Fast Neural Signature of Motivated Attention to Consumer Goods Separates the

Sexes［J］. Frontiers in Human Neuroscience, 2010 (4)：179.

［225］ J. F. Drazkowski. Book Review：Niedermeyer's Electroencephalography：Basic Principles, Clinical Applications, and Related Fields［J］. Neurology, 2011, 77 (12)：1209.

［226］ J. W. Kalat. 生物心理学［M］. 苏彦捷译, 北京：人民邮电出版社, 2011.

［227］ Kable J. W. , Glimcher P. W. An "as soon as possible" Effect in Human Intertemporal Decision Making：Behavioral Evidence and Neural Mechanisms［J］. Journal of Neurophysiology, 2010, 103 (5)：2513 - 2531.

［228］ Kable J. W. , Glimcher P. W. The Neural Correlates of Subjective Value During Intertemporal Choice［J］. Nat Neurosci, 2007, 10 (12)：1625 - 1633.

［229］ Kahneman D. , Tversky A. Prospect Theory：An Analysis of Decision under Risk［J］. Econometrica：Journal of the Econometric Society, 1979, 47 (2)：263 - 292.

［230］ Kahneman D. Attention and Effort［M］. Citeseer, 1973.

［231］ Kalra Sahi S. Neurofinance and Investment Behaviour［J］. Studies in Economics & Finance, 2012, 29 (4)：246 - 267.

［232］ Karmarkar U. R. , Shiv B. , Knutson B. Cost Conscious? The Neural and Behavioral Impact of Price Primacy on Decision Making［J］. Journal of Marketing Research, 2015, 52 (4)：467 - 481.

［233］ Kathner I. , et al. Effects of Mental Workload and Fatigue on the P300, Alpha and Theta Band Power during Operation of an ERP (P300) Brain - computer Interface［J］. Biol Psychol, 2014 (102)：118 - 129.

［234］ Katok E. , D. Y. Wu. Contracting in Supply Chains：A Laboratory Investigation［J］. Management Science, 2009, 55 (12)：1953 - 1968.

［235］ Katok E. , V. Pavlov. Fairness in Supply Chain Contracts：A Laboratory Study［J］. Journal of Operations Management, 2013, 31 (3)：129 - 137.

［236］ Kemp A. H. , Gray M. A. , Eide P. , Silberstein R. B. , Nathan P. J. Steady - state Visually Evoked Potential Topography during Processing of Emotional Valence in Healthy Subjects［J］. Neuroimage, 2002, 17 (4)：1684 - 1692.

［237］ Kenning P. , Plassmann H. Neuroeconomics：An Overview from an Economic Perspective [J] . Brain Res Bull, 2005, 67 (5): 343 - 354.

[238] Khamassi M. , Mulder A. B. , Tabuchi E. , et al. Anticipatory Reward Signals in Ventral Striatal Neurons of Behaving Rats [J] . Eur J Neurosci, 2008, 28 (9): 1849 - 1866.

[239] Khushaba R. N. , Wise C. , Kodagoda S. , Louviere J. , Kahn B. E. , Townsend C. Consumer Neuroscience: Assessing the Brain Response to Marketing Stimuli Using Electroencephalogram (EEG) and Eye Tracking [J] . Expert Systems with Applications, 2013, 40 (9): 3803 - 3812.

[240] Kim M. , et al. Assessing Roles of People, Technology and Structure in Emergency Management Systems: A Public Sector Perspective [J] . Behaviour & Information Technology, 2012, 31 (12): 1147 - 1160.

[241] Kim S. , Hwang J. , Lee D. Prefrontal Coding of Temporally Discounted Values During Intertemporal Choice [J] . Neuron, 2008, 59 (1): 161 - 172.

[242] Klucharev V. , Smidts A. , Fernandez G. Brain Mechanisms of Persuasion: How "Expert Power" Modulates Memory and Attitudes [J] . Social Cognitive and Affective Neuroscience, 2008, 3 (4): 353 - 366.

[243] Knight F. H. Risk, Uncertainty, and Profit [J] . Published by Houghton Mifflin, Boston, 1921.

[244] Knoch D. , Gianotti L. R. , Pascualleone A. , Treyer V. , Regard M. , Hohmann M. , et al. Disruption of Right Prefrontal Cortex by Low - Frequency Repetitive Transcranial Magnetic Stimulation Induces Risk - Taking Behavior [J] . Journal of Neuroscience, 2006 (26): 6469 - 6472.

[245] Knoch D. , Pascual - Leone A. , Meyer K. , Treyer V. Fehr E. Diminishing Reciprocal Fairness by Disrupting The Right Prefrontal Cortex [J] . Science, 2006, 314 (5800): 829 - 832.

[246] Knutson B. , Adams C. M. , Fong G. W. , Hommer D. Anticipation of Increasing Monetary Reward Selectively Recruits Nucleus Accumbens [J] . Journal of Neuroscience, 2001, 21 (16): RC159.

[247] Knutson B. , Cooper J. C. Functional Magnetic Resonance Imaging of Reward Prediction [J] . Current Opinion in Neurology, 2005, 18 (4): 411 - 417.

[248] Knutson B. , Fong G. W. , Bennett S. M. , Adams C. M. , Hommer D. A

Region of Mesial Prefrontal Cortex Tracks Monetarily Rewarding Outcomes: Characterization with Rapid Event – related fMRI [J]. Neuroimage, 2003, 18 (2): 263 – 272.

[249] Knutson B., Rick S., Wimmer G. E., Prelec D., Loewenstein G. Neural Predictors of Purchases [J]. Neuron, 2007, 53 (1): 147 – 156.

[250] Knutson B., Wimmer G. E., Rick S., Hollon N. G., Prelec D., Loewenstein G. Neural Antecedents of the Endowment Effect [J]. Neuron, 2008, 58 (5): 814 – 822.

[251] Kobayashi S., Schultz W. Influence of Reward Delays on Responses of Dopamine Neurons [J]. J Neurosci, 2008, 28 (31): 7837 – 7846.

[252] Krain A. L., Wilson A. M., Arbuckle R., et al. Distinct Neural Mechanisms of Risk and Ambiguity: A Meta – analysis of Decision – making [J]. Neuroimage, 2006, 32 (1): 477 – 484.

[253] Krueger F., Mccabe K., Moll J., Kriegeskorte N., Zahn R., Strenziok M., et al. Neural Correlates of Trust [J]. Proceedings of the National Academy of Sciences of the United States of America, 2007, 104 (50): 20084 – 20089.

[254] Kuan K. K. Y., Zhong Y. Q., Chau P. Y. K. Informational and Normative Social Influence in Group – buying: Evidence from Self – reported and EEG Data [J]. Journal of Management Information Systems, 2014, 30 (4): 151 – 178.

[255] Kuhnen C. M., Knutson B. The Neural Basis of Financial Risk Taking [J]. Neuron, 2005, 47 (5): 763 – 770.

[256] Ladik J., Bende A., Bogár F. The Electronic Structure of the Four Nucleotide Bases in DNA, of Their Stacks, and of Their Homopolynucleotides in the Absence and Presence of Water [J]. Journal of Chemical Physics, 2008, 128 (10): 03B602.

[257] Ledgerwood D. M., Alessi S. M., Phoenix N., et al. Behavioral Assessment of Impulsivity in Pathological Gamblers with and without Substance Use Disorder Histories versus Healthy Controls [J]. Drug Alcohol Depend, 2009, 105 (1 – 2): 89 – 96.

[258] Ledoux J. The Emotional Brain, Fear, and the Amygdala [J]. Cellular & Molecular Neurobiology, 2003, 23 (4 – 5): 727 – 738.

[259] Lee D. , Seo H. Neural Basis of Strategic Decision Making [J] . Trends in Neurosciences, 2016, 39 (1): 40 – 48.

[260] Lee N. , Chamberlain L. Neuroimaging and Psychophysiological Measurement in Organizational Research [J] . Annals of the New York Academy of Sciences, 2007, 1118 (1): 18 – 42.

[261] Lei S. , M. Roetting. Influence of Task Combination on EEG Spectrum Modulation for Driver Workload Estimation [J] . Hum Factors, 2011, 53 (2): 168 – 179.

[262] Lejuez C. W. , Read J. P. , Kahler C. W. , Richards J. B. , Ramsey S. E. , Stuart G. L. , Strong D. R. , Brown R. A. Evaluation of a Behavioral Measure of Risk Taking: The Balloon Analogue Risk Task (BART) [J] . Journal of Experimental Psychology: Applied, 2002, 8 (2): 75 – 84.

[263] Lewinski P. , den Uyl T. M. , Butler C. Automated Facial Coding: Validation of Basic Emotions and FACS AUs in FaceReader [J] . Journal of Neuroscience, Psychology, and Economics, 2014, 7 (4): 227.

[264] Lewinski P. Automated Facial Coding Software Outperforms People in Recognizing Neutral Faces as Neutral from Standardized Datasets [J] . Frontiers in Psychology, 2015 (6): 1386.

[265] Li Y. , Wang W. , Liu T. , Ren L. , Zhou Y. , Yu C. , Hu Y. Source Analysis of P3a and P3b Components to Investigate Interaction of Depression and Anxiety in Attentional Systems [R] . Scientific Reports, 2015.

[266] Liang T. , vom Brocke J. Neuroscience in Information Systems Research [J] . Journal of Management Information Systems, 2014, 30 (4): 7 – 12.

[267] Lieberman M. D. Social Cognitive Neuroscience: A Review of Core Processes [J] . Annu. Rev. Psychol. , 2007 (58): 259 – 289.

[268] Liechty J. M. , Bi X. , Qu A. Feasibility and Validity of a Statistical Adjustment to Reduce Self – report Bias of Height and Weight in Wave 1 of the Add Health Study [J] . Bmc Medical Research Methodology, 2016, 16 (1): 1 – 10.

[269] Loeb M. , E. A. Alluisi. Theories of Vigilance [A] . in J. S. Warm, Editor. Sustained Attention in Human Performance [M] . Wiley: Chichester, UK, 1984.

[270] Léger P. M. , Sénécal S. , Courtemanche F. , Guinea A. O. D. , Titah

R. , Fredette M. , Labonte – LeMoyne É. Precision is in the Eye of the Beholder: Application of Eye Fixation – related Potentials to Information Systems Research [J] . Journal of the Association for Information Systems, 2014, 15 (10): 1533 – 1536.

[271] Ma Q. , Meng L. , Shen Q. You Have My Word: Reciprocity Expectation Modulates Feedback – related Negativity in the Trust Game [J] . PloS One, 2015, 10 (2): e0119129.

[272] Ma Q. G. , et al. Mental Workload Analysis during the Production Process: EEG and GSR Activity [J] . Applied Mechanics and Materials, 2012 (220 – 223): 193 – 197.

[273] Marci C. D. Minding the Gap: The Evolving Relationships between Affective Neuroscience and Advertising Research [J] . International Journal of Advertising, 2008, 27 (3): 473 – 475.

[274] Mcclure S. M. , Laibson D. I. , Loewenstein G. , et al. Separate Neural Systems Value Immediate and Delayed Monetary Rewards [J] . Science, 2004, 306 (5695): 503 – 507.

[275] McClure S. M. , Li J. , Tomlin D. , Cypert K. S. , Montague L. M. , Montague P. R. Neural Correlates of Behavioral Preference for Culturally Familiar Drinks [J] . Neuron, 2004 (44): 379 – 387.

[276] McDermott R. The Feeling of Rationality: The Meaning of Neuroscientific Advances for Political Science [J] . Perspectives on Politics, 2004, 2 (4): 691 – 706.

[277] Mehta R. K. , R. Parasuraman. Neuroergonomics: A Review of Applications to Physical and Cognitive Work [J] . Front Hum Neurosci, 2013 (7): 889.

[278] Michael S. Gazzaniga, R. B. Ivry, G. R. Mangun. 认知神经科学 [M] . 周晓林, 高定国译. 北京: 中国轻工业出版社, 2011.

[279] Miendlarzewska E. A. , Kometer M. , Preuschoff K. Neurofinance [J] . Organizational Research Methods, 2019, 22 (1): 196 – 222.

[280] Mijović P. , et al. Benefits of Instructed Responding in Manual Assembly Tasks: An ERP Approach [J] . Frontiers in Human Neuroscience, 2016 (10): 171.

[281] Mijović P. , et al. Towards Continuous and Real – time Attention Monito-

ring at Work: Reaction Time versus Brain Response [J]. Ergonomics, 2017, 60 (2): 241 –254.

[282] Miller M. W., et al. A Novel Approach to the Physiological Measurement of Mental Workload [J]. Int J Psychophysiol, 2011, 80 (1): 75 –78.

[283] Milosavljevic M., Cerf M. First Attention Then Intention: Insights from Computational Neuroscience of Vision [J]. International Journal of Advertising, 2008, 27 (3): 381 –398.

[284] Milosavljevic M., Navalpakkam V., Koch C., Rangel A. Relative Visual Saliency Differences Induce Sizable Bias in Consumer Choice [J]. Journal of Consumer Psychology, 2012, 22 (1): 67 –74.

[285] Mischel W., Shoda Y. Integrating Dispositions and Processing Dynamics within a Unified Theory of Personality: The Cognitive – affective Personality System [J]. Handbook of Personality: Theory and Research, 1999 (2): 197 –218.

[286] Mitchell S. H. Measures of Impulsivity in Cigarette Smokers and Non – smokers [J]. Psychopharmacology (Berl), 1999, 146 (4): 455 –464.

[287] Morgenstern O., Von Neumann J. Theory of Games and Economic Behavior [M]. Princeton University Press, 1953.

[288] Morris Stephen, Chris D. Frith, David I. Perrett, Daniel Rowland, Andrew W. Young, Andrew J. Calder, Raymond J. Dolan. A Differential Neural Response in the Human Amygdala to Fearful and Happy Facial Expressions [J]. Nature, 1996 (383): 812 –815.

[289] Murphy F. C., Nimmo – Smith I., Lawrence A. D. Functional Neuroanatomy of Emotions: A Meta – analysis [J]. Cognitive Affective & Behavioral Neuroscience, 2003, 3 (3): 207 –233.

[290] Myers – Schulz B., M. Koenigs. Functional Anatomy of Ventromedial Prefrontal Cortex: Implications for Mood and Anxiety Disorders [J]. Molecular Psychiatry, 2012, 17 (2): 132 –141.

[291] M. A. Rosa, S. H. Lisanby. Somatic Treatments for Mood Disorders [J]. Neuropsychopharmacology, 2012, 37 (1): 102 –116.

[292] M. E. Raichle. A Brief History of Human Brain Mapping [J]. Trends Neurosci., 2009, 32 (2): 118 –126.

［293］ M. Hämäläinen, R. Hari, R. J. Ilmoniemi, J. Knuutila, O. V. Lounas-maa. Magnetoencephalography – Theory, Instrumentation, and Applications to Nonin-vasive Studies of the Working Human Brain ［J］. Rev. Mod. Phys. , 1993, 65 （2）: 413 – 497.

［294］ M. S. Gazzaniga, Ed. Handbook of Cognitive Neuroscience ［M］. Boston, MA: Springer US, 1984.

［295］ Navon D. Resources – A Theoretical Soup Stone? ［J］. Psychological Re-view, 1984, 91 （2）: 216 – 234.

［296］ Nelson J. T. , et al. Enhancing Vigilance in Operators with Prefrontal Cor-tex transcranial Direct Current Stimulation （tDCS）［J］. Neuroimage, 2014, 85 （Pt 3）: 909 – 917.

［297］ Nitschke J. B. , Sarinopoulos I. , Mackiewicz K. L. , et al. Functional Neuroanatomy of Aversion and Its Anticipation ［J］. Neuroimage, 2006, 29 （1）: 106 – 116.

［298］ Noval L. J. , Stahl G. K. Accounting for Proscriptive and Prescriptive Mo-rality in the Workplace: The Double – edged Sword Effect of Mood on Managerial Ethi-cal Decision Making ［J］. Journal of Business Ethics, 2017, 142 （3）: 589 – 602.

［299］ N. K. Logothetis, J. Pauls, M. Augath, T. Trinath, A. Oeltermann. Neu-rophysiological Investigation of the Basis of the fMRI Signal ［J］. Nature, 2001, 412 （6843）: 150 – 157.

［300］ Odum A. L. , Rainaud C. P. Discounting of Delayed Hypothetical Money, Alcohol, and Food ［J］. Behav Processes, 2003, 64 （3）: 305 – 313.

［301］ Ogawa A. , Onozaki T. , Mizuno T. , Asamizuya T. , Ueno K. , Cheng K. , Iriki, A. Neural Basis of Economic Bubble Behavior ［J］. Neuroscience, 2014 （265）: 37 – 47.

［302］ Ohme R. , Wiener D. , Reykowska D. , Choromanska A. Analysis of Neurophysiological Reactions to Advertising Stimuli by Means of EEG and Galvanic Skin Response Measures ［J］. Journal of Neuroscience, Psychology, and Economics, 2009, 2 （1）: 21 – 31.

［303］ O'Doherty J. , Dayan P. , Schultz J. , et al. Dissociable Roles of Ventral and Dorsal Striatum in Instrumental Conditioning ［J］. Science, 2004, 304 （5669）:

452 – 454.

[304] O'Doherty J. , Kringelbach M. L. , Rolls E. T. , Hornak J. , Andrews C. Abstract Reward and Punishment Representations in the Human Orbitofrontal Cortex [J] . Nature Neurosci. , 2001 (4): 95 – 102.

[305] O'Doherty J. P. , Deichmann R. , Critchley H. D. , Dolan R. J. Neural Responses during Anticipation of a Primary Taste Reward [J] . Neuron, 2002 (33): 815 – 826.

[306] Pack R. P. , Crosby R. A. , Lawrence J. S. S. Associations between Adolescents' Sexual Risk Behavior and Scores on Six Psychometric Scales: Impulsivity Predicts Risk [J] . Journal of HIV/AIDS Prevention & Education for Adolescents & Children, 2001, 4 (1): 33 – 47.

[307] Padoa – schioppa C. , Assad J. A. Neurons in the Orbitofrontal Cortex Encode Economic Value [J] . Nature, 2006, 441 (7090): 223 – 226.

[308] Paik J. K. Lessons Learned: What Maritime Accidents Can Teach Us about Human Error, and Structural Design and Engineering [J] . Marine Technology, 2012 (4): 62 – 66.

[309] Pan D. , Y. Zhang, Z. Li. Predictive Capability of Cognitive Ability and Cognitive Style for Spaceflight Emergency Operation Performance [J] . International Journal of Industrial Ergonomics, 2016 (54): 48 – 56.

[310] Pan Y. , Lai F. , Fang Z. , Xu S. , Gao L. , Robertson D. C. , Rao H. Risk Choice and Emotional Experience: A Multi – level Comparison between Active and Passive Decision – making [J] . Journal of Risk Research, 2018, 1 (28) .

[311] Pan Y. , Wan Y. , Fan J. , Liu B. L. Raising the Cohesion and Vitality of Online Communities by Reducing Privacy Concerns [J] . International Journal of Electronic Commerce, 2017, 21 (2): 151 – 183.

[312] Parasuraman R. , J. S. Warm, J. E. See. Brain Systems of Vigilance [A] . in The Attentive Brain [M] . The MIT Press: Cambridge, MA, US, 1998.

[313] Parasuraman R. Neuroergonomics: Research and Practice [J] . Theoretical Issues in Ergonomics Science, 2003, 4 (1 – 2): 5 – 20.

[314] Parens E. , Johnston J. Neuroimaging: Beginning to Appreciate Its Complexities [J] . Hastings Center Report, 2014, 44 (s2): S2 – S7.

［315］Passetti F. , Clark L. , Mehta M. A. , et al. Neuropsychological Predictors of Clinical Outcome in Opiate Addiction ［J］. Drug Alcohol Depend, 2008, 94 (1 – 3): 82 – 91.

［316］Paulus M. P. , Frank L. R. Ventromedial Prefrontal Cortex Activation is Critical for Preference Judgments ［J］. Neuroreport, 2003 (14): 1311 – 1315.

［317］Pessiglione M. , Petrovic P. , Daunizeau J. , Palminteri S. , Dolan R. J. , Frith C. D. Subliminal Instrumental Conditioning Demonstrated in the Human Brain ［J］. Neuron, 2008, 59 (4): 561 – 567.

［318］Pessiglione M. , Schmidt L. , Draganski B. , Kalisch R. , Lau H. , Dolan R. J. , Frith C. D. How the Brain Translates Money into Force: A Neuroimaging Study of Subliminal Motivation ［J］. Science, 2007, 316 (5826): 904 – 906.

［319］Pessiglione M. , Seymour B. , Flandin G. , Dolan R. J. , Frith C. D. Dopamine – dependent Prediction Errors Underpin Reward – seeking Behaviour in Humans ［J］. Nature, 2006, 442 (7106): 1042.

［320］Peters E. , Slovic P. The Springs of Action: Affective and Analytical Information Processing in Choice ［J］. Personality and Social Psychology Bulletin, 2000, 26 (12): 1465 – 1475.

［321］Pieters R. , Warlop L. Visual Attention During Brand Choice: The Impact of Time Pressure and Task Motivation ［J］. International Journal of Research in Marketing, 1999, 16 (1): 1 – 16.

［322］Pieters R. , Wedel M. Attention Capture and Transfer in Advertising: Brand, Pictorial, and Text – size Effects ［J］. Journal of Marketing, 2004, 68 (2): 36 – 50.

［323］Pieters R. , Wedel M. Goal Control of Visual Attention to Advertising: The Yarbus Implication ［J］. Journal of Consumer Research, 2007 (34): 224 – 233.

［324］Plassmann H. , Ambler T. , Braeutigam S. , Kenning P. What Can Advertisers Learn from Neuroscience? ［J］. International Journal of Advertising, 2007, 26 (2): 151 – 175.

［325］Plassmann H. , O'Doherty J. , Dietvorst B. , Rangel A. Marketing Actions Can Modulate Neural Representations of Experienced Pleasantness ［J］. Proceedings of the National Academy of Sciences, 2008, 105 (3): 1050 – 1054.

[326] Plassmann H., Ramsøy T. Z., Milosavljevic M. Branding the Brain: A Critical Review and Outlook [J]. Journal of Consumer Psychology, 2012, 22 (1): 18 – 36.

[327] Plassmann H., Venkatraman V., Huettel S., et al. Consumer Neuroscience: Applications, Challenges, and Possible Solutions [J]. Journal of Marketing Research, 2015, 52 (4): 427 – 435.

[328] Plassmann H., Weber B. Individual Differences in Marketing Placebo Effects: Evidence from Brain Imaging and Behavioral Experiments [J]. Journal of Marketing Research, 2015, 52 (4): 493 – 510.

[329] Platt M. L., Glimcher P. W. Neural Correlates of Decision Variables in Parietal Cortex [J]. Nature, 1999, 400 (6741): 233 – 238.

[330] Plitt M., Savjani R. R., Eagleman D. M. Are Corporations People Too? The Neural Correlates of Moral Judgments about Companies and Individuals [J]. Social Neuroscience, 2015, 10 (2): 113 – 125.

[331] Podsakoff P. M., Mackenzie S. B., Lee J. – Y., et al. Common Method Biases in Behavioral Research: A Critical Review of the Literature and Recommended Remedies [J]. Journal of Applied Psychology, 2003, 88 (5): 879.

[332] Pope A. T., E. H. Bogart, D. S. Bartolome. Biocybernetic System Evaluates Indices of Operator EngAgement in Automated Task [J]. Biol Psychol, 1995, 40 (1 – 2): 187 – 195.

[333] Porcelli A. J., et al. The Effects of Acute Stress on Human Prefrontal Working Memory Systems [J]. Physiol Behav, 2008, 95 (3): 282 – 289.

[334] Powell T. C. Neurostrategy [J]. Strategic Management Journal, 2011, 32 (13): 1484 – 1499.

[335] Pozharliev R., Verbeke W. J., Bagozzi R. P. Social Consumer Neuroscience: Neurophysiological Measures of Advertising Effectiveness in a Social Context [J]. Journal of Advertising, 2017, 46 (3): 351 – 362.

[336] Prehn K., Korczykowski M., Rao H., Fang Z., Detre J. A., Robertson D. C. Neural Correlates of Post – Conventional Moral Reasoning: A Voxel – Based Morphometry Study [J]. Plos One, 2015, 10 (6): e0122914.

[337] Preuschoff K. , Bossaerts P. , Quartz S. R. Neural Differentiation of Expected Reward and Risk in Human Subcortical Structures [J]. Neuron, 2006, 51 (3): 381 - 390.

[338] P. J. Basser. Invention and Development of Diffusion Tensor MRI (DT - MRI or DTI) at the NIH [A]. in Diffusion MRI [M]. Oxford University Press, 2010: 730 - 740.

[339] Raggetti G. , Ceravolo M. G. , Fattobene L. , Di Dio C. Neural Correlates of Direct Access Trading in a Real Stock Market: An fMRI Investigation [J]. Frontiers in Neuroscience, 2017 (11): 536.

[340] Raichle M. E. The Restless Brain [J]. Brain Connectivity, 2011 (1): 3 - 12.

[341] Rao H. , Korczykowski M. , Pluta J. , Hoang A. , Detre J. A. Neural Correlates of Voluntary and Involuntary Risk Taking in the Human Brain: An fMRI Study of the Balloon Analog Risk Task (BART) [J]. Neuroimage, 2008, 42 (2): 902 - 910.

[342] Rao H. , Mamikonyan E. , Detre J. A. , et al. Decreased Ventral Striatal Activity with Impulse Control Disorders in Parkinson's Disease [J]. Mov Disord, 2010, 25 (11): 1660 - 1669.

[343] Rauschecker J. P. , R. V. Shannon. Sending Sound to the Brain [J]. Science, 2002, 295 (5557): 1025 - 1029.

[344] Reeck C. , Wall D. , Johnson E. J. Search Predicts and Changes Patience in Intertemporal Choice [J]. Proceedings of the National Academy of Sciences, 2017: 201707040.

[345] Rest J. R. Moral Development: Advances in Research and Theory [M]. New Youk: Praeger, 1986.

[346] Reuver M. D. , Bouwman H. Dealing with Self - report Bias in Mobile Internet Acceptance and Usage Studies [J]. Information & Management, 2015, 52 (3): 287 - 294.

[347] Reynolds S. J. A Neurocognitive Model of the Ethical Decision - making Process: Implications for Study and Practice [J]. Journal of Applied Psychology, 2006, 91 (4): 737.

［348］Richter H. O. , et al. Near – Infrared Spectroscopy as a Useful Research Tool to Measure Prefrontal Cortex Activity During Visually Demanding Near Work［J］. IIE Transactions on Occupational Ergonomics and Human Factors, 2016, 4（2 – 3）: 164 – 174.

［349］Riedl R. , et al. Trusting Humans and Avatars: A Brain Imaging Study Based on Evolution Theory［J］. Journal of Management Information Systems, 2014, 30（4）: 83 – 113.

［350］Riedl R. , Hubert M. , Kenning P. Are There Neural Gender Differences in Online Trust? An fMRI Study on the Perceived Trustworthiness of eBay Offers［J］. MIS Quarterly, 2010, 34（2）: 397 – 428.

［351］Riedl R. , Mohr P. N. C. , Kenning P. H. , Davis F. D. , Heekeren H. R. Trusting Humans and Avatars: A Brain Imaging Study Based on Evolution Theory［J］. Journal of Management Information Systems, 2014, 30（4）: 83 – 114.

［352］Rilling J. K. , Sanfey A. G. , Aronson J. A. , Nystrom L. E. , Cohen J. D. The Neural Correlates of Theory of Mind within Interpersonal Interactions［J］. Neuroimage, 2004, 22（4）: 1694 – 1703.

［353］Robertson D. C. , Voegtlin C. , Maak T. Business Ethics: The Promise of Neuroscience［J］. Journal of Business Ethics, 2016（144）: 1 – 19.

［354］Robertson D. C. , Voegtlin C. , Maak T. Business Ethics: The Promise of Neuroscience［J］. Journal of Business Ethics, 2017, 144（4）: 679 – 697.

［355］Robertson D. C. Empiricism in Business Ethics: Suggested Research Directions［J］. Journal of Business Ethics, 1993, 12（8）: 585 – 599.

［356］Rocha A. F. , Vieito J. P. , Massad E. , et al. Electroencephalographic Activity Associated to Investment Decisions: Gender Differences［J］. Journal of Behavioral and Brain Science, 2015, 5（6）: 203.

［357］Roesch M. R. , Calu D. J. , Schoenbaum G. Dopamine Neurons Encode the Better Option in Rats Deciding between Differently Delayed or Sized Rewards［J］. Nat Neurosci, 2007, 10（12）: 1615 – 1624.

［358］Rogers R. D. , Owen A. M. , Middleton H. , Williams E. J. , Pickard J. D. , Sahakian B. J. , Robbins T. W. Choosing between Small, Likely Rewards and Large, Unlikely Rewards Activates Inferior and Orbital Prefrontal Cortex［J］. The

Journal of Neuroscience, 1999, 19 (20): 9029 – 9038.

[359] Rolls Edmund T. , John O' Doherty, Morton L. Kringelbach, Susan Francis, Robert Bowtell, F. McGlone. Representations of Pleasant and Painful Touch in the Human Orbitofrontal and Cingulate Cortices [J] . Cerebral Cortex, 2003, 13 (1): 308 – 317.

[360] Rosbergen E. , Pieters R. , Wedel M. Visual Attention to Advertising: A Segment – level Analysis [J] . Journal of Consumer Research, 1997, 24 (3): 305 – 314.

[361] Rossiter J. R. , Silberstein R. B. , Harris P. G. Nield G. Brain – imaging Detection of Visual Scene Encoding in Long – term Memory for TV Commercials [J] . Journal of Advertising Research, 2001, 41 (2): 13 – 21.

[362] R. Shulman. Neuroscience: A Multidisciplinary, Multilevel Field [M] . Oxford University Press, 2013.

[363] Salvador R. , Folger, R. G. Business Ethics and the Brain [J] . Business Ethics Quarterly, 2009, 19 (1): 1 – 31.

[364] Samejima K. , Ueda Y. , Doya K. , et al. Representation of Action – specific Reward Values in the Striatum [J] . Science, 2005, 310 (5752): 1337 – 1340.

[365] Sanfey A. G, et al. The Neural Basis of Economic Decision – making in the Ultimatum Game [J] . Science, 2003, 300 (5626): 1755 – 1758.

[366] Sapra S. G. , Zak P. J. Neurofinance: Bridging Psychology, Neurology, and Investor Behavior [J] . Social Science Electronic Publishing, 2008.

[367] Sarlo M. , Lotto L. , Manfrinati A. , Rumiati R. , Gallicchio G. , Palomba D. Temporal Dynamics of Cognitive – emotional Interplay in Moral Decision – making [J] . Journal of Cognitive Neuroscience, 2012, 24 (4): 1018 – 1029.

[368] Schaefer M. , Berens H. , Heinze H. J. , Rotte M. Neural Correlates of Culturally Familiar Brands of Car Manufacturers [J] . Neuroimage, 2006 (31): 861 – 865.

[369] Schaefer M. , Rotte M. Favorite Brands as Cultural Objects Modulate Reward Circuit [J] . Neuroreport, 2007a, 18 (2): 141 – 145.

[370] Schultz W. , Apicella P. , Scarnati E. , et al. Neuronal Activity in Mon-

key Ventral Striatum Related to the Expectation of Reward [J]. J Neurosci, 1992, 12 (12): 4595 – 4610.

[371] Schultz W. Behavioral Theories and the Neurophysiology of Reward [J]. Annu Rev Psychol, 2006 (57): 87 – 115.

[372] Schultz W. Predictive Reward Signal of Dopamine Neurons [J]. J Neurophysiol, 1998, 80 (1): 1 – 27.

[373] Sellitto M., Ciaramelli E., Di Pellegrino G. Myopic Discounting of Future Rewards after Medial Orbitofrontal Damage in Humans [J]. Journal of Neuroscience, 2010, 30 (49): 16429 – 16436.

[374] Sepinwall A. J. Corporate Moral Responsibility [J]. Philosophy Compass, 2016, 11 (1): 3 – 13.

[375] Seymour B., Singer T., Dolan R. The Neurobiology of Punishment [J]. Nat Rev Neurosci, 2007, 8 (4): 300 – 311.

[376] Shaw T. H., et al. Effects of Sensory Modality on Cerebral Blood Flow Velocity during Vigilance [J]. Neuroscience Letters, 2009, 461 (3): 207 – 211.

[377] Shenoy K. V., et al. Neural Prosthetic Control Signals from Plan Activity [J]. Neuroreport, 2003, 14 (4): 591 – 596.

[378] Shiv B., Bechara A., Levin I., Alba J. W., Bettman J. R., Dube L., et al. Decision Neuroscience [J]. Marketing Letters, 2005, 16 (3/4): 375 – 386.

[379] Silberstein R. B., Harris P. G., Nield G. A., Pipingas A. Frontal Steady – state Potential Changes Predict Long – term Recognition Memory Performance [J]. International Journal of Psychophysiology, 2000 (39): 79 – 85.

[380] Simon H. A. A Behavioral Model of Rational Choice [J]. The Quarterly Journal of Economics, 1955, 69 (1): 99 – 118.

[381] Simon H. A. Theories of Bounded Rationality [J]. Decision and Organization, 1972, 1 (1): 161 – 176.

[382] Singer T., Seymour B., O'doherty J., Kaube H., Dolan R. J., Frith C. D. Empathy for Pain Involves the Affective but Not Sensory Components of Pain [J]. Science, 2004, 303 (5661): 1157 – 1162.

[383] Sirois L. – P., Bédard J., Bera P. The Informational Value of Key Audit Matters in the Auditor's Report: Evidence from an Eye – tracking Study [J]. SSRN

Electronic Journal, 2014.

[384] Smith A., Lohrenz T., King J., Montague P. R., Camerer C. F. Irrational Exuberance and Neural Crash Warning Signals during Endogenous Experimental Market Bubbles [J]. Proceedings of the National Academy of Sciences of theUnited States of America, 2014, 111 (29): 10503 – 10508.

[385] Stewart A. J., Pickering M. J., Sturt P. Using Eye Movements during Reading as an Implicit Measure of the Acceptability of Brand Extensions [J]. Applied Cognitive Psychology: The Official Journal of the Society for Applied Research in Memory and Cognition, 2004, 18 (6): 697 – 709.

[386] Strahilevitz M., Barber B. M., Odean T. Once Burned, Twice Shy: How Naive Learning, Counterfactuals, and Regret Affect the Repurchase of Stocks Previously Sold [J]. Journal of Marketing Research, 2011 (48): 102 – 120.

[387] Strombach T., Hubert M., Kenning P. The Neural Underpinnings of Performance – based Incentives [J]. Journal of Economic Psychology, 2015 (50): 1 – 12.

[388] Sun D., Chan C. C., Hu Y., Wang Z., Lee T. M. Neural Correlatesof Outcome Processing Post Dishonest Choice: An fMRI and ERP Study [J]. Neuropsychologia, 2015 (68): 148 – 157.

[389] Symmonds M., Wright N. D., Bach D. R., Dolan R. J. Deconstructing Risk: Separable Encoding of Variance and Skewness in the Brain [J]. Neuroimage, 2011, 58 (4): 1139 – 1149.

[390] S. Groppa et al. A Practical Guide to Diagnostic Transcranial Magnetic Stimulation: Report of an IFCN Committee [J]. Clin. Neurophysiol., 2012, 123 (5): 858 – 882.

[391] S. M. Coyle, T. E. Ward, C. M. Markham. Brain – computer Interface Using a Simplified Functional Near – Infrared Spectroscopy System [J]. J. Neural Eng., 2007, 4 (3): 219 – 226.

[392] Takahashi H., Kato M., Matsuura M., Mobbs D., Suhara T., Okubo Y. When Your Gain is My Pain and Your Pain is My Gain: Neural Correlates of Envy and Schadenfreude [J]. Science, 2009, 323 (5916): 937 – 939.

[393] Talmi D., Dayan P., Kiebel S. J., Frith C. D., Dolan R. J. How Hu-

mans Integrate the Prospects of Pain and Reward During Choice [J]. Journal of Neuroscience, 2009, 29 (46): 14617 – 14626.

[394] Tams S., Thatcher J., Hill K., Grover V., Guinea A. O. D. NeuroIS – Alternative or Complement to Existing Methods? Illustrating the Holistic Effects of Neuroscience and Self – reported Data in the Context of Technostress Research [J]. Journal of the Association for Information Systems, 2014, 15 (10): 723 – 753.

[395] Tanaka S. C., Doya K., Okada G., et al. Prediction of Immediate and Future Rewards Differentially Recruits Cortico – basal Ganglia Loops [J]. Nat Neurosci, 2004, 7 (8): 887 – 893.

[396] Telpaz A., Webb R., Levy D. J. Using EEG to Predict Consumers' Future Choices [J]. Journal of Marketing Research, 2015, 52 (4): 511 – 529.

[397] Teubner T., Adam M., Riordan R. The Impact of Computerized Agents on Immediate Emotions, Overall Arousal and Bidding Behavior in Electronic Auctions [J]. Journal of the Association for Information Systems, 2015, 16 (10): 1 – 30.

[398] Thaler R. Mental Accounting and Consumer Choice [J]. Marketing Science, 1985, 4 (3): 199 – 214.

[399] Theeuwes J. Top – down and Bottom – up Control of Visual Selection [J]. Acta Psychologica, 2010, 135 (2): 77 – 99.

[400] Thorpe S. J., Rolls E. T., Maddison S. The Orbitofrontal Cortex: Neuronal Activity in the Behaving Monkey [J]. Exp Brain Res, 1983, 49 (1): 93 – 115.

[401] Ting C. H., et al. Real – Time Adaptive Automation System Based on Identification of Operator Functional State in Simulated Process Control Operations [J]. IEEE Transactions on Systems Man and Cybernetics Part a – Systems and Humans, 2010, 40 (2): 251 – 262.

[402] Tobler P. N., O' Doherty J. P., Dolan R. J., et al. Reward Value Coding Distinct from Risk Attitude – related Uncertainty Coding in Human Reward Systems [J]. J Neurophysiol, 2007, 97 (2): 1621 – 1632.

[403] Tom S. M., Fox C. R., Trepel C., Poldrack R. A. The Neural Basis of Loss Aversion in Decision – making under Risk [J]. Science, 2007, 315 (5811): 515 – 518.

[404] Tremblay L., Schultz W. Modifications of Reward Expectation – related

Neuronal Activity during Learning in Primate Orbitofrontal Cortex [J]. J Neurophysiol, 2000, 83 (4): 1877 – 1885.

[405] Trepel C., Fox C. R., Poldrack R. A. Prospect Theory on the Brain? Toward a Cognitive Neuroscience of Decision under Risk [J]. Brain Res Cogn Brain Res, 2005, 23 (1): 34 – 50.

[406] Trevino L. K. Ethical Decision Making in Organizations: A Person – situation Interactionist Model [J]. Academy of Management Review, 1986, 11 (3): 601 – 617.

[407] Tseng K. C. Behavioral Finance, Bounded Rationality, Neuro – finance, and Traditional Finance [J]. Investment Management and Financial Innovations, 2006, 3 (4): 7 – 18.

[408] Tusche A., Bode S., Haynes J. D. Neural Responses to Unattended Products Predict Later Consumer Choices [J]. Journal of Neuroscience, 2010, 30 (23): 8024 – 8031.

[409] Tversky A., Kahneman D. Advances in Prospect Theory: Cumulative Representation of Uncertainty [J]. Journal of Risk and Uncertainty, 1992, 5 (4): 297 – 323.

[410] Tversky A., Kahneman D. Judgment under Uncertainty: Heuristics and Biases [J]. Science, 1974, 185 (4157): 1124 – 1131.

[411] Tversky A., Kahneman D. The Framing of Decisions and the Psychology of Choice [J]. Science, 1981, 211 (4481): 453 – 458.

[412] T. Tansey. Origins of Neuroscience: A History of Explorations into Brain Function [M]. New York: Oxford University Press, 1994.

[413] Van der meer M. A., Redish A. D. Ventral Striatum: A Critical Look at Models of Learning and Evaluation [J]. Current Opinion in Neurobiology, 2011, 21 (3): 387 – 392.

[414] Van Honk J., Eisenegger C., Terburg D., Stein D. J., Morgan B. Generous Economic Investments after Basolateral Amygdala Damage [J]. Proceedings of the National Academy of Sciences, 2013, 110 (7): 2506 – 2510.

[415] Vance A., Anderson B. B., Kirwan C. B., Eargle D. Using Measures of Risk Perception to Predict Information Security Behavior: Insights from Electroencepha-

lography (EEG) [J] . Journal of the Association for Information Systems, 2014, 15 (10): 679 –722.

[416] Vieito J. P. , Da Rocha A. F. , Rocha F. T. Brain Activity of the Investor's Stock Market Financial Decision [J] . Journal of Behavioral Finance, 2015, 16 (3): 220 –230.

[417] Vogeley K. , Bussfeld P. , Newen A. , Herrmann S. , Happé F. , Falkai P. , Zilles K. Mind Reading: Neural Mechanisms of Theory of Mind and Self – perspective [J] . Neuroimage, 2001, 14 (1): 170 –181.

[418] Von Neumann J. Morgenstern O. Theory of Games and Economic Behavior [M] . Princeton: Princeton University Press, 1953.

[419] Wager T. D. , Lindquist M. , Kaplan L. Meta – analysis of Functional Neuroimaging Data: Current and Future Directions [J] . Social Cognitive and Affective Neuroscience, 2007, 2 (2): 150 –158.

[420] Waldman D. A. , Balthazard P. A. , Peterson S. J. Leadership and Neuro-science: Can We Revolutionize the Way That Inspirational Leaders Are Identified and Developed? [J] . Academy of Management Perspectives, 2011, 25 (1): 60 –74.

[421] Wang C. , Jin J. , Vieito J. P. , Ma Q. Antiherding in Financial Decision Increases Valuation of Return on Investment: An Event – Related Potential Study [J] . Computational Intelligence and Neuroscience, 2017, e4760930.

[422] Wang C. , Zhu R. , Handy T. C. Experiencing Haptic Roughness Promotes Empathy [J] . Journal of Consumer Psychology, 2016, 26 (3): 350 –362.

[423] Wang G. , Li J. , Yin X. , Li S. , Wei M. Modulating Activity in the Orbitofrontal Cortex Changes Trustees' Cooperation: A Transcranial Direct Current Stimulation Study [J] . Behavioral Brain Research, 2016 (303): 71 –75.

[424] Wang Q. , Meng L. , Liu M. , Wang Q. , Ma Q. How Do Social – based Cues Influence Consumers' Online Purchase Decisions? An Event – related Potential Study [J] . Electronic Commerce Research, 2016, 16 (1): 1 –26.

[425] Wang Q. , Xu Z. , Cui X. , Wang L. , Ouyang C. Does a Big Duchenne Smile Really Matter on E – commerce Websites? An Eye – tracking Study in China [J] . Electronic Commerce Research, 2017, 17 (4): 609 –626.

[426] Wang Q. , Yang S. , Liu M. , Cao Zike, Ma Q. An Eye – tracking Study

of Website Complexity from Cognitive Load Perspective [J] . Decision Support Systems, 2014 (62): 1 – 10.

[427] Wang Z. H. , et al. Cross – subject Workload Classification with a Hierarchical Bayes Model [J] . Neuroimage, 2012, 59 (1): 64 – 69.

[428] Warm J. S. , R. Parasuraman, G. Matthews. Vigilance Requires Hard Mental Work and is Stressful [J] . Hum Factors, 2008, 50 (3): 433 – 441.

[429] Warm J. S. , R. Parasuraman. Cerebral Hemodynamics and Vigilance [A] . in R. Parasuraman and M. Rizzo, Editors. Neuroergonomics: The Brain at Work [M] . Oxford University Press: New York, 2007.

[430] Waymire G. B. Neuroscience and Ultimate Causation in Accounting Research [J] . The Accounting Review, 2014, 89 (6): 2011 – 2019.

[431] Weir R. F. , et al. Implantable Myoelectric Sensors (IMES) for Upper – extremity Prosthesis Control – Preliminary Work [J] . Proceedings of the 25th Annual International Conference of the Ieee Engineering in Medicine and Biology Society, 2003, 1 – 4 (25): 1562 – 1565.

[432] Weir R. F. , et al. Implantable Myoelectric Sensors (IMESs) for Intramuscular Electromyogram Recording [J] . IEEE Transactions on Biomedical Engineering, 2009, 56 (1): 159 – 171.

[433] White T. L. , Lejuez C. W. , De wit H. Test – retest Characteristics of the Balloon Analogue Risk Task (BART) [J] . Exp Clin Psychopharmacol, 2008, 16 (6): 565 – 570.

[434] Whitley D. S. Cognitive Neuroscience, Shamanism and the Rock Art of Native California [J] . Anthropology of Consciousness, 1998, 9 (1): 22 – 37.

[435] Wickens C. D, J. G. Hollands. Attention, Time – sharing, and Workload [A] . in Engineering Psychology, Prentice Hall: New York, 2000.

[436] Wickens C. D. Multiple Resources and Performance Prediction [J] . Theoretical Issues in Ergonomics Science, 2002, 3 (2): 159 – 177.

[437] Wickens C. D. Processing Resources in Attention [A] . in Varieties of Attention, R. Parasuraman and R. Davies, Editors. Academic Press, 1984.

[438] Wickens C. D. Multiple Resources and Mental Workload [J] . Hum Factors, 2008, 50 (3): 449 – 455.

［439］ Wimalasiri J. S. , Pavri F. , Jalil A. A. K. An Empirical Study of Moral Reasoning among Managers in Singapore ［J］. Journal of Business Ethics, 1996, 15 (12): 1331 – 1341.

［440］ Wu C. C. , Bossaerts P. , Knutson B. The Affective Impact of Financial Skewness on Neural Activity and Choice ［J］. PloS One, 2011, 6 (2): e16838.

［441］ Wu Y. , Gao L. , Wan Y. , Wang F. , Xu S. , Yang Z. …Pan Y. Effects of Facial Trustworthiness and Gender on Decision Making in the Ultimatum Game ［J］. Social Behavior and Personality: An International Journal, 2018, 46 (3): 499 – 516.

［442］ Xu S. , Korczykowski M. , Zhu S. , et al. Assessment of Risk – taking and Impulsive Behaviors: A Comparison between Three Tasks ［J］. Soc Behav Pers, 2013, 41 (3): 477 – 486.

［443］ Xu S. , Pan Y. , Qu Z. , Fang Z. , Yang Z. , Yang F. … Rao H. Differential Effects of Real Versus Hypothetical Monetary Reward Magnitude on Risk Taking Behavior and Brain Activity ［J］. Scientific Reports, 2018, 8 (1): 3712.

［444］ Xue G. , Lu Z. , Levin L. P. , Weller J. A. , Li X. , Bechara A. Functional Dissociations of Risk and Reward Processing in the Medial Prefrontal Cortex ［J］. Cereb Cortex, 2009, 19 (5): 1019 – 1027.

［445］ X. Cui, S. Bray, D. M. Bryant, G. H. Glover, A. L. Reiss. A Quantitative Comparison of NIRS and fMRI across Multiple Cognitive Tasks ［J］. Neuroimage, 2011, 54 (4): 2808 – 2821.

［446］ Yang X. , Gao M. , Shi J. , Ye H. , Chen S. Modulating the Activity of the DLPFC and OFC Has Distinct Effects on Risk and Ambiguity Decision – making: A tDCS Study ［J］. Frontiers in Psychology, 2017 (8): 1417.

［447］ Yang X. , Lin Y. , Gao M. , Jin X. Effect of Modulating Activity of DLPFC and Gender on Search Behavior: A tDCS Experiment ［J］. Frontiers in Human Neuroscience, 2018 (12): 325.

［448］ Yantis S. Goal – directed and Stimulus – driven Determinants of Attentional Control ［J］. Attention and Performance, 2000 (18): 73 – 103.

［449］ Ye H. , Chen S. , Huang D. , Wang S. , Luo J. Modulating Activity in the Prefrontal Cortex Changes Decision – making for Risky Gains and Losses: A Transcranial Direct Current Stimulation Study [J]. Behavioural Brain Research, 2015, 286 (2): 17 - 21.

[450] Yoon C., Gutchess A. H., Feinberg F., Polk T. A. A Functional Magnetic Resonance Imaging Study of Neural Dissociations between Brand and Person Judgments [J]. Journal of Consumer Research, 2006, 33 (1): 31 - 40.

[451] Young L., Camprodon J. A., Hauser M., Pascual - Leone A., Saxe R. Disruption of The Right Temporoparietal Junction with Transcranial Magnetic Stimulation Reduces The Role of Beliefs in Moral Judgments [J]. Proceedings of The National Academy of Sciences, 2010, 107 (15): 6753 - 6758.

[452] Yu H., Dan M., Ma Q., Jin J. They All Do It, Will You? Event - related Potential Evidence of Herding Behavior in Online Peer - to - peer Lending [J]. Neuroscience Letters, 2018 (681): 1 - 5.

[453] Zhang Y. B., et al. Exploring Factors Influencing Multitasking Interaction with Multiple Smart Devices [J]. Computers in Human Behavior, 2013, 29 (6): 2579 - 2588.

[454] Zhao Y. K., et al. Does Elicitation Method Matter? Behavioral and Neuro-imaging Evidence from Capacity Allocation Game [J]. Production and Operations Management, 2016, 25 (5): 919 - 934.

[455] Zheng H., Huang D., Chen S., Wang S., Guo W., Luo J., …Chen Y. Modulating the Activity of Ventromedial Prefrontal Cortex by Anodal tDCS Enhances the Trustee's Repayment through Altruism [J]. Frontiers in Psychology, 2016 (7): 1437.

[456] Zhou X. H., L. Wang, Y. C. Hu. Neuro - Industrial Engineering: Research and Practice [J]. Applied Mechanics and Materials, 2012 (268 - 270): 2022 - 2025.

[457] Zhuang J. Y., Wang J. X. Women Ornament Themselves for Intrasexual Competition Near Ovulation, But for Intersexual Attraction in Luteal Phase [J]. Plos One, 2014, 9 (9): 1 - 10.